Anonymous

Würzburger Diözesanblatt

amtliches Verordnungsblatt der Diözese Würzburg

Anonymous

Würzburger Diözesanblatt
amtliches Verordnungsblatt der Diözese Würzburg

ISBN/EAN: 9783743662070

Hergestellt in Europa, USA, Kanada, Australien, Japan

Cover: Foto ©ninafisch / pixelio.de

Weitere Bücher finden Sie auf **www.hansebooks.com**

Würzburger

Diöcesan-Blatt.

Achtzehnter Jahrgang.

1872.

In Auftrag und Verlag des B. Ordinariates.

Würzburg.
Druck der C. J. Becker'schen Buchdruckerei.

Würzburger Diöcesan-Blatt.

№ 1.

5. Januar.   Achtzehnter Jahrgang.   1872.

Decretum Urbis et Orbis.

Salutare Viae Crucis seu Calvarii exercitium summopere conducit ad recolendam memoriam passionis D. N. I. C., qui ob nimiam caritatem, qua nos dilexit, opprobria passus, et vulneribus affectus, ut a servitute peccati humanum genus redimeret, pretiosum suum sanguinem effudit, et ligno crucis affixus se obtulit holocaustum pro peccatis. Quapropter Summi Pontifices, ut fideles Christo in carne passo cogitationi passionis eius saepe saepius unirentur, pium Viae Crucis, seu Calvarii exercitium non modo commendarunt, sed etiam reserato Ecclesiae thesauro Indulgentiis illud auxerunt.

Verum stationes Viae Crucis iuxta primaevas concessiones erigi tantum poterant in Ecclesiis, piisque locis Ordini Min. Observantium subiectis, atque Indulgentiis fruebantur personae, quae eidem Ordini erant addictae. Tractu tamen temporis ad omnes Christifideles, qui in Ecclesiis, piisque locis praedicti Ordinis tam sanctae devotioni vacarent, Indulgentiarum concessio extensa fuit; et deinde praesertim Benedictus XIV. sa. mem. Apostolicis Litteris in forma Brevis incipien. *Cum tanta, die 30. Aug. 1741* evulgatis concessit, ut etiam in aliis Ecclesiis memorato Ordini non subiectis Stationum erectio fieri posset cum aliqua tamen limitatione, quam per rescriptum S. Congregationis Indulgentiis Sacrisque Reliquiis praepositae die 10. Maji 1742 clarius declaravit. Idem namque Pontifex inter monita ad rite peragandum pium exercitium Viae Crucis iussu Clementis XII. exarata, et ab ipso confirmata, inseri voluit hanc declarationem sub N. X. hisce verbis: „Excipiuntur tamen illa loca, in quibus extant Monasteria Fratrum Minorum (Observantium aut Reformatorum aut Recollectorum), quum non debeat hoc in casu constitui Via Crucis in aliis templis non subiectis eidem Ordini,

4

dummodo eiusmodi monasteria non adeo distent a Terra vel urbe, aut dummodo iter non adeo sit difficile, ut absque gravi incommodo, quod Ordinarius iudicabit, non possit pium exercitium frequentari."

Nuper vero SSmo D. N. Pio PP. IX. humillimis precibus expositum fuit, valde optandum esse, ut tristissimis hisce temporibus, quibus inimici Crucis Christi divina humanaque omnia pessundare conantur, pia Viae Crucis exercitatio magis magisque promoveatur, ac illius Stationum erectio, sublata limitatione enunciata, ubique in Ecclesiis, piisque locis fieri possit. Sanctitas Sua animavertens summam esse vim meditationis passionis, et mortis Redemptoris nostri ad confirmandam in animis fidem, ad curanda conscientiae vulnera, ad purgandam mentis aciem, divinoque amore inflammandam in Audientia habita die 14. Maji 1871 ab infrascripto Card. Praefecto S. Congregationis Indulgentiis Sacrisque Reliquiis praepositae, memoratas preces benigne excipiens, Apostolica auctoritate indulsit, ut Stationes viae Crucis cum adnexis Indulgentiis etiam in locis, ubi Conventus praefati Ordinis Minorum, sive Observantium, sive Reformatorum, sive Recollectorum existunt, quamvis in ciusdem Ordinis Ecclesiis, Sacris Aediculis, piisque locis erectae reperiantur, nulla habita superius expressae limitationis ac distantiae ratione, servatis tamen aliis de iure servandis, errigi possint et valeant. Ceterum Sanctitas Sua per praesens decretum minime intendit derogare privativae facultati, quam idem Ordo in peragenda erectione Stationum Viae Crucis habet, nec specialibus indultis, hac super re aliis personis ob peculiaria rerum ac locorum adiuncta ab Apostolica Sede concessis, quarum tenor ac forma in omnibus servanda erit.

Non obstantibus contrariis quibuscumque etiam speciali et individua mentione dignis, quibus Sanctitas Sua in omnibus perinde ac si de singulis expressa mentio facta fuerit, plene derogavit.

Datum Romae e Sac. Congr. Indulgentiarum et SS. Reliquiarum die 14. Maji 1871.

A. Card. **Bizzarri** — Praefectus.
Pro R. P. D. Secretario
Dominicus Sarra Substitutus.

In Auftrag und Verlag des bischöflichen Ordinariates.
Druck der C. J. Beder'schen Buchdruckerei.

Würzburger Diöcesan-Blatt.

№ 2.

| 12. Januar. | Achtzehnter Jahrgang. | 1872. |

Amtliche Diöcesan-Nachrichten.

Durch Entschließung v. 27. v. M. wurde Herr Caplan Joseph Schwenk zu Gaibach als Pfarrvicar nach Eschendorf angewiesen.

Die auf Herrn Pfarrer Georg Christian Uhrig in Wiesenfeld gefallene Wahl zum Dechant des Capitels Gemünden wurde unterm 3. l. M., — und die auf Herrn Pfarrer Joseph Scheller in Rottendorf gefallene Wahl zum Definitor des Capitels Würzburg unterm 5. l. M. genehmigt.

Die Uebertragung des Schloßaltarbeneficiums zu Aschaffenburg auf den resign. Herrn Pfarrer von Hohestadt, Johann Eizenhöfer, erhielt unterm 8. l. M. die canonische Bestätigung.

Die im Kreise Unterfranken und Aschaffenburg vorgenommene Kirchencollecte für Herstellung der inneren Einrichtung der Kirche Stadtschwarzach ertrug 495 fl. 39½ kr.

XVI. Jahresbericht
des
Paramenten-Vereins in Würzburg.

Im Laufe des verflossenen Jahres wurden theils gegen Vergütung, theils unentgeltlich folgende Paramente abgegeben:

41 Meßgewänder, 4 Dalmatiken, 4 Pluviale, 5 Velum, 4 Baldachine,

6 Fahnen, 12 Chorfähnchen, 22 Standarten, 11 Stolen, 11 Cingulum, 2 Ciboriumunmäntelchen, 6 Priesterkrägen, 24 Ministrantentalare, 10 Ministrantenchorröckchen, 13 Alben, 29 Humeralien, 44 Corporalien, 31 Purifikatorien, 39 Pallen, 9 Altartücher, 1 Communiontuch, 2 Bahrtücher und 9 Chorröcke.

So war es auch in diesem Jahre unter dem sichtbaren Schutz und Segen Gottes dem Vereine möglich, seine Aufgabe zu erfüllen.

Vor Allem fühlen wir uns gedrungen, unserm Hochwürdigsten Herrn Bischof Johann Valentin unsern innigsten Dank auszusprechen für die hohe Gnade, welche Hochdieselben dem Vereine erwiesen, indem Dieselben auch fernerhin als Protector die Leitung unseres Vereines übernahmen.

Zugleich sprechen wir allen Gönnern, Mitgliedern und Wohlthätern des Vereines unsern innigsten Dank aus mit der Bitte, dem Vereine auch fernerhin rege Theilnahme zuzuwenden.

Das Titularfest wurde statutengemäß in der Oktave der hl. Drei Könige in der Seminariumskirche begangen.

Am ersten Dinstag in jedem Monat wird im h. Dom am St. Brunoaltar um 9 Uhr eine hl. Messe für alle lebenden und verstorbenen Mitglieder und Wohlthäter des Vereins gelesen.

In jedem Vierteljahre finden Paramenten-Vertheilungen für arme Kirchen Statt auf Grund schriftlicher Bittgesuche. Die geschenkten Paramente werden nur gegen Vorweis einer Empfangsbescheinigung abgegeben. Für Verpackung und Abholen haben die Empfänger selbst zu sorgen.

Im Vereinslokale, Schulgasse Nr. 1, liegen die Jahresrechnung und Bücher bis 15. Februar l. Js. für Jedermann offen.

Schließlich stellen wir die Bitte um baldgefällige Einsendung der Rückstände und Vereinsbeiträge.

Würzburg, 10. Januar 1872.

Das Directorium.

Dr. Wirthmüller Prof.
Krampf, Dompräb.

Der Ausschuß des Paramentenvereins.

Fräulein Bollé.
Crescentia Prinzessin v. Salm.
Freifrau v. Massenbach.
Frau Hofräthin Rinecker.
Freifrau von Hallberg.
Frau Becker, Privat.
Frau Professor Dr. Dehler.
Fräulein Siligmüller.
Fräulein Fogt.

Beiträge zum bischöflichen Knabenseminar in Würzburg.

December 1871.

~~~~~~

88. Pfarrei Hausen 26 fl. — kr.
89. Erbshausen mit Sulz-wiesen 9 „ — „
90. Niedernberg, Kirchenst. 3 „ — „
91. Von einer ungenann-ten Wohlthäterin 20 „ — „
92. Rottenbauer 10 „ — „
93. Eßfeld 40 „ — „
94. Randersacker 10 „ — „
95. Waigolshausen, Kst. 10 „ — „
96. Wolkshausen 36 „ 45 „
97. Althausen 6 „ 45 „
98. Miltenberg 29 „ — „
99. Bischofsheim 12 „ 2 „
100. Kilianshof 5 „ 3 „
101. Frankenwinheim 2 „ 26 „
102. Haßelbach 8 „ 12 „
103. Oberweissenbrunn 21 „ 21 „
104. Oberbach 14 „ — „
105. Oberflatungen 8 „ — „
106. Rüdenschwinden 2 „ 3 „
107. Unterweissenbrunn 9 „ — „
108. Wegfurt 9 „ 8 „
109. Eltmann 5 „ — „
110. Gädheim 12 „ 14 „
111. Haßfurt 31 „ 10 „
112. Stettfeld — „ 30 „
113. Unterhohenried 12 „ — „
114. „ „ Kirchenst. 25 „ — „
115. Wülflingen und Sai-lershausen 15 „ 45 „
116. Burggrumbach 20 „ 12 „
117. Batten 8 „ — „
118. Hilders 4 „ — „
119. Lahrbach 15 „ 10 „

120. Poppenhausen 2 fl. 36 kr.
121. Obernburg 40 „ — „
122. Eibelstadt 14 „ — „
123. Unterpleichfeld 40 „ 27 „
124. Ochsenfurt 16 „ 13 „
125. „ „ Benefizien-pflege 15 „ — „
  „ „ Kirchenst. 5 „ — „
127. Sachsenheim 11 „ — „
128. Sonderhofen 6 „ 10 „
129. Erlenbach 5 „ — „
130. Tiefenthal 4 „ 22 „
131. Helmstadt 11 „ 3 „
132. Holzkirchhausen 12 „ 20 „
133. Hettstadt 4 „ — „
134. Helmstadt, Kirchenst. 25 „ — „
135. Acholshausen 8 „ 12 „
136. Erlabrunn 6 „ 42 „
137. Zeuzleben 25 „ — „
138. Schraudenbach 13 „ 39 „
139. Grafenrheinfeld 26 „ 1½ „
140. „ „ Kirchst. 12 „ 30 „
141. „ „ Engel-amtsstift. 12 „ 30 „
142. „ „ Ungen. 20 „ — „
143. Theilheim 8 „ 10 „
144. Hirschfeld 6 „ — „
145. Zeilitzheim 3 „ 6 „
146. Untereisenheim 7 „ — „
147. Heppdiel 2 „ — „
148. Rüdenau 5 „ 15 „
149. Bürgstadt 18 „ — „
150. Sommerach 10 „ — „
151. Wiesentheid — „ 45 „
152. Steinfeld 22 „ 12 „

| 153. Stabelhofen | 1 fl. 24 kr. | 155. Kleinwenkheim | 10 fl. 32 kr. |
| 154. Urspringen | 19 „ — „ | | |

Summa: 891 fl. 55¹⁄₂ kr.
Uebertrag: 1,774 fl. 23 kr.

Summa: 2,666 fl. 18¹⁄₂ kr.

Würzburg, 31. December 1871.

Dr. Reininger, Domcapitular.

Peterspfennige.

December 1871.

Riebenheim	38 fl. — kr.	Obernburg	1 fl. — kr.
Aufstetten	7 „ 2 „	Thulba	2 „ — „
Baltersheim	7 „ 25 „	Diebach	2 „ — „
Hausen bei Fährbrück	20 „ 43 „	Motten	2 „ — „
Erbshausen	12 „ 17 „	Altglashütten	1 „ — „
Batten	11 „ — „	Ochsenfurt	20 „ — „
Gersfeld	3 „ — „	Unterpleichfeld	40 „ 27 „
Hilders	8 „ — „	Eibelstatt	10 „ — „
Kleinsassen	9 „ — „	Darstatt	13 „ 15 „
Lahrbach	10 „ — „	Wolfshausen	27 „ 30 „
Simmershausen	12 „ 50 „	Sulzdorf	30 „ — „
Gärheim	4 „ 15 „	Sonderhofen	6 „ — „
Haßfurt	46 „ 25 „	Goßmannsdorf	2 „ 15 „
Unterhohenried	7 „ 20 „	Hopferstatt	7 „ — „

(Fortsetzung folgt.)

In Auftrag und Verlag des bischöflichen Ordinariates.
Druck der C. J. Becker'schen Buchdruckerei.

Würzburger Diöcesan-Blatt.

№ 3.

| 19. Januar. | Achtzehnter Jahrgang. | 1872. |

E. N. 324.

An sämmtliche Pfarreien der Diöcese Würzburg.

Kirchencollecte für Erbauung einer Kirche in Sendelbach betr.

Nachdem die Vornahme einer Kirchencollecte zur Erbauung einer katholischen Kirche in Sendelbach, Decanats Rothenfels und Bezirksamts Lohr, von allerhöchster Stelle genehmigt worden ist, so ergeht an die hochwürdigen Herrn Pfarrer der Auftrag, diese Sammlung in sämmtlichen Pfarr- und Filialkirchen mit ständigem Gottesdienste von der Kanzel zu verkündigen und sodann vorzunehmen, die eingehenden Beträge aber unter Beigabe eines detaillirten Verzeichnisses an die einschlägigen Verwaltungsbehörden einzusenden.

D. Würzburg, 15. Januar 1872.

Bischöfliches Ordinariat.

Dr. Himmelstein, Vic. Gen.

Hohn, Act.

Bekanntmachung,

die XIV. Verloosung des Militär-Anlehens von 1855 betreffend.

———

Gemäß der Bekanntmachung vom 12. vor. Mts. (Regierungsblatt 1871 S. 1893—1894) wurde die XIV. Verloosung des

Militär=Anlehens von 1855 zu 4½ Prozent

vorgenommen und sind hiebei die Zahlen

27. 53. 64. 69.

zum Zuge gekommen.

Nach dem Verloosungsplane vom 23. September 1856 (Regierungsblatt S. 932—934) sind alle jene Obligationen dieses Anlehens, sowohl zu 1000 fl., als zu 500 fl. und 100 fl. — Cat. Lit. A, B und C — zur Heimzahlung bestimmt, deren Kataster-Nummer mit einer der gezogenen Zahlen endet, z. B. sämmtliche Obligationen mit

Nr. 27. 127. 227. 327. 427. 527. 627. 727. 827. 927. 1027. 1127. 1227. u. s.w.

Nr. 53. 153. 253. 353. 453. 553. 653. 753. 853. 953. 1053. 1153. 1253. u. s. w.

Ueber den Vollzug der Heimzahlung wird Nachstehendes bemerkt:

1) Die sämmtlichen Obligationen des besagten Anlehens sind **au porteur** (auf den Inhaber) ausgestellt, und tragen sowohl auf den Obligationen, als auf den Zinscoupons die Bezeichnung:

Militär=Anlehen von 1855.

(Hiebei wird ausdrücklich bemerkt, daß sich die gegenwärtige Verloosung des Anlehens auch nur auf die Militär-Anlehens-Obligationen von 1855 bezieht, indem sowohl das 4½prozentige Militär=Anlehen von 1859, als auch das 4prozentige Militär-Anlehen von 1861 zur Zeit noch von der Verloosung ausgenommen bleiben.)

2) Die zur Rückzahlung bestimmten Kapitalsbeträge treten vom **1. April 1872** aus der Verzinsung. Die Rückzahlung beginnt jedoch sogleich, und es werden hiebei die Zinsen in vollen Monatsraten, nämlich stets bis zum Ablauf des Monats, in welchem die Rückzahlung erfolgt, in keinem Falle aber über den 31. März 1872 hinaus, vergütet.

3) Die Zahlung dieser Obligationen erfolgt bei der k. Staatsschulden-Tilgungs-Hauptkasse in München, dann bei den k. Specialkassen Augsburg, Nürnberg und Würzburg, ferner bei der k. Bank in Nürnberg und deren Filialen, so-

wie bei dem Bankhause M. A. v. Rothschild und Söhne in Frankfurt a./M. und vermittlungsweise auch bei sämmtlichen k. Oberaufschlag-ämtern, Kreiskassen und Rentämtern.

4) Bei Erhebung der betreffenden Kapitalien sind mit den Obligationen sämmtliche nicht bereits fällige Zinscoupons nebst der Coupons-Anweisung (Talon) zu übergeben.

5) Bezüglich der vinkulirten Obligationen findet die Zahlung in der Regel nur bei der k. Staatsschuldentilgungs-Hauptkasse in München statt; ausnahmsweise kann aber auf den Wunsch der Betheiligten die Zahlung auch durch die k. Specialkassen Augsburg, Nürnberg und Würzburg und durch sämmtliche k. Oberaufschlagämter, Kreiskassen und Rentämter vermittelt werden.

Im Uebrigen wird hinsichtlich der Bezahlung vinkulirter Obligationen auf die deßfallsigen Bestimmungen in Ziff. III., IV. und V. der Bekanntmachung vom Heutigen, die Verloosung der 4 und 4½% Eisenbahn-Schuld betreffend, — welche Bestimmungen hier gleiche Anwendung zu finden haben, — verwiesen.

5) Eine Wiederanlage der heimzuzahlenden Kapitalien findet zur Zeit nicht statt.

Verzeichniß

der

in Gemäßheit der am 3. Januar 1872 stattgefundenen Verloosungen der Eisenbahn-Anlehen zu 4 und 4½ Prozent zur Heimzahlung bestimmten Eisenbahn-Anlehens-Obligationen.

I.

XX<u>te</u> Verloosung der Eisenbahn-Anlehen zu 4 Procent mit ganzjährigen Coupons.

A. Obligationen auf den Inhaber (au porteur),

wozu auch die vinkulirten und die mit Namen-Einschreibungen versehenen au porteur-Obligationen gehören.

Roth geschriebene Commissions-Kataster-Nummern:

56	291	556	791	1024	1252	1524	1752	2087	2587
91	356	591	856	1052	1324	1552	1824	2187	2687
156	391	656	891	1124	1352	1624	1852	2287	2787
191	456	691	956	1152	1424	1652	1924	2387	2887
256	491	756	991	1224	1452	1724	1952	2487	2987

Roth geschriebene Commissions-Kataster-Nummern:

3006	5375	7624	9909	11650	14549	16419	19113	21781	23396
3014	5475	7724	10040	11655	14649	16453	19213	21785	23464
3106	5575	7824	10092	11750	14749	16519	19313	21881	23496
3114	5675	7924	10140	11755	14849	16553	19413	21885	23564
3206	5775	8039	10192	11850	14949	16619	19513	21981	23596
3214	5875	8051	10240	11855	15044	16653	19613	21985	23664
3306	5975	8139	10292	11950	15069	16719	19713	22001	23696
3314	6035	8151	10340	11955	15144	16753	19813	22067	23764
3406	6095	8239	10392	12005	15169	16819	19913	22101	23796
3414	6135	8251	10440	12105	15244	16853	20035	22167	23864
3506	6195	8339	10492	72205	15269	16919	20135	22201	23896
3514	6235	8351	10540	12305	15344	16953	20235	22267	23964
3606	6295	8439	10592	12405	15369	17020	20335	22301	23996
3614	6335	8451	10640	12505	15444	17120	20435	22367	24067
3706	6395	8539	10692	12605	15469	17220	20535	22401	24090
3714	6435	8551	10740	12705	15544	17320	20635	22467	24167
3806	6495	8639	10792	12805	15569	17420	20735	22501	24190
3814	6535	8651	10840	12905	15614	17520	20835	22567	24267
3906	6595	8739	10892	13065	14669	17620	20935	22601	24290
3914	6635	8751	10940	13165	15744	17720	21081	22667	24367
4023	6695	8839	10992	13265	15769	47820	21085	22701	24390
4123	6735	8851	11050	13365	15844	17920	21181	22767	24467
4223	6795	8939	11055	13465	15869	18094	21185	22801	24490
4323	6835	8951	11150	13565	15944	18194	21281	22867	24567
4423	6895	9009	11155	13665	15969	18294	21285	22901	24590
4523	6935	9109	11250	13765	16019	18394	21381	22967	24667
4623	6995	9209	11255	13865	16053	18494	21385	23064	24690
4723	7024	9309	11350	13965	16119	18594	21481	23096	24767
4823	7124	9409	11355	14049	16153	18694	21485	23164	24790
4923	7224	9509	11450	14149	16219	18794	21581	23196	24867
5075	7324	9609	11455	15249	16253	18894	21585	23264	24890
5175	7424	9709	11550	14349	16319	18994	21681	23296	24967
5275	7524	9809	11555	14449	16353	19063	21685	23364	24990

(Fortsetzung folgt.)

Notiz.

Der Diöcesanschematismus für 1872 ist erschienen und à 30 kr. beim Ordinariatsdiener zu beziehen.

In Auftrag und Verlag des bischöflichen Ordinariates.
Druck der C. J. Becker'schen Buchdruckerei.

Würzburger Diöcesan-Blatt.

№ 4.

26. Januar.   Achtzehnter Jahrgang.   1872.

Amtliche Diöcesan-Nachrichten.

Durch Entschließung v. 18. v. M. wurde Herr Cooperator Joseph Dittmann zu Bergtheim als Cooperator resp. Pfarrvicar nach Ingolstadt, — durch solche v. 8. l. M. Herr Caplan Johann Elbert in Sulzbach als Cooperator nach Elsenfeld, — Herr Cooperator Wilhelm Faber dortselbst als Caplan nach Sulzbach, — durch Decret v. 12 l. M. Herr Caplan Johann Philipp Weigand in Alzenau in gleicher Eigenschaft nach Großostheim angewiesen, — und der dortige Herr Caplan Georg Mark wegen Erkrankung beurlaubt.

In Ausübung des landesherrlichen Patronates wurde die Pfarrei Hundsbach, Dec. Arnstein, dem Herrn Pfarrer Carl Sattes in Litter, — und die Pfarrei Gemünden, gleichnamigen Decanats, dem Herrn Cooperator resp. Pfarrvicar Joseph Wagner in Klosterheidenfeld übertragen.

In Nr. 5 des Kreisamtsblattes ist die Pfarrei Mömlingen, Decanats Aschaffenburg, mit 907 fl. 10²⁄₂₀ kr. Reinertrag unter vierwöchentlichem Bewerbungstermin ausgeschrieben.

Die von dem vorm. Pfarrer Fried. Mangold in Brenblorenzen mit 10,300 fl. Capital begründete Localcaplanei für Leutershausen, Dec. Neustadt, erhielt die landesherrliche Genehmigung.

Obiit ex ven. Confr. S. Chil.
die 12. Jan. 1872
Rev. Dom. Fedor Maximilianus Augustinus Pohl ex Würzburg,
quondam sacellanus in Neustadt a. S.,
natus d. 12. Oct. 1846, Presb. initiatus d. 7. Aug. 1869.
Cujus anima piae Confratrum memoriae
commendatur.

Obiit ex ven. Confr. S. Chil.
die 15. Jan. 1872
Rev. Dom. Georgius Schubert ex Heusenstamm,
Beneficiatus in Ochsenfurt, ejusdem Capituli,
natus d. 4. Julii 1829, Presb. initiatus d. 12. Aug. 1853.
Pro cujus anima a singulis D. D. Confratribus
Ss. Missae sacrificium ex pacto
curandum est.

Obiit ex ven. Confr. S. Chil.
die 22. Jan. 1872
Rev. Dom. Georgius Lang ex Abersfeld,
Parochus in Hesselbach, Capituli Stadtlauringen,
natus d. 10. Jan. 1831, Presb. initiatus d. 27. Jan. 1854.
Pro cujus anima a singulis D. D. Confratribus
Ss. Missae sacrificium ex pacto
curandum est.

Verzeichniß

der

in Gemäßheit der am 3. Januar 1872 stattgefundenen Verloosungen der
Eisenbahn-Anlehen zu 4 und 4½ Prozent zur Heimzahlung bestimmten
Eisenbahn-Anlehens-Obligationen.

(Fortsetzung.)

I.

XXte Verloosung der Eisenbahn-Anlehen zu 4 Procent mit ganzjährigen Coupons.

B. Obligationen auf Namen zu 4 Procent.

Roth geschriebene Commissions-Kataster-Nummern:

18	290	518	790	1062	1562	2002	2502	3058	3272
90	318	590	818	1162	1662	2102	2602	3072	3358
118	390	618	890	1262	1762	2202	2702	3158	3372
190	418	690	918	1362	1862	2302	2802	3172	3458
218	490	718	990	1462	1962	2402	2902	3258	3472

Rothgeſchriebene Commiſſions-Rataſter-Nummern:

3558	4469	5805	7294	8638	9504	10232	10932	11624	12638
3572	4569	5905	7394	8788	9543	10247	10947	11642	12738
3658	4669	6005	7494	8838	9604	10332	11024	11724	12838
3672	4769	6105	7594	8938	9643	10347	11042	11742	12938
3758	4869	6205	7694	9004	9704	10432	11124	11824	13096
3772	4969	6305	7794	9043	9743	10447	11142	11842	13196
3858	5005	6405	7894	9104	9804	10532	11224	11924	13296
3872	5105	6505	7994	9143	9843	10547	11242	11942	
3958	5205	6605	8038	9204	9904	10632	11324	12038	
3972	5305	6705	8138	9243	9943	10647	11342	12138	
4069	5405	6805	8238	9304	10032	10732	11424	12238	
4169	5505	6905	8338	9343	10047	10747	11442	12338	
4269	5605	7094	8438	9404	10132	10832	11524	12438	
4369	5705	7194	8538	9443	10147	10847	11542	12538	

II.

XVII^{te} Verloosung der Eisenbahn-Anlehen zu 4½ Procent mit ganzjährigen Coupons.

A. Obligationen auf den Inhaber (au porteur),

wozu auch die vinkulirten und die mit Namen-Einschreibungen versehenen au porteur-Obligationen gehören.

Rothgeschriebene Commiſſions-Rataſter-Nummern:

51	975	2878	3882	4822	5766	6742	7619	8675	9589
75	1017	2978	3903	4900	5861	6744	7713	8685	9656
151	1117	3003	3982	4922	5866	6842	7719	8775	9689
175	1217	3082	4022	5000	5961	6844	7813	8785	9756
251	1317	3103	4100	5061	5966	6942	7819	8875	9789
275	1417	3182	4122	5066	6042	6944	7913	8885	9856
351	1517	3203	4200	5161	6044	7013	7919	8975	9889
375	1617	3232	4222	5166	6142	7019	8075	8985	9056
451	1717	3303	4300	5261	6144	7113	8085	9056	9089
475	1817	3382	4322	5266	6242	7119	8175	9089	9156
551	1917	3403	4400	5361	6244	7213	8185	9156	9189
575	2078	3482	4422	5366	6342	7219	8275	9189	9256
651	2178	3503	4500	5461	6344	7313	8285	9256	9289
675	2278	3582	4522	5466	6442	7319	8375	9289	9356
751	2378	3603	4600	5561	6444	7413	8385	9356	9389
775	2478	3682	4622	5566	6542	7419	8475	9389	9456
851	2578	3703	4700	5661	6544	7513	8485	9456	9489
875	2678	3782	4722	5666	6642	7519	8575	9489	9556
951	2778	3803	4800	5761	6644	7613	8585	9556	9589

Roth geschriebene Commissions-Kataster-Nummern:

9656	11820	14458	17503	20605	23262	26858	28726	30519	33611
9689	11920	14558	17574	20705	23362	26958	28736	30584	33711
9756	12069	14658	17603	20805	23462	27009	28826	30619	33811
9789	12169	14758	17674	20905	23562	27083	28836	30684	33911
9856	12269	14858	17703	21077	23662	27109	28926	30719	34065
9889	12369	14958	17774	21177	23762	27163	28936	30784	34082
9956	12469	15024	17803	21277	23862	27209	29001	30819	34165
9989	12569	15124	17874	21377	23962	27263	29059	30884	34182
10015	12669	15224	17903	21477	24083	27309	29101	30919	34265
10036	12769	15324	17974	21577	24183	27363	29159	30984	34282
10115	12869	15424	18066	21677	24283	27409	29201	31068	34365
10136	12969	15524	18166	21777	24383	27463	29259	31168	34382
10215	13010	15624	18266	21877	24483	27509	29301	31268	34465
10236	13044	15724	18366	21977	24582	27563	29359	31368	34482
10315	13110	15824	18466	22001	24683	27609	29401	31468	34565
10336	13144	15924	18566	22079	24783	27663	29459	31568	34582
10415	13210	16048	18666	22101	24883	27709	29501	31668	34665
10436	13244	16148	18766	22179	24983	27763	29559	31768	34682
10515	13310	16248	18866	22201	25081	27809	29601	31868	34765
10536	13344	16348	18966	22279	25181	27863	29659	31968	34782
10615	13410	16448	19014	22301	25281	27909	29701	32033	34865
10636	13444	16548	19114	22379	25381	27963	29759	32133	34882
10715	13510	16648	19214	22401	25481	28026	29801	32233	34965
10736	13544	16748	19314	22479	25581	28036	29859	32333	34982
10815	13610	16848	19414	22501	25681	28126	29901	32433	35081
10836	13644	16948	19514	22579	25781	28136	29959	32533	35181
10915	13710	17003	19614	22601	25881	28226	30019	32633	35281
10936	13741	17074	19714	22679	25981	28236	30084	32733	35381
11020	13810	17103	19814	22701	26058	28326	30119	32833	35481
11120	13844	17174	19914	22779	26158	28336	30184	32943	35581
11220	13910	17203	20005	22801	26258	28426	30219	33011	35681
11320	13944	17274	20105	22879	26358	28436	30284	33111	
11420	14058	17303	20205	22901	26458	28526	30319	33211	
11520	14158	17374	20305	22979	26558	28536	30384	33311	
11620	14258	17403	20405	23062	26658	28626	30419	33411	
11720	14358	17474	20505	23162	26758	28636	30484	33511	

(Schluß folgt.)

Im Auftrag und Verlag des bischöflichen Ordinariates.
Druck der C. J. Becker'schen Buchdruckerei.

Würzburger Diöcesan-Blatt.

№ 5.

| 2. Februar | Achtzehnter Jahrgang. | 1872. |

E. N. 627.

Wiederbesetzung der Pfarrei Hesselbach betr.

Durch das Ableben des seitherigen Pfründebesitzers ist die Pfarrei Hesselbach, Decanats Stadtlauringen, in Erledigung gekommen.

Bewerbungsgesuche um dieselbe sind an Seine Bischöfliche Gnaden als deren Collator zu stylisiren und binnen vier Wochen anher vorzulegen.

D. Würzburg, 29. Januar 1872.

Bischöfliches Ordinariat.

Dr. Himmelstein, Vic. Gen.

Hohn, Act.

Amtliche Diöcesan-Nachrichten.

In Ausübung des landesherrlichen Patronates wurde die Pfarrei Arnstein dem Herrn Pfarrer Ph. Carl Kleinhenz in Mübesheim übertragen.

In Nr. 19 des Kreis-Amtsblattes ist die Pfarrei Fuchsstadt, Dec. Kissingen, mit 804 fl. 15⁹/₄₀ kr., — und in Nr. 20 die Pfarrei Mübesheim, Dec. Arnstein, mit 79ö fl. 57½ kr. Reinertrag, landesherrlichen Patronates, unter Festsetzung einer vierwöchentlichen Bewerbungsfrist ausgeschrieben.

Peterspfennige.

(Fortsetzung und Schluß.)

December 1871.

Untereisenheim	5 fl. — kr.	Hofheim	10 fl. — kr.
Lindach u. Gernach	3 „ 30 „	Kerbfeld	5 „ — „
Zeilitzheim	3 „ — „	Stadtlauringen	20 „ — „
Grafenrheinfeld	3 „ — „	Thundorf	18 „ 30 „
Waldbüttelbrunn	7 „ 45 „	Dellingen	8 „ 36 „
Schwarzenau	4 „ — „	Heppriel	1 „ 45 „
Wiesentheid	5 „ — „	Miltenberg	12 „ — „
Aidhausen	31 „ — „	Pengfeld	9 „ 45 „
Birnfeld	3 „ 30 „	Greßhausen	8 „ 12 „
Friesenhausen	1 „ — „		

Summa: 538 fl. 17 kr.

Würzburg, 8. Januar 1872.

Kluespies, Compräbendat.

Beiträge zum Missions-Verein.

IV. Quartal 1871.

Decanat Alzenau: Johannesberg 3 fl. 52 kr., Mainaschaff
    17 fl.,   20 fl. 52 kr.

„   Arnstein: Hausen 60 fl.   60 fl. — kr.

„   Aschaffenburg: Pfarrei ad SS. Agatham in
    Aschaffenburg 50 fl., Trennfurt 6 fl.   56 fl. — kr.

„   Dettelbach: Rimpar 28 fl. 36 kr. Unterpleichfeld
    73 fl. 40 kr.   102 fl. 16 kr.

„   Geltersheim: Eßleben 23 fl. 30 kr., Rannungen
    20 fl., Rieden 7 fl. 24 kr., Basbühl 11 fl.,
    Waigolshausen 20 fl., Zeuzleben 42 fl. 37 kr.,
    Schraudenbach 10 fl. 24 kr.   134 fl. 55 kr.

Decanat Gemünden: Gemünden 10 fl. 56 kr., Karsbach
 6 fl. 6 kr., Wiesenfeld 4 fl.   21 fl. 2 kr.

 „ Haßfurt: Eltmann 50 fl., Haßfurt 13 fl. 31 kr.,
 Limbach 22 fl. 6 kr., Unterhohenried 7 fl. 30 kr.   93 fl. 7 kr.

 „ Heidingsfeld: Sulzdorf 30 fl.   30 fl. — kr.

 „ Karlstadt: Güntersleben 23 fl. 44 kr., Karlstadt
 6 fl. 37 kr., Retzbach 18 fl., Retzstadt 10 fl.,
 Thüngersheim 21 fl. 54 kr., Zellingen 8 fl. 52 kr.   89 fl. 7 kr.

 „ Kissingen: Nüdlingen 3 fl. 6 kr.   3 fl. 6 kr.

 „ Kitzingen: Randersacker 10 fl.   10 fl. — kr.

 „ Klingenberg: Mönchberg 13 fl. 46 kr.   13 fl. 46 kr.

 „ Lengfurt: Marktheidenfeld 18 fl. 10 kr.   18 fl. 10 kr.

 „ Mellrichstadt: Wollbach 9 fl. 58³/₄ kr.   9 fl. 58³/₄ kr.

 „ Miltenberg: Bürgstadt 43 fl., Miltenberg 42 fl.   85 fl. — kr.

 „ Ochsenfurt: Darstadt 22 fl. Goßmannsdorf 17 fl.
 20 kr., Hopferstadt 38 fl. 15 kr., Sächsenheim
 15 fl., Sonderhofen 20 fl., Wolkshausen 33 fl. 30 kr.   146 fl. 5 kr.

 „ Orb: Orb 2 fl.   2 fl. — kr.

 „ Rineck: Rineck 8 fl. 54 kr.   8 fl. 54 kr.

 „ Röttingen: Aub, Spitalpfarrei 2 fl., Aufstetten 26 fl.,
 Gelchsheim 21 fl., Tauberrettersheim 13 fl. 5 kr.   62 fl. 5 kr.

 „ Rothenfels: Birkenfeld 18 fl. 48 kr., Steinfeld
 4 fl. 15 kr., Unterwittbach 2 fl., Urspringen
 11 fl. 6 kr.   36 fl. 9 kr.

 „ Stadtlauringen: Airhausen 18 fl. 30 kr., Birnfeld 6 fl., Ebertshausen 4 fl., Hofheim 3 fl.,
 Stadtlauringen 11 fl., Thundorf 22 fl. 30 kr.   65 fl. — kr.

 „ Stadtschwarzach: Schwarzenau 4 fl., Sommerach
 11 fl. 50 kr., Wiesentheid 20 fl.   35 fl. 50 kr.

 „ Volkach: Grafenrheinfeld 20 fl., Kolitzheim 6 fl.
 6 kr., Untereisenheim 12 fl., Zeilitzheim 1 fl. 12 kr.   39 fl. 18 kr.

 „ Würzburg: Lengfeld 4 fl.   4 fl. — kr.

Stadt Würzburg: Pfarrei St. Peter 36 fl., Redaktion
 des Sonntagsblattes 281 fl. 6 kr., Legat der verlebten Eva Schmitt 100 fl., Ungenannter 1 fl.
 Ungenannter 2 fl.   420 fl. 6 kr.

Würzburg, 9. Januar 1872.

Lechner, Domcapitular.

Verzeichniß

der

in Gemäßheit der am 3. Januar 1872 stattgefundenen Verloosungen der Eisenbahn-Anlehen zu 4 und 4½ Prozent zur Heimzahlung bestimmten Eisenbahn-Anlehens-Obligationen.

(Schluß.)

II.

XVII^{te} Verloosung der Eisenbahn-Anlehen zu 4½ Procent mit ganzjährigen Coupons.

B. Obligationen auf Namen zu 4½ Procent.

Roth geschriebene Commissions-Kataster-Nummern:

7	257	507	757	1034	1534	2042	2248	2542	2748
57	307	557	807	1134	1634	2048	2342	2548	2842
107	357	607	857	1234	1734	2142	2348	2642	2848
157	407	657	907	1334	1834	2148	2442	2618	2942
207	457	707	957	1434	1934	2242	2448	2742	2948

Sämmtliche gezogene Kapitalien treten mit dem **1. April 1872** außer Verzinsung.

Bekanntmachung.

Bei Versendung einiger neu consecrirter Kelche wurde durch ein Versehen eine einzelne Patene an eine unrichtige Adresse abgegeben. Es wird das Ersuchen gestellt, dieselbe an das b. Ordinariat zurückzusenden.

Im Auftrag und Verlag des bischöflichen Ordinariates.
Druck der C. J. Becker'schen Buchdruckerei.

Würzburger Diöcesan-Blatt.

№ 6.

| 9. Februar | Achtzehnter Jahrgang. | 1872. |

Johannes Valentin,

durch Gottes Erbarmung und des heiligen apostolischen Stuhles Gnade

Bischof von Würzburg,

allen Gläubigen Unseres Bisthums Gruß und Segen im Herrn.

Geliebteste Diöcesanen!

Einem altehrwürdigen allgemeinen Gebrauche folgend haben wir euch die bevorstehende heilige Fastenzeit und zwar zum ersten Male als euer Bischof, anzukündigen. Werdet ihr wohl aus diesem Anlasse von uns erwarten, daß wir unserer gemeinsamen Trauer, unserem Schmerz über die noch immer fortdauernden, ja noch mehr gesteigerten Leiden und Bedrängnisse unserer heiligen Kirche und insbesondere ihres sichtbaren Oberhauptes, unseres heiligsten Vaters in Christo wiederholt einen öffentlichen Ausdruck geben, und euren so oft und so glänzend bewährten Eifer zum Gebet für die Kirche und zu freiwilligen Gaben oder Opfern für die dringendsten Bedürfnisse derselben auch heute anzufachen verfuchen werden? Diesmal wendet sich die Kirche gleichsam ihrer eigenen Leiden und Bedrängiffe vergeffend, gemäß ihrem göttlichen Berufe als eine liebevolle Mutter mit ihrer Ermahnung und Bitte an alle ihre Kinder, daß sie in diefer heiligen Gnaden= zeit nur das Eine fuchen, was Noth thut, das Heil und die Rett= ung ihrer Seelen. Wie könnten wir diefe uns obliegende Verkündig= ung paffender einleiten, als mit den Worten des Apoftels, mit welcher die Kirche felbft ihre Gläubigen in diefe heilige Zeit einführt:

„Als Mitarbeiter Jefu ermahnen wir Euch, daß ihr nicht ver= gebens die Gnade Gottes empfanget; denn er fpricht, zur Zeit der Gnade habe ich Dich erhört und am Tage des Heils habe ich Dir geholfen, fiehe jetzt ift die Zeit der Gnade, jetzt find die Tage des Heils." (2 Kor. 6, 1 — 2.)

Und von welchem Heile predigt der Apoftel? „Chriftus ift für Alle geftorben, auf daß alle Lebenden nicht für fich felbft leben, fon= dern für den, der für fie geftorben, und auferweckt wurde. Nämlich Gott war in Chrifto, und verföhnte die Welt mit fich, indem er ihre Sünden vergab, und uns (den Apofteln) die Predigt von der Verföhn= ung auftrug. An Chrifti Statt nun find wir gefandt, fo daß Gott durch uns ermahnt: Wir bitten an Chrifti Statt, laffet euch ausföhnen mit Gott; denn Denjenigen, der ohne Sünde war, machte er zum Sühnopfer, auf daß wir durch ihn Gnade erlangten." (2 Kor. 15, 19 — 21.)

Dies alfo ift das Heil, außer welchem es kein Heil für uns giebt, das Heil, welches der kranken elenden Menfchheit zwar zu jeder Zeit, aber am wirkfamften in diefer heiligen Faftenzeit ange= boten und gewährt wird, das Heil, welches uns der Herr durch fein bitteres Leiden und Sterben erworben hat.

Geliebtefte! Betrachtet forgfältigft das heilige Evangelium, wel= ches uns in diefe heilige Zeit einführen foll.

„Und Jefus nahm die Zwölfe zu fich und fprach zu ihnen: Sehet, wir ziehen hinauf nach Jerufalem, und es wird Alles erfüllt werden, was von den Propheten gefchrieben ift über den Menfchen= fohn. Denn er wird den Heiden überliefert, und verfpottet, gefchmäht und angefpieen werden, und fie werden ihn geißeln und ihn tödten, und am dritten Tage wird er wieder auferftehen. Sie aber verftan=

den nichts davon, und diese Rede war vor ihnen verborgen, und sie begriffen das Gesagte nicht." (Luc. 18, 31 — 34.)

Wir dürfen uns nicht wundern, wenn selbst die Apostel das Geheimniß des Leidens und des Todes des Herrn vor dessen Erfüllung nicht verstehen und fassen wollten; wundern wir uns vielmehr, daß jetzt noch dasselbe von so vielen so träge, kaltsinnig, theilnahmslos und darum auch so wirkungslos aufgenommen wird, indem sie es so wenig verstehn, so wenig erwägen, daß es das Geheimniß ihrer Erlösung ist.

Muß nicht ein jeder, indem er hört und betrachtet, was und wie viel der Heiland für die Menschen gelitten, den festen Glauben und die lebendigste Ueberzeugung fassen, und seinem Geiste und Gemüthe auf das Innigste einprägen, daß, was Jesus gelitten für alle Menschen, er auch für jeden Einzelnen gelitten hat; daß die allgemeine Gnade der Erlösung einem jeden Einzelnen angehöre, so daß jeder Einzelne mit dem Apostel sich rühmen und sprechen kann und soll: „Ich lebe im Glauben an den Sohn Gottes, der mich geliebt, und sich selbst für mich (in den Tod) hingegeben hat". (Gal. 2, 20.) Und dieses trostreiche Geheimniß des Leidens und Todes des Herrn für unsere und der ganzen Welt Sünden ist es, was uns die Schrift immer und immer von Neuem vor die Augen des Glaubens stellt, wie denn auch der Apostel schreibt: „Wir aber predigen Christus, den Gekreuzigten", und wiederum: „Ich habe mir vorgenommen, unter euch nichts zu kennen, als Jesum, den Gekreuzigten" (1 Kor. 1, 23. 2, 2.), und so konnte er in Wahrheit eine von ihm gegründete Gemeinde daran erinnern, daß er unter ihr Christus als den Gekreuzigten vorgezeichnet habe. (Gal. 3, 1.)

Und in demselben Sinne will auch die Kirche in diesen Tagen Christus als den Gekreuzigten uns vorzeichnen, dies ist die Bedeutung des diese ganze Zeit hindurch den Altar verhüllenden Bußtuchs mit dem Kreuze des Herrn, das uns auffordert, im Geiste dem Heiland auf seinem letzten Gange nach Jerusalem zu folgen, und zu betrachten, was derselbe als das Sühnopfer für die Sünden der Welt zu leiden und zu dulden freiwillig auf sich genommen.

Zwar ist das ganze Leben des Herrn, seine Erniedrigung und Erscheinung in Knechtsgestalt, von der Krippe an bis zu dem großen

Verſöhnungsopfer für unſere Sünden, jedoch kömmt hier vorzugsweise in Betracht der Kreuzestod des Herrn, und das demselben unmittelbar vorausgehende Leiden.

Nachdem Jeſus am letzten Abend vor ſeinem Tod in und mit der Einſetzung des hochheiligen Geheimniſſes ſeines Leibes und Blutes ſeinen Tod und die Ausgießung ſeines Blutes zur Vergebung der Sünden nochmals ſeinen Jüngern verkündet hatte, ſchritt er ſofort an den Oelberg, um daſelbſt ſein Leidenswerk im Garten anzufangen. Und welch' ein Anfang, welch' ein Schauſpiel! Vernehmen wir den Evangeliſten:

„Alsdann ging Jeſus mit ſeinen Jüngern zu einem Landgut, mit Namen Gethſemane; und er ſprach zu ſeinen Jüngern: Setzet euch hier, bis ich hingehe und dort bete, und er nahm mit ſich Petrus, Jacobus und Johannes, und fing an ſich zu betrüben und zu ängſtigen; alsdann ſagte er zu ihnen: Meine Seele iſt betrübt bis zum Tod, bleibet hier und wachet mit mir, und er ging ein wenig weiter und fiel auf ſein Angeſicht und betete: Mein Vater iſt es möglich, ſo gehe dieſer Kelch vor mir vorüber, doch nicht wie ich will ſondern wie Du. Und er kömmt zu ſeinen Jüngern, und findet ſie ſchlafend und ſagt zu Petrus: Alſo konnteſt du nicht eine Stunde wachen mit mir? Wiederum ging er zum zweiten Mal: hin und betete: Mein Vater iſt es nicht möglich, daß dieſer Kelch vorüber gehe vor mir, ohne daß ich ihn trinke, ſo geſchehe Dein Wille. Und er kömmt und findet ſeine Jünger wiederum ſchlafend, und er verließ ſie, und ging wiederum hin und betete zum dritten Male, indem er daſſelbe ſprach.“ (Matth. 25, 36 — 44). „Und es erſchien ihm ein Engel vom Himmel, der ihn ſtärkte, er kam in Todesangſt und betete inſtändiger und ſein Schweiß war gleich Blutstropfen, die zur Erde fielen“. (Luc. 22, 43 — 44.)

Geliebteſte! — Welch' ein Anblick, welch' ein Leidensbild? Woher dieſe Traurigkeit bis zum Tode, woher dieſe ſchreckliche und ſchauervolle Todesangſt des Herrn? Dieſes Ringen im Gebet zum Vater, daß, wenn es möglich iſt, dieſer Kelch an ihm vorübergehe, ohne daß er ihn trinke? Es iſt die ganze ſchreckliche Laſt und Schwere aller Leiden und Schmerzen bis zum bitteren Tod am Kreuze, welche in dieſer Stunde dem Herrn auf die Seele fielen, und deſſen menschliche Natur mit der schrecklichsten Todes-Angst und Betrübniß erfüllten, welche er in ihrer ganzen Schwere und Stärke bis zu dem Grade, daß er zu seiner tiefsten Erniedrigung nicht von seiner eigenen göttlichen Natur, sondern von einem Geschöpfe, einem vom Himmel gesandten Engel Stärkung anzunehmen erwählte. Und dieser Seelen- und Leidens-Kampf, er sollte nicht im Verborgenen vorgehen, darum nahm der Herr die drei ausgezeichnetsten unter seinen Jüngern zu Zeugen, auf daß sie zur Lehre und Unterweisung seiner Kirche und den Gläubigen für alle Zeiten bezeugten, was sie im Garten Gethsemane vom Heiland gesehen und gehört haben.

Geliebteste! Lasset uns mit diesem Leidensbilde, in welchem unser Herr sein heiliges Leiden beginnt, sogleich das andere ganz und gar verwandte, das auf dem Berge Golgatha zusammenhalten. Die Schrift sagt: „Von der sechsten Stunde kam Finsterniß über die ganze Erde bis zur neunten Stunde; und um die neunte Stunde schrie Jesus mit lauter Stimme: „Mein Gott, mein Gott, warum hast Du mich verlassen". (Matth. 27, 45—46.)

Was vernehmen wir hier? Wie, Jesus, unser Erlöser, über den bei seiner Taufe und wiederum bei seiner Verklärung auf dem Berge die himmlische Stimme erscholl: „Dieser ist mein geliebter Sohn, an dem ich mein Wohlgefallen habe", (Matth. 3, 17. 17, 5.) verlassen von seinem Vater, verlassen von seinem Gott? Und ist nicht sein Wort Wahrheit? Aber wie geht das zu? Wie kann er da unser Heiland, unser Erlöser sein? Geliebteste! Eben weil er unser Erlöser werden will und soll, ist es also gekommen, wie er laut am Kreuze ausgerufen hat.

Unmittelbar vor dem entscheidenden Momente, wo der Herr das ihm vom Vater aufgetragene Werk durch seinen Tod vollbringen wollte, hatte sich sein äußeres und inneres Leiden auf das Höchste gesteigert. Jesus hängt am Kreuze, die Hände und Füße mit Nägeln durchbohrt, die Kreuzigung, diese schmachvollste und schmerzlichste aller Todesstrafen, darum nur für die Sclaven festgesetzt, bringt mit sich außer den furchtbarsten Schmerzen des ganzen Körpers noch eine unbeschreibliche Beklemmung und Beängstigung und den brennendsten Durst. Von den Umstehenden kein Mitleid, keine Theilnahme, sondern nur Steigerung und Mehrung der furchtbaren Leibes- und Seelen-

leiden des Herrn; Spott und Verhöhnung vom Volke, von den Hohen=
priestern und Schriftgelehrten, und den Kriegsknechten; und so erfüllte
sich die Weissagung: Ich bin der Leute Spott, und die Verachtung
des Volkes; alle die mich sehen, spotten über mich und schütteln
das Haupt." (Psalm 21, 7.)

Und dieser Spott und diese Lästerung bezog sich auf das, weß=
wegen sie ihn hätten anbeten sollen, auf seine Reden, auf seine Wun=
der, auf seine Gottheit, auf seine Königswürde.

Geliebteste, erwägen wir es wohl dieses hohe Geheimniß der
göttlichen Liebe. Jesus sollte und wollte nicht blos für uns, das
heißt zu unserem Wohle und Besten leiden, er sollte und wollte auch
an unserer Statt, das heißt unsere Stelle vertretend leiden, er wollte
und sollte unsere Sünden und die Strafen unserer Sünden, wie der
Apostel sagt: „selbst an seinem Leibe am Kreuzesholze tragen" (1. Petr.
2, 24.) wie der Prophet vorher verkündet: „Gott legte auf ihn die
Sünden von uns allen und er trug unsere Leiden, und unsere Schmer=
zen lud er auf sich." (Isai. 53, 4. 6.) Also beladen mit den Sün=
den der ganzen Welt stellte sich Jesus in seiner unendlichen Liebe,
der göttlichen Gerechtigkeit dar, um für dieselben die strengste Strafe
anstatt der Menschen abzubüßen, und dadurch, indem er der göttli=
chen Gerechtigkeit volle Genugthuung für uns leistete, unsere Erlö=
sung zu erwerben. Und um diese Genugthuung im vollsten Maße zu
leisten, um die uns gebührenden Sündenstrafen selbst zu tragen und
abzubüßen, sollte sein Leiden ein über alle Begriffe und alles irdische
Maß gesteigertes sein, darum wollte und sollte Jesus in diesem seinen
Leiden von allem menschlichen und göttlichen Trost entblößt, von Allem
selbst dem göttlichen Beistande verlassen sein, indem er selbst jede stär=
kende und beseligende Einwirkung seiner mit der menschlichen Natur zu
einer Person vereinigten Gottheit auf eine Zeit hemmen und verschließen
wollte, darum rief er aus: „Mein Gott, mein Gott, warum hast Du
mich verlassen," nicht um sich zu beklagen, sondern um der Welt zu
offenbaren, was er für ihre Sünden gelitten.

Wir lesen von vielen heiligen Blutzeugen, daß sie selbst unter der
größten Marter und Mißhandlung durch ein so reichliches Maß der
himmlischen Gnade gestärkt und getröstet wurden, daß sie gleichsam
als ob sie keinerlei Schmerz empfänden, mitten in der Marter das

göttliche Lob zu singen vermochten. Lag es da den Menschen nicht
nahe anzunehmen, daß um so mehr unser Heiland vermöge der beseli=
genden Einwirkung seiner göttlichen Natur selbst bei allen seinen äußeren
Leiden von der eigentlichen Empfindung des Schmerzes und des Lei=
dens verschont und freigeblieben? Wir wissen, Geliebteste, wie hart
das Menschenherz, wie schwer es zu erschüttern, zu rühren ist, beson=
ders wenn von demselben ein Opfer, eine Gegenleistung verlangt
werden will. Eben darum sollte es der Welt nicht verborgen bleiben,
es sollte der Welt laut geoffenbaret werden, um welchen hohen Preis,
mit welchem Uebermaß der Liebe, durch welche Schmerzen und Leiden
sie erkauft und erlöst wurde; aus dem Munde des Erlösers selbst,
aus dem Angstruf seiner bis in den Tod betrübten Seele am Oel=
berg, aus dem Angstrufe am Kreuze: „Mein Gott, mein Gott, warum
hast du mich verlassen", sollte der Welt offenbar werden, was er für
die Menschen und an Statt der Menschen gelitten, auf daß sie lernten
den Preis ihrer Erlösung nicht gering zu achten.

Wir haben, Geliebteste, in wenigen Zügen das Leidensbild am
Oelberge in Zusammhalt mit dem ihm ganz ähnlichen am Calvarien=
berge an unserer Betrachtung vorübergehen lassen, weil wir von die=
sem Anfang und Ende der Leidensgeschichte den besten Einblick gewin=
nen für das Uebrige, was zwischen beiden in der Mitte liegt. Hier
vernehmen wir aus dem Munde des Herrn selbst, keinen Ausdruck über
seinen Schmerz, hier ist er ganz und gar nach dem Propheten der
Schmerzensmann, der wie das Lamm, das zur Schlachtbank geführt
wird, seinen Mund nicht aufthut. (Isai. 53, 7.)

Der Herr selbst verkündet diesen Theil seines Leidens, indem er
dasselbe kurz zusammenfaßt: „Der Menschensohn wird den Heiden
überliefert, und verspottet, und verhöhnt und angespien werden, und
sie werden ihn geißeln und hernach tödten". (Luc. 18, 31.) Als
Jesus im Garten gefangen genommen und sogleich noch in derselben
Nacht von dem jüdischen hohen Rath zum Tode verurtheilt worden
war, welche Schmach und Mißhandlung erlitt er in dieser ganzen
Nacht, während welcher er bis zum Tage im Hofe des Hohen=
priesters bewacht wurde? Der Evangelist berichtet: „Da spien sie
ihm in's Angesicht, gaben ihm Faustschläge, andere gaben ihm Backen=
streiche und sprachen: Prophezeie uns Christus, wer Dich geschla=

gen!" (Matth. 26, 67.) Und als es Tag geworden, und auch der heidnische Landpfleger ihn zum Tode verurtheilt hatte, da berichtet die Schrift weiter: „Alsdann nahm Pilatus Jesum, und geißelte ihn, (nach römischem Gesetze eine so schmerzhafte und grausame Strafe, daß nicht selten die dazu Verurtheilten während derselben den Geist aufgaben,) und die Kriegsknechte flochten eine Krone von Dornen und setzten sie auf sein Haupt, legten ihm ein Purpurkleid an, und gaben ihm ein Rohr in die Rechte, knieeten vor ihm nieder und verspotteten ihn, indem sie sagten: Sei gegrüßt, König der Juden; und dann spieen sie ihn an, und nahmen das Rohr, und schlugen ihn auf das Haupt. Und als sie ihn verspottet hatten, zogen sie ihm sein Gewand wieder an, und sein Kreuz tragend ging er hinaus zur Schädelstätte". (Joh. 19, 1 — 3. 17. Matth. 27, 29 — 31.)

Geliebteste, was denken wir, Dieses und Aehnliches vernehmend? Wäre dies ein geordnetes Gerichtsverfahren selbst dem verruchtesten Missethäter gegenüber? Sind nicht vielmehr die Richter, sowie die Ankläger, und die ganze Volksmenge eine von höllischer Wuth gestachelte Rotte, die ihrem satanischen Hasse durch keine Grausamkeit und Qual genügen kann? Der Herr selbst hat uns den Blick eröffnet in das hier mitwirkende Geheimniß der Bosheit und Wuth der Hölle. Unmittelbar vor seinen Leiden sprach der Herr zu seinen Jüngern: „Nicht mehr viel werde ich mit euch reden, denn es kömmt der Fürst dieser Welt, aber an mir hat er keinen Theil; aber damit die Welt erkenne, daß ich den Vater liebe, und so wie mir der Vater geboten, also thue, so stehet auf, und lasset uns von hinnen gehen." (Joh. 14, 30.) Und sofort ging Jesus über den Bach Cedron und an den Oelberg.

Ja der Fürst dieser Welt er war damals schon gekommen, ja er war schon auf dem Plan. Er hat selbst die Apostel zu sieben getrachtet, wie man den Waizen siebt, und hat selbst aus ihrer Mitte sein Werkzeug gefunden und sich ausersehen, den Apostel, dem er in's Herz gegeben, daß er seinen Herrn und Meister verrathen; und von dem die Schrift bezeugt: „Und nach dem Bissen, den ihm der Herr beim Abendmahl reichte, fuhr der Satan in ihn. (Joh. 13. 2. 27.)

Können wir hiernach noch zweifeln, daß alles, was uns die h. Schrift von dem Leiden des Herrn berichtet, unter dem unsichtbaren

Einflusse, unter der Mitwirkung des Fürsten dieser Welt geschah und durch seine Werkzeuge ausgeführt wurde? Darum sagt mit vollem Rechte der h. Kirchenlehrer Gregor: „War nicht Pilatus, war nicht Caiphas, waren nicht die Juden, waren nicht die Kriegsknechte Werkzeuge des Satans? (Hom. 16. in Evang.) Es war ja damals der große Kampf auszukämpfen, den der Herr selbst angekündigt hatte: „Wenn der Gewaltige bewaffnet seinen Hof bewacht, ist seine ganze Habe in Sicherheit, wenn aber ein Stärkerer, als er ist, über ihn kommt, und ihn überwindet, so nimmt er ihm seine Waffenrüstung, auf die er sich verließ, und vertheilt seine Beute." (Luc. 11. 21.) Die Stunde dieses Kampfes war damals gekommen, der Fürst der Finsterniß führte ihn mit der ganzen Verworfenheit und Wuth der Hölle, durch seine von ihm aufgestachelten Werkzeuge, und mit Recht stimmen die heiligen Väter darin überein, daß was der Herr für uns gelitten, nur zum kleinsten Theile in dem heiligen Evangelium geschrieben sei, ja alle Begriffe und Beschreibung weit übersteige. Doch die Macht der Hölle erlag in diesem Kampf, sie ward überwunden, durch ihre eigenen Anstrengungen, der Herr leidend und sterbend obsiegte glorreich, und entriß dem Fürsten der Finsterniß das bis dahin durch die Sünde in Knechtschaft gehaltene Menschengeschlecht.

Geliebteste, o lasset uns zumal in der heiligen Fastenzeit mit innigster Theilnahme versenken in die unerschöpfliche Tiefe und den unergründlichen Reichthum der Liebe und Gnade und Erbarmung unseres leidenden Heilandes. Wer, in welcher Lage, Bedrängniß, Traurigkeit und Anliegen er auch immer sein mag, findet nicht in dieser Betrachtung Lehre, Trost und Stärke, ja sogar Freude und Erquickung? Und wer wäre im Stande, von solcher Betrachtung unmittelbar zu einer Sünde überzugehen? O wie tief und zart war die Empfindung und Liebe jener Seele, welche unter das Bild des Gekreuzigten die Worte schrieb: Schaue her, o Sünder, ob ich dich in Wahrheit liebe, damit du lebest, sterbe ich, nicht gibt es größere Liebe. O Liebe Christi, wie großes hast du für uns gelitten; nichts Würdiges vergelten wir, was immer wir für dich dulden.*)

---

*) Adspice peccator, an non sim verus amator,
Ut vivas morior, nec est dilectio major.
O pietas Christi, pro nobis quanta tulisti,
Haud condigna damus, pro te quaecunque feramus. (Marterb. a. Steinberge.)

So wahr ich lebe, spricht der Herr, ich will nicht den Tod des Sünders, sondern daß er sich abkehre von seinen Wegen und lebe." (Ezech. 33, 11.) So ruft der Herr durch seinen Propheten. Und im Gnadenbunde, wie viel eindringlicher wird diese Einladung? Betrachtet den Gekreuzigten! seine ganze Gestalt athmet nur Liebe und ladet ein zur Liebe, sein im Tod geneigtes dornengekröntes Haupt, seine ausgespannten Arme, sein mit der Lanze geöffnetes Herz, ruft mit unwiderstehlicher Gewalt uns zu: „So wahr ich gestorben bin für eure Sünden, ich will nicht den Tod des Sünders, sondern daß er lebe."

Geliebteste! Lassen wir diesen erschütternden Liebesruf vom Kreuze tief in unser Herz eindringen, lassen wir durch das Feuer dieser göttlichen Liebe eine innige Gegenliebe in uns entzünden, daß wir mit dem Apostel sprechen: „Mit Christo bin ich gekreuzigt und lebe nicht mehr ich selbst, sondern Christus lebt in mir, und was ich noch lebe im Fleisch, das lebe ich im Glauben an den Sohn Gottes, der mich geliebt und sich selbst für mich (in den Tod) hingegeben." (Gal. 2, 20.)

Und die schönste und köstlichste Frucht dieser Liebe ist die Reue, die tiefsinnige und aufrichtige Reue über unsere Sünden, für welche Christus gestorben ist, und eine aufrichtige Buße und Bekehrung des Herzens, würdige Früchte der Buße. Oder wäre es möglich, daß wir durch die Betrachtung des leidenden Heilandes nicht in gleicher Weise erschüttert werden, wie es in der Schrift heißt: „Und alles Volk, welches herbei gekommen war zu diesem Anblick, und sah, was da geschehen ist, kehrte sich an die Brust schlagend zurück, (Luc. 23, 4 8.) dazu fordert uns alles auf in dieser heiligen Zeit. Ach das Leben ist so kurz, und fließt so schnell dahin. Für wie viele, die es vor einem Jahre nicht dachten und nicht ahnten, kehrte diese Gnadenzeit nicht zurück. Es ist in der That bedenklich, und gefährlich, den mächtigen Ruf dieser Heilstage unbeachtet zu lassen, ruft sie uns doch so kräftig zu: „Heute, wenn ihr die Stimme des Herrn höret, verhärtet euere Herzen nicht. (Pslm. 94, 8.) Je strafbarer wir die angebotenen Gnaden verschmähen, desto mehr haben wir das göttliche Gericht zu fürchten.

Alles vereinigt sich in diesen Tagen zu unserem Heile, vor allem das inständige Gebet der Kirche im täglichen Opfer, ihre liebevollen

Ermahnungen, Einladungen, Verkündigungen der göttlichen Gnaden, aber auch der göttlichen Gerechtigkeit, das Verbot zerstreuender Lustbarkeiten und Vergnügungen, und insbesondere das Gebot der Fasten, durch welche der Herr „die Laster niederdrückt, den Geist erhebt, und Tugend und Belohnung verleiht" (Praefat. Quadrag.)

Auf diese Weise, Geliebteste, arbeitet und zielt Alles hin auf einem würdigen Empfang der heiligen Sakramente der Buße und des Altars, auf daß uns durch dieselben die Gnade und der Trost werde, mit der Auferstehung des Herrn auch unsere geistige Auferstehung feiern zu können.

Unter der Ertheilung unseres bischöflichen Segens, grüßen wir euch mit dem Apostel: „Gnade euch und Heil von Gott und unserm Herrn Jesu Christo, der sich selbst hingegeben hat für unsere Sünden, auf daß er uns erlöse von der gegenwärtigen bösen Welt, nach dem Willen Gottes und unseres Vaters, dem Preis ist in Ewigkeit Amen. (Gal. 1, 4.)

Würzburg, den 30. Januar 1872.

† Johannes Valentin, Bischof.

Fastendispense

auf das Jahr 1872.

In Berücksichtigung der gegenwärtigen Zeitverhältnisse lassen Seine Bischöfliche Gnaden in Kraft der vom heiligen apostolischen Stuhle erhaltenen Vollmachten für das gegenwärtige Jahr vom Beginn der diesjährigen Fastenzeit bis zum Anfange der nächsten hinsichtlich des Abstinenzgebotes eine Milderung eintreten, und verordnen demnach:

I. Es ist erlaubt, in der vierzigtägigen Fastenzeit (welche mit dem 14. Februar beginnt), an allen Tagen mit Ausnahme der unter Nr. II genannten, Fleischspeisen zu genießen, jedoch darf Jeder, welcher das 21 Jahr zurückgelegt hat, die Sonntage ausgenommen, sich nur einmal des Tages ersättigen.

II. Am Aschermittwochen (14. Februar), Quatempermittwochen (21. Februar), an allen Freitagen der vierzigtägigen Fasten, und an den drei letzten Tagen der Charwoche ist nicht nur die mehrmalige Ersättigung des Tages gemäß Nr. I. sondern auch der Genuß von Fleischspeisen untersagt. Gleiches gilt auch von den in diesem Jahre auf den Freitag fallenden Vigilfasttagen:

28. Juni, Vigil vom Feste der hl. Apostel Petrus und Paulus.

9. August, Vigil vom Feste des hl. Laurentius.

23. August, Vigil vom Feste des hl. Apostels Bartholomäus.

29. November, Vigil vom Feste des hl. Apostels Andreas.

III. An den übrigen Quatemper-Mittwochen und Quatemper-Freitagen des Jahres 22. und 24. Mai, 18. und 20. September, 18. und 20. December) ist mehrmalige Ersättigung des Tages und der Genuß von Fleischspeisen verboten.

IV. An den Quatemper-Samstagen des Jahres (24. Februar, 25. Mai, 21. September, 21. December), sowie an den folgenden Vigilfasttagen der Genuß von Fleischspeisen jedoch nicht mehrmalige Sättigung erlaubt:

Samstag den 18. Mai, Vigil des hl. Pfingstfestes.

Samstag den 22. Juni, Vigil vom Feste des hl. Johannes des Täufers.

Mittwoch den 24. Juli, Vigil vom Feste des hl. Apostels Jacobus.
Mittwoch den 14. August, Vigil vom Feste Mariä-Himmelfahrt.
Samstag den 26. October, Vigil vom Feste der hl. Apostel Simon und Judas.
Donnerstag den 31. October, Vigil vom Feste Allerheiligen.
Dienstag den 24. December, Vigil des hl. Weihnachtsfestes.
Montag den 24. Februar 1873, Vigil vom Feste des hl. Apostels Matthias.

V. An allen übrigen unter Nr. II und III nicht besonders ausgenommenen Freitagen des Jahres ist zwar nicht die mehrmalige Sättigung, wohl aber der Genuß von Fleischspeisen verboten; jedoch soll an dem in diesem Jahre auf den Freitag fallenden Feste Allerheiligen auch der Genuß von Fleischspeisen gestattet seyn.

VI. Den Dienstleuten und allen jenen Personen, welche nicht in der Lage sind, ihre Speisen mit Rücksicht auf obige Verbote wählen zu können, da sie keinen eigenen Haushalt führen und an einem fremden Tische theilnehmen müssen, soll es erlaubt seyn, an allen Tagen des Jahres mit Ausnahme des Aschermittwochen und des Charfreitags Fleischspeisen zu genießen, jedoch bleibt auch für diese Personen das obige Verbot der mehrmaligen Sättigung in Kraft.

VII. An allen Fasttagen, für welche gemäß gegenwärtiger Verordnung bezüglich des Verbotes von Fleischspeisen dispensirt wurden, dürfen nicht bei einer und derselben Mahlzeit Fleisch- und Fischspeisen genossen werden.

Nebst diesen auf das kirchliche Fastengebot sich beziehenden Anordnungen wird hiemit weiter bestimmt, daß die österliche Zeit mit dem dritten Sonntag der Fasten (3. März) beginnt, und mit dem zweiten Sonntage nach Ostern (14. April) sich schließt. Nach dem Kirchengesetze ist es jedem Diöcesanen überlassen zur Ablegung seiner Beicht sich einen Beichtvater frei zu wählen. Will Jemand die heilige Oster-Communion in einer andern als in seiner Pfarrkirche empfangen, so soll und wird Demselben die hiezu erforderliche Erlaubniß des eigenen Pfarrers nicht versagt oder auch nur irgendwie erschwert werden.

Würzburg den 28. Januar 1872.

Bischöfliches Ordinariat.

Dr. Himmelstein, Vic. Gen.

Hohn, Act.

Kindheit-Jesu-Verein.

II. Quartal 1871.

Decanat **Klingenberg:** Röllfeld 16 fl., Großheubach 17 fl. 30 kr.	33 fl. 30 kr.
„ **Alzenau:** Mainaschaff 14 fl. 30 kr.	14 fl. 30 kr.
„ **Rothenfels:** Neustadt a./M. 14 fl. — kr., Urspringen 16 fl., Pflochsbach 10 fl. — kr., Rothenfels 12 fl.,	52 fl. — kr.
„ **Bischofsheim:** Oberstadungen 5 fl.	5 fl. — kr.
„ **Ochsenfurt:** Oellingen 3 fl. 30 kr.	3 fl. 30 kr.
„ **Gemünden:** Wiesenfeld 6 fl. 44 kr.	6 fl. 44 kr.
„ **Hammelburg:** Huntsfeld 3 fl., Schonra 8 fl. 54 kr., Diotten 1 fl. 45 kr., Diebach 3 fl. 21 kr.	17 fl. — kr.
„ **Dettelbach:** Kürnach mit Mühlhausen 15 fl., Hausen 150 fl., Burggrumbach 8 fl. 49 kr., Dipbach 20 fl.	193 fl. 49 kr.
„ **Röttingen:** Burgerroth 16 fl.	16 fl. — kr.
„ **Volkach:** Stammheim 11 fl., Röthlein 6 fl. 20 kr, Volkach 25 fl.	42 fl. 20 kr.
„ **Stadtschwarzach:** Kirchschönbach 4 fl. 15 kr.	4 fl. 15 kr.
„ **Karlstadt:** Retzbach 13 fl., Erlabrunn 5 fl. 6 kr., Zellingen 1 fl. 37 kr., Karlstadt 13 fl. 15 kr.	32 fl. 58 kr.
„ **Arnstein:** Altbessingen 4 fl., Arnstein 5 fl. 34 kr., Brebersdorf 3 fl., Kaisten 3 fl. 54 kr, Bühler 1 fl. 3 kr., Greßthal 4 fl. 10 kr., Günheim 22 fl. 45 kr., Hausen 10 fl., Heßlar 7 fl. 12 kr., Müdesheim 4 fl., Schwebenried 10 fl.	
„ **Gerolzheim:** Euerbach 2 fl., Opferbaum 15 fl. 18 kr., Rannungen 20 fl., Maibach 8 fl. 48 kr., Hambach und Dittelbrunn 11 fl. 36 kr.	57 fl. 42 kr.
„ **Marktheidenfeld:** Marktheidenfeld 25 fl. 50 kr.	25 fl. 50 kr.
„ **Miltenberg:** Neunkirchen 50 fl.,	50 fl. — kr.
„ **Röttingen:** Höttingen 12 fl. 24 kr.	12 fl. 24 kr.
„ **Würzburg:** Juliusspital 10 fl., Opfer beim Gottesdienst 15 fl., Pengfeld 12 fl.	37 fl. — kr.

(Fortsetzung folgt.)

Im Auftrag und Verlag des bischöflichen Ordinariates.
Druck der C. J. Becker'schen Buchdruckerei.

Würzburger Diöcesan-Blatt.

№ 7.

16. Februar   Achtzehnter Jahrgang.   1872.

Amtliche Diöcesan-Nachrichten.

Durch Entschließung v. 3. l. M. wurde Herr Localcaplan Georg Schwinger in Mainberg mit Verwaltung der Pfarrei Hesselbach betraut, — durch solche vom 5. l. M. Herr Cooperator Carl Joseph Link zu Stockstadt als Caplan nach Alzenau, — Herr Caplan Johann Trapp in Alzenau als Cooperator nach Stockstadt angewiesen.

Die Wahl des Herrn Pfarrers Ph. Carl Kleinhenz von Arnstein zum Decan des Landcapitels Arnstein wurde unterm 5. l. M. genehmigt.

In Ausübung des landesherrlichen Patronates wurde die Juliusspitalpfarrei zu Würzburg dem Herrn Pfarrer Hugo Vollmuth in Gaibach verliehen.

Seine Bischöfliche Gnaden haben unterm 10 l. M. beschlossen, die Pfarrei ad SS. Petr. et Paul. in Würzburg dem Herrn Dompräbendaten Michael Beckert, — unterm 12. l. M. die Pfarrei Birkenfeld, Dec. Rothenfels, dem Herrn Pfarrer Anton Höppler in Wernfeld, — die Pfarrei Nüdlingen, Dec. Kissingen, dem Herrn Pfarrer J. Georg Bettinger in Altenmünster, — die Pfarrei Großeibstadt, Dec. Königshofen, dem Herrn Cooperator Anton Uehlein in Merkershausen, — und die Pfarrei Limbach, Dec. Haßfurt, dem Herrn Caplan Carl Droll in Ettleben zu verleihen.

Von dem Stadtmagistrate Ochsenfurt als zuständigem Patrone ist das Beneficium ad SS. Wolfgangum bortselbst mit 534 fl. 44½ kr. Reinertrag zur Bewerbung ausgeschrieben unter Festsetzung eines Termines bis zum 18. l. M.

Obiit ex ven. Confr. S. Chil.

die 5. Feb. 1872

Rev. Dom. Joannes Georgius Koob ex Wülfershausen,
Paroch. resign. ad SS. Petr. et Paulum Wirceburgi,
quondam Decanus Capituli Wirceburgensis,
natus d. 5. Nov. 1805, Presb. initiatus d. 29. Aug. 1829.
Pro cujus anima a singulis D. D. Confratribus
Ss. Missae sacrificium ex pacto
curandum est.

Obiit ex ven. Confr. S. Chil.

die 10. Feb. 1872

Rev. Dom. Henricus Schumm ex Rattelsdorf,
Parochus in Mönchberg, Capituli Klingenberg,
natus d. 27. Feb. 1812, Presb. initiatus d. 27. Aug. 1836.
Pro cujus anima a singulis D. D. Confratribus
Ss. Missae sacrificium ex pacto
curandum est.

Paramenten-Verein.

In der Quartalsitzung v. 8. l. M. wurden folgende Paramente an arme Kirchen vertheilt:

1) Nach Schnepfenbach 1 Meßgewand gegen theilweise Vergütung.
2) Nach Faulbach 1 Priesterchorrock und 4 Ministrantenchorröckchen gegeu theilweise Vergütung.
3) Nach Garstadt 1 Meßgewand gegen theilweise Vergütung
   und 1 Taufstole.
4) Nach Kleinwenkheim 1 Meßgewand.
5) Nach Burgwallbach 1 Chorrock, 1 Albe, 6 Purificatorien

und 3 Corporalien; für Windhausen 1 Altartuch und 2 Ministrantentalare gegen theilweise Vergütung.

6) Dem Chilianeum 1 Velum.

7) Nach Löhrieth 1 Velum und 1 Priesterchorroc gegen theilweise Vergütung.

8) Nach Seiferts, Pf. Batten, 1 Meßgewand, 6 Purificatorien und 3 Corporalien.

9) Nach Breitenbiel, Pf. Miltenberg, 2 Ministrantentalare gegen theilweise Vergütung.

10) Nach Heigenbrücken, Pf. Wiesthal, 1 Pluviale gegen theilweise Vergütung.

11) Nach Kloster Volkersberg 1 Meßgewand.

Der Ausschuß des Paramentenvereins.

Maria Bollé.

Beiträge zum Bonifacius-Verein.

III. und IV. Quartal 1871.

Legat des verlebten Herrn Pfarrers Peter in Mönchberg 20 fl. — Von der Stiftspfarrei Aschaffenburg 4 fl. 12 kr. — Von der Dompfarrei 2 fl. — Von M. L. 2 fl. — Legat der Elis. Bausback 100 fl. — Vom Decanat Gelbersheim 24 fl. 28½ kr. — Von der Pfarrei ad S. Agatham zu Aschaffenburg 12 fl. — Von der Pfarrei Wollbach 11 fl. 18 kr. — Von der Pfarrei Egenhausen 2 fl. — Legat des verlebten Herrn Stadtpfarrers Anselm in Würzburg 50 fl. — Vom Decanat Haßfurt 4 fl. — Vom Decanat Miltenberg zur Bischof Georg Antons-Einigung 3 fl. — Von der Pfarrei Niedernberg 1 fl. 30 kr.

Würzburg, 9. Januar 1872.

Lochner, Domcapitular.

Kindheit-Jesu-Verein.

II. Quartal 1871.

(Fortsetzung.)

Decanat **Königshofen**: Mertershausen 1 fl. 12 kr., Saal
4 fl. 30 kr., Untereßfeld 5 fl. 18 kr., Königshofen 15 fl. 30 kr.   26 fl. 30 kr.

"   **Haßfurt**: Haßfurt 83 fl. 20 kr., Knetzgau 2 fl.
30 kr., Steinsfeld 6 fl., Stettfeld 48 kr., Unterhohenried 10 fl. 30 kr., Walbsachsen 9 fl. 24 kr.   112 fl. 32 kr.

"   **Ochsenfurt**: Gaukönigshofen 7 fl. 45 kr., Goßmannsdorf 7 fl.   14 fl. 45 kr.

"   **Hilders**: Schmalnau 20 fl.   20 fl. — kr.

"   **Lohr**: Ohne Bericht 56 fl. 22 kr.   56 fl. 22 kr.

III. Quartal 1871.

Decanat **Rothenfels**: Urspringen 20 fl.   20 fl. — kr.

"   **Röttingen**: Riedenheim 26 fl., Tauberrettersheim
12 fl. 32 kr., Strüth 4 fl., Oesfeld 2 fl.,
Balbersheim 19 fl. 19 kr.   63 fl. 51 kr.

"   **Ochsenfurt**: Hopferstadt 31 fl. 43 kr., Hohestadt
4 fl., Osthausen 1 fl. 22 kr., Goßmannsdorf 5 fl.,
Darstadt 6 fl., Sächsenheim 32 fl. 15 kr., Oellingen 4 fl. 36 kr., Acholshausen 25 fl.   109 fl. 56 kr.

"   **Alzenau**: Hörstein 17 fl. 13 kr., Goldbach 12 fl.
47 kr., Stockstadt 30 fl. 42 kr.   60 fl. 42 kr.

"   **Dettelbach**: Dettelbach 27 fl. 30 kr., Prosselsheim
14 fl. 19 kr., Kürnach 7 fl.   48 fl. 49 kr.

Würzburg, 20. Januar 1872.

Schork, Domcapitular.

Im Auftrag und Verlag des bischöflichen Ordinariates.
Druck der C. J. Becker'schen Buchdruckerei.

Würzburger Diöcesan-Blatt.

D. Würzburg, 20. Februar 1872.

Bischöfliches Ordinariat.

Dr. Himmelstein, Vic. Gen.

Hohn, Act.

| 23. Februar | Achtzehnter Jahrgang. | 1872. |

Amtliche Diöcesan-Nachrichten.

E. N. 1131.

...

Durch das Ableben des seitherigen Pfründenutznießers ist die Pfarrei **Happertshausen** Decanats Stadtlauringen, erledigt worden.

Bewerbungsgesuche um dieselbe sind an Seine Bischöfliche Gnaden als deren Collator zu stylisiren und binnen 4 Wochen anher einzureichen.

D. Würzburg, 20. Februar 1872.

Bischöfliches Ordinariat.

Dr. Himmelstein, Vic. Gen.

Hohn, Act.

Amtliche Diöcesan-Nachrichten.

Die Wahl des Herrn Pfarrers Christian Menz in Gössenheim zum Definitor des Decanates Gemünden wurde unterm 16. l. M. genehmigt.

Unterm 15. l. M. wurde Herr Cooperator Philipp Reiter zu Mönchberg mit Verwaltung der Pfarrei Mönchberg, — unterm 20. l. M. Herr Cooperator Johann Elbert zu Elsenfeld mit Verwaltung der Pfarrei Elsenfeld, — und Herr Cooperator Joseph Dittmeyer zu Happertshausen mit Verwaltung der Pfarrei Happertshausen betraut.

Unter Zurücknahme der Entschließung v. 5. l. M. wurde Herr Cooperator Joseph Link zu Stockstadt und Herr Caplan Johann Trapp zu Alzenau auf genannten Stellen belassen.

Instituirt wurde am 20. l. M. Herr Dechantpfarrer Ph. Carl Kleinhenz von Milbesheim auf die Pfarrei Arnstein, — am 21. l. M. Herr Cooperator resp. Pfarrvicar Joseph Wagner von Klosterheidenfeld für die Pfarrei Gemünden, — und Herr Pfarrer Johann Adam Fick von Reulbach für die Pfarrei Eschernborf.

Obiit ex ven. Confr. S. Chil.
die 15. Feb. 1872
Rev. Dom. Adamus Josephus Valtenmeyer ex Hofheim,
Parochus in Elsenfeld, Capituli Aschaffenburg,
natus d. 15. Mart. 1807, Presb. initiatus d. 20. Aug. 1831.
Pro cujus anima a singulis D. D. Confratribus
Ss. Missae sacrificium ex pacto
curandum est.

Obiit ex ven. Confr. S. Chil.
die 18. Feb. 1872
Rev. Dom. Michael Robertus Gessner ex Röttingen,
Parochus in Happertshausen, Capituli Stadtlauringen,
natus d. 15. Maji 1806, Presb. initiatus d. 20. Aug. 1831.
Pro cujus anima a singulis D. D. Confratribus
Ss. Missae sacrificium ex pacto
curandum est.

Schulwesen.

(Abbruck.) Die Behandlung der Versäumnisse
des Besuches der Schule und des öffentlichen
Religionsunterrichts betr.

Ludwig II

von Gottes Gnaden König von Bayern, Pfalzgraf bei Rhein, Herzog von Bayern,
Franken und in Schwaben ꝛc. ꝛc.

Wir finden Uns bewogen, auf Grund des Artikels 58 des Polizeistraf-
gesetzbuches bezüglich der Behandlung der Versäumnisse des Besuches der Schule
und des öffentlichen Religionsunterrichts von Seite der werktags- und sonntagsschulpflichtigen Jugend zu verordnen, was folgt:

§ 1.

An jeder deutschen Werktags- und Sonntagsschule, dann an jeder die
Sonntagsschule vertretenden Fortbildungsschule werden von dem Lehrer Verzeichnisse über die Versäumnisse geführt, welche bei der werktags- und sonntagsschulpflichtigen Jugend in Bezug auf den Besuch der Schule und des öffentlichen
Religionsunterrichts im Verlaufe eines Monats sich ergeben.

§ 2.

Diese Verzeichnisse sind in den ersten Tagen des darauffolgenden Monats
der Lokal- oder Stadtbezirks-Schulinspektion zu übergeben, welche dieselben in den
vorgeschriebenen, am ersten, spätestens zweiten Sonntage jeden Monats stattfin-
denden Schulsitzungen zu prüfen hat.

Die Eltern, Pflegeeltern, Vormünder, Dienst- und Lehrherrn der säumigen
Werktags- und Sonntagsschulpflichtigen sind zu den Schulsitzungen vorzuladen
und mit ihrer Verantwortung zu vernehmen.

Soferne die Vorgeladenen ohne genügende Entschuldigung wegbleiben, oder
die vorgebrachte Entschuldigung der Versäumnisse nicht hinreichend begründet erscheint, ist für jedes Versäumniß der Werktags- oder der Sonntagsschule, oder

der letztere vertretenden. Fortbildungsschule oder des öffentlichen Religionsunterrichtes eine Geldstrafe von drei bis fünf Kreuzern zu verfügen und damit eine Verwarnung des Schuldigen vor weiteren Versäumnissen zu verbinden.

Den Nichterschienenen ist dieser Beschluß der Ortsschulbehörde schriftlich zu eröffnen.

In gleicher Weise sind auch die säumigen Sonntagsschulpflichtigen zu den erwähnten Schulsitzungen vorzuladen und mit ihrer Verantwortung zu hören.

Soferne die Vorgeladenen ohne genügende Entschuldigung wegbleiben oder die von ihnen vorgebrachte Entschuldigung nicht genügend erscheint, ist gegen dieselben ein Disciplinarverweis auszusprechen und damit eine Verwarnung vor weiteren Versäumnissen zu verbinden.

Den Nichterschienenen ist dieser Beschluß der Ortsschulbehörde schriftlich zu eröffnen.

In der Pfalz legt der Lehrer die monatlichen Schulversäumnißlisten dem Lokalschulinspektor vor, welcher dieselben zu beglaubigen und sodann dem Vorstande der Ortsschulkommission zu übergeben hat.

Von letzterer ist hierauf in der vorgeschriebenen regelmäßigen Monatssitzung nach Maßgabe der in den vorstehenden Absätzen 1 — 7 gegebenen Vorschriften weiter zu verfahren.

Die Erhebung der in § 2 Abs. 3 bezeichneten Geldstrafen und deren Beitreibung im Wege der Hilfsvollstreckung hat von der einschlägigen Gemeindeverwaltung, nach den über die Beitreibung von rückständigen Gemeindeumlagen gegebenen Vorschriften zu erfolgen. Der Ertrag derselben wird an die Schulkasse abgegeben.

In der Pfalz hat es bei der bisher angeordneten Verwendungs- und Verrechnungsweise sein Verbleiben.

Eltern, Pflegeeltern, Vormünder, Dienst- und Lehrherrn, welche ohne genügende Entschuldigung unterlassen, ihre schulpflichtigen Kinder, Pflegekinder, Mündel, Dienstboten oder Lehrlinge zum Schulbesuche anzuhalten, obwohl sie von der Ortsschulbehörde wegen schuldhafter Schulversäumnisse nach Maßgabe des § mit Geldstrafe belegt und vor weiteren Versäumnissen verwarnt worden sind, sind der Staatsanwaltschaft unter Vorlage der hiernach Behelfe anzuzeigen.

(Fortsetzung folgt.)

Würzburger Diöcesan-Blatt.

№ 9.

| 1. März | Achtzehnter Jahrgang. | 1872. |

E. N. 1203.

An die bischöflichen Decanate und Pfarreien der Diöcese Würzburg.

Collecte für die Väter am hl. Grabe
zu Jerusalem betr.

Die in rubr. Betreffe alljährlich vorzunehmende Collecte ist auch
für heuer wieder am Passionssonntage von der Kanzel zu verkünden
und am Palmsonntage in allen Pfarr= und Filialkirchen mit ständigem
Gottesdienste zu beschäftigen, — das Ergebniß aber mit specificirtem
Verzeichnisse an die b. Decanate einzusenden, welche die gesammelten
Gaben nebst übersichtlich gehaltener Tabelle unter thunlichster Be=
schleunigung anher einzubefördern beauftragt werden.

D. Würzburg, 28. Februar 1872.

Bischöfliches Ordinariat.

Dr. Himmelstein, Vic. Gen.

Hohn, Act.

Amtliche Diöcesan-Nachrichten.

Durch Entschließung v. 23. l. M. wurde Herr Caplan Johann Dürr von Obertheres als Localcaplan nach Mainberg, — Herr Pfarrvicar Joseph Dittmeyer zu Happertshausen als Caplan nach Obertheres, — Herr Localcaplan Carl Adam Helmed zu Kerbfeld als Pfarrvicar nach Happertshausen, — durch Entschließung v. 28. l. M. Herr Pfarrvicar J. Michael Stock zu Hundsbach als Localcaplan nach Leutershausen angewiesen.

In Ausübung des landesherrlichen Patronates wurde Herr Caplan Lorenz Dietz zu Burgerroth zum Pfarrer von Altenbuch, — Herr Pfarrer Carl Fr. Scheuerer zu Bolzhausen zum Pfarrer von Strahlungen ernannt.

Instituirt wurde am 28. l. M. Herr Pfarrer Hugo Bollmuth von Gaibach für die Juliusspitalpfarrei dahier.

In Nr. 39 des Kreis-Amts-Blattes ist die Pfarrei Gaibach, Dec. Volkach, mit 802 fl. 42¹⁄₈ kr. Reinertrag unter Festsetzung vierwöchentlichen Bewerbungstermins ausgeschrieben.

———

Obiit ex ven. Confr. S. Chil.
die 25. Feb. 1872
Rev. Dom. Antonius Eduardus Ruppert ex Miltenberg,
Parochus in Kirchzell, Capituli Miltenberg,
natus d. 9. Apr. 1823, Presb. initiatus d. 21. Aug. 1847.
Pro cujus anima a singulis D. D. Confratribus
Ss. Missae sacrificium ex pacto
curandum est.

———

Dom-Bau-Verein Würzburg.

Sammlung des kath. Sonntagsblattes, II. Semester 1871 32 fl. 42 kr.
— von der Pfarrei Riedenheim 28 „ 30 „

Würzburg, 5. Januar 1872.

Der Cassier
Hubert.
Katzengasse Nr. 9.

Schulwesen.

Abdruck.) Die Behandlung der Versäumnisse des Besuches der Schule und des öffentlichen Religionsunterrichts betr.

Ludwig II

von Gottes Gnaden König von Bayern, Pfalzgraf bei Rhein, Herzog von Bayern, Franken und in Schwaben 2c. 2c.

(Fortsetzung und Schluß.)

Ebenso ist gegen diejenigen Sonntagsschulpflichtigen zu verfahren, welche aus eigenem Verschulden den Besuch der Sonntagsschule oder der dieselbe vertretenden Fortbildungsschule oder während ihrer allgemeinen Sonntagsschulpflicht den vorgeschriebenen Besuch des öffentlichen Religionsunterrichts fortgesetzt versäumen, obwohl gegen sie von der Ortsschulbehörde wegen schuldhafter Schulversäumniß nach Maßgabe des § 2 eingeschritten worden war.

Die Anzeige bei der Staatsanwaltschaft hat zunächst von der einschlägigen Ortsschulbehörde und zwar sofort nach Konstatirung der weiteren schuldhaften Schulversäumniß zu geschehen. Zu dieser Anzeige ist aber auch jede höhere Schulbehörde berechtigt, wenn dieselbe von der Ortsschulbehörde unterlassen wird oder nicht rechtzeitig erfolgt.

§ 5.

Gegenwärtige für alle Landestheile giltige Verordnung tritt mit dem Tage ihrer Verkündigung in Wirksamkeit.

Gleichzeitig erlöschen die Bestimmungen der Verordnung vom 28. Juni 1862, die Behandlung der Versäumnisse des öffentlichen Religionsunterrichts betreffend, und alle entgegenstehenden früheren Vorschriften.

München, den 22. Januar 1872.

(gez.) **Ludwig.**

(gez.) **v. Jut.**

Auf Königlich Allerhöchsten Befehl:
der General-Sekretär
Ministerialrath
(gez.) **von Bezold.**

Beiträge zum bischöflichen Knabenseminar in Würzburg.

Januar 1872.

156. Geschenk eines ungenannten Wohlthäters vom 5. Jan. durch Herrn Regens Emmerich übermittelt 100 fl. — kr.	157. Albhausen	41 fl.	3 kr.
	158. Birnfeld	8 „	12 „
	159. Ebertshausen	17 „	30 „
	160. Happertshausen	11 „	— „
	161. Kerbfeld	17 „	30 „

162. Marktsteinach)	12 fl. — kr.
163. Poppenlauer	2 „ 30 „
164. Stadtlauringen	13 „ — „
165. Thundorf	31 „ 30 „
166. Obertheres	12 „ 30 „
167. Burglauer u. Reichenbach	5 „ — „
168. Stettbach	20 „ — „
169. Batten	31 „ 30 „
170. St. Veit	9 „ — „
171. Herbstadt	17 „ 30 „
172. Mürsbach	7 „ 30 „
173. „ „ Kirchenst.	10 „ — „
174. Hohestadt	10 „ — „
175. Großlangheim	11 „ 30 „
176. „ „ Kirchst.	10 „ — „
177. Geiselbach	10 „ — „
178. Neubrunn	16 „ — „
179. „ „ Kirchenstiftung p. 1870, 1871	24 „ — „
180. Klingenberg	22 „ 36 „
181. Eßfeld, Kirchenst.	25 „ — „
182. Rothenfels	14 „ 42 „
183. Böttigheim	42 „ 45 „
184. Heidingsfeld	30 „ — „
185. Oberleinach	16 „ 30 „
186. „ „ Kirchenst.	2 „ — „
187. Schollbrunn	4 „ — „
188. Rottenbauer	5 „ 20 „
189. Karlstadt	5 „ 17 „
190. Reßbach	8 „ — „
191. Retzstadt	5 „ — „
192. Greßhausen	4 „ — „
193. Lengfeld	8 „ — „
194. Bastheim	9 „ 6 „
195. Ebenhausen	16 „ 15 „

196. Keilberg, (Straßkessenbach)	3 fl. 30 kr.
197. Habichsthal	1 „ — „
198. Sailauf	13 „ 59 „
199. Schmerlenbach	6 „ — „
200. Wiesthal	3 „ 18 „
201. Fahr	13 „ — „
202. Biebelried	52 „ — „
203. Augsfeld	17 „ 30 „
204. Diebach	12 „ — „
205. Dompfarrei	95 „ 23 „
206. Würzburg, Ung.	200 „ — „
207. „ „ Ung.	50 „ — „
208. Himmelstadt, Pfarrei, v. einem Ungenanten	500 „ — „
209. Mürdesheim	5 „ — „
210. Greßthal	16 „ — „
211. Schwebenried	12 „ — „
212. „ „ Kirchst.	5 „ — „
213. Aschaffenburg, Pfarrei ad ss. Pet. et Alex.	50 „ — „
214. Elsenfeld	1 „ — „
215. Großwallstadt	20 „ — „
216. Kleinwallstadt	38 „ — „
217. Wenigumstadt	1 „ — „
218. Randersacker	15 „ — „
219. Unsleben	10 „ — „
220. Ochsenfurt	25 „ — „
221. Albertshausen	5 „ 26 „
222. Arnshausen	9 „ 55 „
223. Aschach	8 „ — „
224. Aura	1 „ 34 „
225. Langenleiten	4 „ 7 „
226. Poppenroth	10 „ — „
227. Oberthulba	14 „ 10 „
228. Waldfenster	8 „ 18 „

(Schluß folgt.)

In Auftrag und Verlag des bischöflichen Ordinariates.
Druck der C. J. Becker'schen Buchdruckerei.

Würzburger Diöcesan-Blatt.

№ 10.

8. März   Achtzehnter Jahrgang.   1872.

E. N. 1294.

> Das Anniversarium für den hochseligen
> Bischof v. Groß betr.

Am Mittwoch den 20. März früh ½9 Uhr wird in der h. Cathedrale dahier die jährliche Gedächtnißfeier für den hochseligen Bischof Friedrich v. Groß unter Absingung der Laudes und folgendem Pontificalamte abgehalten werden.

Der hochwürdige Pfarr= und Regular=Clerus hiesiger Stadt wird hievon in Kenntniß gesetzt, und zur Betheiligung eingeladen, — Ersterer zugleich beauftragt, von der Kanzel den Gläubigen die Abhaltung dieses Trauergottesdienstes bekannt zu geben.

D. Würzburg, 4. März 1872.

Bischöfliches Ordinariat.

Dr. Himmelstein, Vic. Gen.

Hohn, Act.

Durch Entschließung v. 1. l. M. wurde Herr Pfarrvicar Joseph Schwenk in Eschernborf mit Verwaltung der Pfarrei Gaibach, — und Herr Caplan Julian Goldbach in Kirchzell mit Verwaltung der bezeichneten Pfarrei betraut.

Instituirt wurde am 5. l. M. Herr Pfarrer Johann Peter Batter von Strahlungen für die Pfarrei Mittelstreu, — am 7. l. M. Herr Caplan Lorenz Dietz von Burgerroth für die Pfarrei Altenbuch.

Pfründe- und Stiftungs-Vermögen.

Bei der am 19. Feb. 1872 stattgehabten III. Verloosung des k. b. **Militär- und Eisenbahn-Anlehens vom Jahre 1870 zu 5 Procent** wurden folgende Endnummern gezogen:

a., vom Militär-Anlehen:

01. 12. 13. 14. 28. 29. 30. 32. 34. 35. 40. 44. 45.
63. 71. 72. 76. 79. 81. 90.

b., vom Eisenbahn-Anlehen:

02. 11. 16. 25. 28. 38. 39. 42. 49. 51. 56. 59. 62.
66. 70. 71. 80. 82. 83. 87.

Alle Obligationen á 1000, 500 und 100 fl. oben bezeichneten Anlehens, deren Katasternummer mit einer der gezogenen Zahlen endigt, sind zur Heimzahlung bestimmt. Mit dem **1. Mai** l. J. treten dieselben außer Verzinsung.
Näheres findet sich in Nr. 39 des Kreis-Amts-Blattes v. J. 1872.

Beiträge zum bischöflichen Knabenseminar in Würzburg.

Januar 1872.
(Schluß.)

229. Röllfeld	12 fl. — kr.	234. Hausen bei Fährbrück	9 fl. 54 kr.
230. Hofstetten	5 „ 26 „	235. Gänheim	5 „ 15 „
231. Wiesenfeld	10 „ — „	236. „ „ von einem	
232. Oberwern	15 „ 48 „	Wohlthäter	5 „ — „
233. Kronungen	8 „ 6 „	237. Thüngersheim	7 „ — „

238. Untereßfeld	7 fl. 45 kr.	248. Altbessingen	14 fl. — kr.
239. Saal	14 „ — „	249. Goßmannsdorf b.	
240. Großbardorf	5 „ 12 „	Hofheim	7 „ — „
241. Kleineibstadt	7 „ — „	250. Hundsfeld	6 „ — „
242. Großeibstadt	7 „ — „	251. Dettelbach	25 „ — „
243. Würzburg, Pfarrei		252. „ „ Kirchenstift.	12 „ — „
zu St. Peter	26 „ 24 „	253. Röttingen	40 „ — „
244. Miltenberg, Erlös		254. Eichenbühl	5 „ — „
von einem Gold-		255. Kleinheubach	6 „ 22 „
schmuck	12 „ — „	256. Weilbach	21 „ — „
245. Hesselbach	20 „ — „	257. Karlburg	5 „ 20 „
246. Kirchschönbach	3 „ 6 „	258. „ „ f. Bilder	1 „ 6 „
247. Rötelsee	4 „ — „	259. Obereßfeld	1 „ — „

Summa: 2,218 fl. 10 kr.
Uebertrag: 2,666 fl. 18½ kr.

Summa: 4,884 fl. 28½ kr.

Würzburg, 31. Januar 1872.

Dr. Reininger, Domcapitular.

Peterspfennige.

Januar 1872.

Heidingsfeld	6 fl. — kr.	Burglauer u. Reichenbach	11 fl. 45 kr.
Würzburg, Pf. zu Haug	41 „ — „	Oberwern	19 „ 20 „
Rottenbauer	4 „ 23 „	Kürnach m. Mühlhausen	10 „ — „
Thüngersheim	8 „ 30 „	Gramschatz	10 „ — „
Ebenhausen	20 „ — „	Augsfeld	16 „ — „
Röllfeld	3 „ 48 „	Untereßfeld	9 „ — „
Bergtheim	17 „ 30 „	Sulzfeld	1 „ 45 „
St. Veit	14 „ — „	Saal	5 „ 30 „
Schmerlenbach	3 „ 48 „	Hundsfeld	4 „ — „
Wintersbach	1 „ 30 „	Heßlar	4 „ — „
Zellingen	8 „ 10 „	Schwebenried	4 „ — „
Retzstadt	5 „ — „	Hofstetten	1 „ 30 „
Retzbach	8 „ 21 „	Wiesenfeld	6 „ 48 „
Karlstadt	12 „ 24 „	Kirchschönbach	3 „ — „

Nödelsee	3 fl. — kr.	Untersteinbach	3 fl. 30 kr.
Schwarzenau	4 „ — „	Röttingen	25 „ — „
Aschaffenburg Pf. zu St.		Kleinheubach, von Ihrer	
Pet. et Alex.	12 „ — „	Durchlaucht der Frau	
Elsenfeld	2 „ 12 „	Fürstin v. Löwenstein	500 „ — „
Kleinwallstadt	45 „ 48 „	Röllbach	18 „ — „
Rittershausen	11 „ — „	Würzburg, Pfarrei zu St.	
Alsleben, von der St.		Peter et Paul.	50 „ 30 „
Michaels-Bruderschaft	10 „ — „	Eßfeld	39 „ — „
Dettelbach	65 „ — „	Giebelstadt	1 „ — „
Unsleben, von der St.		Hausen bei Fährbrück	10 „ 42 „
Michaels-Bruderschaft	5 „ — „	Schmalnau	1 „ 45 „

Summa: 1068 fl. 20 kr.

Februar 1872.

Heppdiel	2 fl. — kr.	Hollstadt	21 „ 47 „
Kolitzheim	1 „ — „	Mellrichstadt	— „ 9 „
Schonungen	— „ 45 „	Mittelstreu	17 „ 9 „
Maibach	15 „ 18 „	Nordheim v. Rh.	38 „ — „
Gaukönigshofen	14 „ — „	Oberstreu	20 „ 36 „
Von der Redaktion des		Stockheim	-- „ 30 „
Sonntagsblattes	326 „ 13 „	Wechterswinkel	7 „ 51 „
Güntersleben	20 „ — „	Wolfmannshausen	16 „ 21 „
Von einem Ungenannten	7 „ — „	Wollbach	16 „ 36 „
Volzhausen	11 „ 15 „	Unterwittbach	6 „ — „
Hopferstatt	3 „ 30 „	Schleerieth	6 „ 3 „
Aub, Spitalpfarrei	2 „ — „	Werneck	12 „ 30 „
Bieberehren	10 „ — „	Hergolshausen	1 „ 13 „
Riedenheim	27 „ — „	Stalldorf	11 „ — „
Aufstetten	6 „ 9 „	Ochsenfurt	25 „ — „
Burgerroth	35 „ -- „	Brendlorenzen	11 „ 24 „
Strüth	9 „ 7 „	Neustadt a. S.	2 „ 45 „
Gussenhausen	3 „ 30 „	Ebern	25 „ — „
Henstreu	10 „ — „		

Summa: 743 fl. 41 kr.

Würzburg den 1. März 1872.

Kluespies, Dompräbendat.

In Auftrag und Verlag des bischöflichen Ordinariates.
Druck der C. J. Becker'schen Buchdruckerei.

Würzburger Diöcesan-Blatt.

№ 11.

15. März   Achtzehnter Jahrgang.   1872.

Amtliche Diöcesan-Nachrichten.

Durch Entschließung v. 1. l. M. wurde Herr Caplan Aloys Schmitt in Klosterheidenfeld mit Verwaltung der dortigen Pfarrei betraut, — durch Decret v. 8. l. M. Herr Caplan Andreas König in Marktsteinach als Cooperator nach Klosterheidenfeld, — Herr Cooperator Ludwig Georg Anton Brand zu Burgsinn als Caplan nach Marktsteinach, — Herr Caplan Franz Conrad in Neustadt a/M. als Pfarrvicar nach Rodenbach, — und unterm 11. l. M. Herr Pfarrvicar Georg Thein in Gemünden in gleicher Eigenschaft nach Mühesheim angewiesen.

Instituirt wurde am 9. l. M. Herr Compräbendat Michael Beckert für die Pfarrei ad SS. Petr. et Paul. dahier, — am 13. l. M. Herr Pfarrer Carl Sattes von Lütter für die Pfarrei Hundsbach.

In Nr. 34 des Kreisamtsblattes ist die Pfarrei Mönchberg mit 1238 fl. 27³/₄ kr., — in Nr. 41 die Pfarrei Bolzhausen, mit 653 fl. 47 kr., — in Nr. 46 die Pfarrei Altenmünster mit 879 fl. 32¹/₁₀ kr. Reinertrag unter Festsetzung vierwöchentlicher Bewerbungsfrist ausgeschrieben.

Obiit ex ven. Confr. S. Chil.
die 6. Martii 1872
Rev. Dom. Joannes Adamus Borberich ex Waldbüttelbrunn,
Parochus in Rodenbach, Capituli Lohr,
natus d. 16. Dec. 1828, Presb. initiatus d. 4. Jan. 1852.
Pro cujus anima a singulis D. D. Confratribus
Ss. Missae sacrificium ex pacto
curandum est.

Beiträge zum bischöflichen Knabenseminar in Würzburg.

Februar 1872.

260. Von einer ungenann-			
ten Wohlthäterin	20 fl.	—	fr.
261. Eichelsbach, Fil. von			
Sommerau	6 „	6	„
262. Bergtheim	40 „	—	„
263. Schleerieth	21 „	18	„
264. Eßleben	33 „	49	„
265. „ „ Ungenannt	10 „	—	„
266. Stettbach	6 „	—	„
267. Waigolshausen	20 „	—	„
268. Ebenhausen	20 „	—	„
269. Eltingshausen	5 „	—	„
270. Merkershausen	16 „	30	„
271. „ „ Kirchst.	12 „	—	„
272. Gänheim, Ungenannt	5 „	—	„
273. Pfersdorf	20 „	30	„
274. Heimbuchenthal	3 „	5	„
275. Volkersbrunn	1 „	55	„
276. Ungenannt f. Bilder	— „	25	„
277. Heppdiel	3 „	—	„
278. Bolzhausen	7 „	18	„
279. Unterwittbach	9 „	—	„
280. Stammheim	11 „	48	„
281. Gaukönigshofen	4 „	40	„
282. „ „ Ung.	5 „	36	„
283. Zell a/M.	15 „	52	„
284. Kolitzheim	1 „	10	„
285. Schondra	5 „	27	„
286. „ „ Kirchenst.	12 „	—	„
287. Oberleichtersbach	8 „	15	„
288. Hammelburg, Kchst.	20 „	—	„
289. Aub	10 „	9	„
290. Aufstetten	7 „	18	„
291. Bieberehren	18 „	—	„
292. Burgerroth u. Buch	28 „	—	„
293. Riedenheim	33 „	—	„
294. Strüth	9 „	8	„
295. Tauberrettersheim	4 „	21	„

296. Bastheim p. 1870	23 fl.	15	kr.
297. Eussenhausen p. 1870	8 „	—	„
298. Hendungen p. 1870	42 „	10	„
299. „ „ p. 1871	12 „	—	„
300. Heustreu p. 1870	49 „	42	„
301. „ „ p. 1871	4 „	33	„
302. Mellrichstadt p. 1870	2 „	42	„
303. „ „ p. 1871	10 „	1	„
304. Mittelstreu p. 1871	22 „	34	„
305. Nordheim v. d. Rh.			
p. 1870	11 „	30	„
306. Nordheim v. d. Rh.			
p. 1871	20 „	—	„
307. Oberstreu p. 1871	19 „	—	„
308. Stockheim p. 1871	4 „	—	„
309. Unterelsbach p. 1870	7 „	2	„
310. „ „ p. 1871	1 „	45	„
311. Wechterswinkel p. 1870	4 „	—	„
312. Wolfmannshausen p.			
1870	6 „	—	„
313. Wolfmannshausen p.			
1871	12 „	15	„
314. Wollbach p. 1870	24 „	34	„
315. Niederlauer	10 „	—	„
316. Strahlungen	4 „	30	„
317. Löhrieth	11 „	—	„
318. Unterebersbach	3 „	30	„
319. Herschfeld	6 „	—	„
320. Neustadt a, S.	8 „	—	„
321. Grafenrheinfeld	23 „	—	„
322. „ „ Krchst.	12 „	30	„
323. „ „ Engel-			
amtsstiftung	12 „	30	„
324. Grafenrheinfeld, Ung.	20 „	—	„
325. Eßleben, Ungenannt	10 „	—	„
326. Hergolshausen	— „	42	„
327. Eisingen	11 „	—	„
328. Waldbrunn	12 „	—	„

| 329. Hettstadt | 4 fl. — kr. | 331. Stallborf | 6 fl. 45 kr. |
| 330. Lengfurt | 7 „ — „ | | |

Summa: 903 fl. 11 kr.
Uebertrag: 4,984 fl. 28½ kr.
Summa: 5,787 fl. 39½ kr.

Würzburg, 29. Februar 1872.

Dr. Reininger, Domcapitular.

(Abbruck.) An die sämmtlichen dem k. Staatsministerium des Innern für Kirchen- und Schul-
angelegenheiten untergeordneten Stellen und Behörden.

Staatsministerium des Innern für Kirchen- und Schulangelegenheiten.

Die von der k. General-Direktion der k. Verkehrs-Anstalten — Post-Ab-
theilung — festgesetzten und unterm 19. December v. J. veröffentlichten Normen
im bezeichneten Betreffe folgen nachstehend im Abbruck zur Kenntniß und
Beachtung.

München, den 5. Februar 1872.

Auf Seiner Königlichen Majestät Allerhöchsten Befehl.

(gez.) v. Lutz.

Durch den Minister
der Generalsekretär
Ministerialrath
(gez.) v. Bezold.

Ausführung der Postgesetze, hier die Taxbehandlung portopflichtiger Dienstsachen betr.

München den 19. December 1871.

Taxbehandlung portopflichtiger Dienstschreiben betr.

Nach § 1 des Gesetzes über das Posttaxwesen im Gebiete des deutschen
Reiches vom 28. October 1871 werden im gegenseitigen Postverkehre der deutschen Bundesstaaten portopflichtige Dienstbriefe mit dem Zuschlagporto nicht belegt, wenn die Eigenschaft derselben als Dienstsache durch eine von der Reichs-
postverwaltung festzustellende Bezeichnung auf dem Convert vor der Postaufgabe
erkennbar gemacht worden ist.

Nachdem inhaltlich Bekanntmachung des Staatsministeriums des Handels und der öffentlichen Arbeiten vom 23. Dezember 1870 (Verordnungsblatt 1870 p. 672) die gleiche Taxermäßigung für den inneren Verkehr Bayerns bereits besteht, haben die für den Wechselverkehr erlassenen Ausführungsbestimmungen im Interesse eines gleichheitlichen Verfahrens vom 1. Januar 1872 an auch für den inneren bayerischen Verkehr Anwendung zu finden und werden dieselben im Nachstehenden zur Darnachachtung bekannt gegeben:

1) Die portopflichtigen unfrankirten Schreiben von öffentlichen Behörden, Beamten, sowie Geistlichen in Ausübung dienstlicher Funktionen sind mit dem Zuschlagporto von 3 Kreuzern nicht zu belegen, wenn sie

    a) nach einem Orte Deutschlands gerichtet,

    b) auf der Adresse mit der Bezeichnung „Portopflichtige Dienstsache" versehen, u.

    c) mit amtlichem Siegel verschlossen sind.

2) Von dem Erfordernisse des Verschlusses mittelst eines amtlichen Siegels oder Stempels wird nur dann abgesehen, wenn der Absender sich nicht im Besitze eines amtlichen Siegels oder Stempels befindet, auf der Adresse unter der Bezeichnung „Portopflichtige Dienstsache" die Bemerkung „in Ermangelung eines Dienstsiegels" mit Unterschrift des Namens und Beisetzung des Amtscharakters bescheiniget.

3) Damit die Bezeichnung „Portopflichtige Dienstsache" gleichmäßig in die Augen falle, ist dieselbe oben links in der Ecke auf der Adreßseite der portopflichtigen Dienstbriefe niederzuschreiben.

4) Milde Stiftungen, Privat=Vereine und Gesellschaften sind zur Anwendung „Portopflichtige Dienstsache" nicht befugt.

General=Direktion der k. Verkehrs=Anstalten.

Post=Abtheilung.

In Auftrag und Verlag des bischöflichen Ordinariates.
Druck der E. J. Becker'schen Buchdruckerei.

Würzburger Diöcesan-Blatt.

№ 12.

22. März   Achtzehnter Jahrgang.   1872.

E. N. 1627.

Wiederbesetzung der Pfarrei Wern-
feld betr.

Durch Beförderung des seitherigen Pfründebesitzers ist die Pfarrei Wernfeld, Dec. Gemünden, erledigt.

Bewerbungsgesuche um dieselbe sind an Seine Bischöfliche Gnaden als deren Collator zu richten, und binnen 4 Wochen anher einzureichen.

D. Würzburg, 15. März 1872.

Bischöfliches Ordinariat.

Dr. Himmelstein, Vic. Gen.

Hohn, Act.

Amtliche Diöcesan-Nachrichten.

Seine Bischöfliche Gnaden haben unterm 15. l. M. beschlossen, den Herrn Curatus am hiesigen Zuchthause Dionys Hiller zum Dompräbendaten zu ernennen.

Den Herrn Pfarrvicaren Philipp Schneider ad SS. Petr. et Paul. und Andreas Stier an der Juliusspitalpfarrei dahier wurde der Rücktritt in ihre vorige Stellung als Capläne bei genannten Pfarreien unterm 15. l. M. gestattet.

Durch Decret v. 18. l. M. wurde Herr Caplan Victor Benedict Hübner in Nordheim v. R. als Caplan nach Kissingen angewiesen.

Durch Entschließung v. 21. l. M. wurde Herr Caplan Anton Pinzinger in Gerolzhofen mit Verwaltung der genannten Pfarrei betraut.

In Ausübung des landesherrlichen Patronates wurde die Pfarrei Mömlingen, Dec. Aschaffenburg, dem Herrn Pfarrer Johann B. Seikel in Roßbrunn übertragen.

Seine Bischöfliche Gnaden haben am 16. l. M. eine Anzahl Altarsteine consecrirt.

Die für den Bau einer katholischen Kirche zu Kirchlein (Bez.-A. Lichtenfels) vorgenommene Kirchencollecte ertrug im Kreise Unterfranken und Aschaffenburg die Summe von 509 fl. 27 kr.

In Nr. 48 des Kreisamtsblattes ist die Pfarrei Rodenbach, Decanats Lohr, mit 696 fl. 41⁶/₁₀ kr., — in Nr. 49 die Pfarrei Roßbrunn, Dec. Lengfurt, mit 817 fl. 43¹/₂ kr., Reinertrag unter Festsetzung vierwöchentlicher Bewerbungsfrist ausgeschrieben.

Obiit ex ven. Confr. S. Chil.
die 12. Martii 1872
Rev. Dom. Andreas Gebhard ex Ochsenfurt,
Parochus resign. in Keilberg, Dec. Lohr,
natus d. 5. Sept. 1797, Presb. initiatus d. 27. Aug. 1820.
Pro cujus anima a singulis D. D. Confratribus
Ss. Missae sacrificium ex pacto
curandum est.

Obiit ex ven. Confr. S. Chil.
die 20. Martii 1872
Rev. Dom. Laurentius Räder ex Unterweissenbrunn,
Parochus in Gerolzhofen, ejusdem Capituli Decanus,
natus d. 20. Martii 1802, Presb. initiatus d. 17. Dec. 1825.
Pro cujus anima a singulis D. D. Confratribus
Ss. Missae sacrificium ex pacto
curandum est.

Die Baupflicht von Cultusgebäuden 2c.

Ueber die Verbindlichkeit des Kirchenbaupflichtigen zur Herstellung und Erhaltung der Kirchenzugehörungen, insbesondere der Kirchenglocken, enthält ein Urtheil des obersten Gerichtshofes vom 26. Januar 1872 nachstehende Ausführungen:

Die beiden Vorinstanzen haben den beklagten k. Fiskus auf Grund der demselben bezüglich der protestantischen Kirche Weitsweiler unbestritten obliegenden subsidiären Baupflicht nach dem daselbst geltenden gemeinen Rechte auch zur Unterhaltung der dortigen Kirchenglocken subsidiär, im Falle der Unvermögenheit der Kirchenstiftung, für verbunden erklärt.

Hierdurch erachtet der k. Fiskus die gemeinrechtliche Rechtsregel: daß die Kirchenbaupflicht sich auf die innere Kircheneinrichtung und die der letzteren beizurechnenden Glocken namentlich bei protestantischen Kirchen nicht von selbst erstrecke, — verletzt und hat deßhalb gegen das appellationsgerichtliche Urtheil vom 20. Juli 1871 die Nichtigkeitsbeschwerde eingelegt.

Es fragt sich daher vor Allem, ob diese von dem Nichtigkeitskläger aufgestellte Rechtsregel im gemeinen Rechte wirklich begründet ist.

Eine ausdrückliche gesetzliche Bestimmung darüber, wem die Unterhaltung der Kirchenglocken obliegt, findet sich nirgends.

Der k. Fiskus beruft sich in dieser Beziehung nur darauf, daß die Glocken zur inneren Einrichtung einer Kirche gehören, deren Beschaffung und Unterhaltung dem subsidiär Baupflichtigen niemals obliege.

Allein auch angenommen, daß die Glocken zur inneren Kircheneinrichtung gerechnet werden können, obwohl dieß keineswegs allgemein anerkannt ist, so findet sich doch auch darüber, daß sich die Verbindlichkeit des subsidiär Baupflichtigen auf keinerlei Gegenstände der inneren Kircheneinrichtung erstrecke, eine ausdrückliche gesetzliche Bestimmung nirgends, sondern es wird dies nur daraus gefolgert, daß jene Verbindlichkeit ihrer Natur nach auf das Nothwendigste und Wesentliche der Bauführung beschränkt, die sogenannte innere Kircheneinrichtung aber zum Gottesdienst nicht absolut nothwendig, sondern nur zweckmäßig und förderlich und für die Gemeinde und den Geistlichen nützlich und bequem sei.

So allgemein läßt sich dieß aber keineswegs von allen Bestandtheilen einer Kirche, welche nicht unmittelbar zur Bauführung gehören, behaupten.

Der k. Fiskus muß selbst eine Ausnahme bezüglich des unzweifelhaft zur innern Kircheneinrichtung gehörigen Altars zugeben und in der Praxis wurde bald dieser bald jener nicht zur Herstellung des nackten Gebäudes gehörige Gegenstand in die subsidiäre Baupflicht einbezogen, so unter Andern nach Seuffert Archiv Bd. XIV. Nr. 48 in mehreren Fällen die Kanzel und nach Bd. XII. Nr. 301 und Bd. XX Nr. 54 loc. cit. insbesondere die Glocken.

Das wahre an der Sache ist vielmehr, daß sich die kirchliche Baulast, gleichviel ob etwas zur eigentlichen Bauführung oder zur inneren oder äußeren Einrichtung der Kirche gehört, auf alle diejenigen Bestandtheile erstreckt, welche zur Erfüllung des kirchlichen Zweckes als nothwendig und daher als wesentliche Zubehörungen einer Kirche betrachtet werden und hiezu wurden mit Recht in den beiden zuletzt angeführten oberstrichterlichen Erkenntnissen die Glocken gezählt, durch welche seit den ältesten Zeiten die verschiedenen gottesdienstlichen Handlungen und Verrichtungen angekündigt und die Gemeinde in- und außerhalb der Kirche zur Andacht und zum Gebete gemahnt wird, so daß dieselben nach allgemeiner Anschauung als ein ständiges Attribut der christlichen Kirche erscheinen und zwar sowohl bei Katholiken als Protestanten, weßhalb sich in dieser Beziehung ein Unterschied zwischen beiden Confessionen nicht begründen läßt.

Entgegenstehende Präjudizien, durch welche der subsidiär Baupflichtige von der Verbindlichkeit zur Unterhaltung der Kirchenglocken befreit worden wäre, hat

58

der k. Fiskus nicht beizubringen vermocht, wohl aber hat sich auch die Doktrin im Sinne der oben angeführten Erkenntnisse ausgesprochen, so namentlich:

Permaneder, Handbuch des Kirchenrechts § 800 Ziff. 2. —

Derselbe über kirchliche Baulast II. Aufl. § 100 Note 4.

Zwar vermag auch der k. Fiskus einige Schriftsteller für die von ihm vertretene Ansicht anzuführen, allein was den in Bd. IV der Seuffert'schen Blätter für Rechtsanwendung enthaltenen zunächst die unterfränkischen Rechtsverhältnisse berücksichtigenden Aufsatz eines damaligen Mitarbeiters dieser Zeitschrift betrifft, so wird daselbst S. 102 Ziff. 8 zwar die Glocken als nicht in der subsidiären Baulast begriffen erwähnt, jedoch nur gelegentlich neben einer Reihe anderer zur inneren Kircheneinrichtung gehöriger Gegenstände, mit welchen sie, ohne auf deren Zweck näher einzugehen, zusammengeworfen werden, und in der Schrift über kirchliche Baulast von Reinhardt, welchem von dem Beschwerdeführer ein besonderes Gewicht beigemessen werden will, hat der Verfasser seine eigene Meinung über die vorliegende Frage nicht einmal geäußert, sondern (S. 89 lit. c) nur die Ansicht einiger älterer Autoren angeführt, welche sich aus dem offenbar unzureichenden Grunde, weil die Glocken nicht ausschließlich zu kirchlichen Zwecken dienen, für die Anschaffungspflicht der Parochianen aussprechen, und von welchen der eine (van Espen) von Permaneder loc. cit. Note 5 sogar für die entgegengesetzte Ansicht citirt wird, so daß die wohlbegründete Meinung dieses letzteren jedenfalls den Vorzug verdient.

Der beste Beweis für die Eigenschaft der Glocken als einer nothwendigen Zubehörung der Kirche liegt übrigens darin, daß dem subsidiär Baupflichtigen — wie allgemein und auch von dem k. Fiskus anerkannt wird — die Errichtung des Glockenthurms und zwar einschlüssig des für die Anbringung der Glocken nöthigen Gebälkes obliegt.

Es läßt sich nicht denken, daß ihm hiefür ein Aufwand zugemuthet werden könnte, wenn er die Anschaffung oder Unterhaltung der Glocken selbst als außer seiner Verpflichtung liegend zurückzuweisen berechtigt wäre.

Durch die zweitrichterliche Entscheidung wurde daher seine Rechtsregel verletzt, und wenn dieselbe auch durch die offenbar zu beschränkte Auffassung der Glocken als Bestandtheiles der Kirchenuhr nicht gerechtfertigt werden konnte, so kann doch die Unrichtigkeit dieses Entscheidungsgrundes die Nichtigkeitsbeschwerde nach Artikel 790 der Prozeßordnung nicht begründen, sondern war dieselbe zu verwerfen.

Pro notitia et cautione.

Sacerdoti cuidam Polono, Antonio Chordorowsky, licentia celebrandi adempta est.

Im Auftrag und Verlag des bischöflichen Ordinariates.
Druck der C. J. Becker'schen Buchdruckerei.

Würzburger Diöcesan-Blatt.

№ 13.

29. März   Achtzehnter Jahrgang.   1872.

Amtliche Diöcesan-Nachrichten.

Seine Bischöfliche Gnaden haben unterm 22. l. M. die Pfarrei Walb-
fenster, Dec. Kissingen, dem dortigen Herrn Pfarrvicar Ludwig Hundrisser
zu verleihen beschlossen.

Dem Herrn Pfarrvicar Carl Müller in Arnstein wurde der Rücktritt in
seine vorige Stellung als Caplan in Arnstein gestattet.

Durch Decret v. 20. l. M. wurde Herr Caplan Carl Rützel in Gaukönigshofen wegen Erkrankung seiner Stelle enthoben und beurlaubt.

DECRETUM CONGREGATIONIS SACRORUM RITUUM.

Vindobonen.

*Beatificationis et Canonizationis Ven. Servi Dei Clementis Mariae Hofbauer
Sacerdotis Professi e Congregatione Sanctissimi Redemptoris ac Propagatoris
insignis eiusdem Congregationis ultra montes.*

In causa Beatificationis et Canonizationis Ver. Servi Dei Clementis
Mariae Hofbauer praefati, quum agi deberet in Congregatione Sacrorum
Rituum Ordinaria de validitate omnium Processuum in eadem causa constructorum, ad instantiam R. Patris Brixii Queloz, Procuratoris Generalis
memoratae Congregationis et Causae Postulatoris, Eminentissimus et Reveren-

dissimus D. Cardinalis Aloisius Bilio. Causae Ponens, in Ordinariis Sacrorum Rituum Comitiis ad Vaticanum hodierna die habitis, sequens proposuit Dubium, nimirum: *An constet de validitate Processuum tam Apostolica quam Ordinaria Auctoritate constructorum; Testes sint rite ac recte examinati, et iura producta legitime compulsata, in casu et ad effectum de quo agitur?* Eminentissimi porro ac Reverendissimi Patres sacris tuendis ritibus praepositi, post accuratum omnium examen, audito etiam R. P. D. Petro Minetti Sanctae Fidei Promotore, rescribendum censuerunt: *Affirmative.* Die 10. Decembris 1870.

Facta autem de praemissis Sanctissimo Domino nostro Pio Papae IX. ab infrascripto Sacrorum Rituum Congregationis Secretario fideli relatione, Sanctitas Sua sententiam Sacrae Congregationis ratam habere ac confirmare dignata est. Die 15. iisdem mense et anno.

C. Ep. Ostien. et Veliternen. Card. **Patrizi** S. R. C. Praef.

Loco † Sigilli.

Dominicus Bartolini S. R. C. Secretarius.

Verzeichniß

ber

in Folge der heute stattgefundenen X. Verloosung des neuen allgemeinen Anlehens von 1857 zu 4½ Prozent zur Heimzahlung bestimmten Obligationen.

I.

Obligationen Lit. A. à 1000 fl. auf den Inhaber (au porteur) und auf Namen, welche die nachstehenden roth geschriebenen Kataster=Nummern tragen:

65	491	965	1399	1863	2249	2706	3117	3601	7024
91	565	991	1463	1899	2306	2749	3201	3617	7106
165	591	1063	1499	1963	2349	2806	3217	3701	7124
191	665	1099	1563	1999	2406	2849	3301	3717	7206
265	691	1163	1599	2006	2449	2906	3317	3801	7224
291	765	1199	1663	2049	2506	2949	3401	3817	7306
365	791	1263	1699	2106	2549	3001	3417	3901	7324
391	865	1299	1763	2149	2606	3017	3501	3917	7406
465	891	1363	1799	2206	2649	3101	3517	7006	7424

II.

Obligationen Lit. B à 500 fl. auf den Inhaber (au porteur) und auf Namen, welche die nachstehenden roth geschriebenen Kataster-Nummern tragen:

32	776	1516	2225	3027	3776	4539	5234	6028	6739
76	832	1575	2319	3076	3827	4596	5303	6039	6828
132	876	1616	2325	3127	3876	4639	5334	6128	6839
176	932	1675	2419	3176	3927	4696	5403	6139	6928
232	976	1716	2425	3227	3976	4739	5434	6228	6939
276	1016	1775	2519	3276	4039	4796	5503	6239	7059
332	1075	1816	2525	3327	4096	4839	5534	6328	7063
376	1116	1875	2619	3376	4139	4896	5603	6339	7159
432	1175	1916	2625	3427	4196	4939	5634	6428	7163
476	1216	1975	2719	3476	4239	4996	5703	6439	7259
532	1275	2019	2725	3527	4296	5003	5734	6528	7263
576	1316	2025	2819	3576	4339	5034	5803	6539	7359
632	1375	2119	2825	3627	4396	5103	5834	6628	7363
676	1416	2125	2919	3676	4439	5134	5903	6639	7459
732	1475	2219	2925	3727	4496	5203	5934	6728	7463

III.

Obligationen Lit. C à 100 fl. auf den Inhaber (au porteur) und auf Namen, welche die nachstehenden roth geschriebenen Kataster-Nummern tragen:

4	1317	2662	3901	5247	6535	7869	9144	10453	11745
73	1341	2687	3902	5249	6552	7898	9155	10477	11776
104	1417	2762	4022	5347	6635	7969	9244	10553	11845
173	1441	2787	4037	5349	6652	7998	9255	10577	11876
204	1517	2862	4122	5447	6735	8080	9344	10653	11945
273	1541	2887	4137	5449	6752	8097	9355	10677	11976
304	1617	2962	4222	5547	6835	8180	9444	10753	12034
373	1641	2987	4237	5549	6852	8197	9455	10777	12048
404	1717	3001	4322	5647	6935	8280	9544	10853	12134
473	1741	3002	4337	5649	6952	8297	9555	10877	12148
504	1817	3101	4422	5747	7069	8380	9644	10953	12234
573	1841	3102	4437	5749	7098	8397	9655	10977	12248
604	1917	3201	4522	5847	7169	8480	9744	11045	12334
673	1941	3202	4537	5849	7198	8497	9755	11076	12348
704	2062	3301	4622	5947	7269	8580	9844	11145	12434
773	2087	3302	4637	5949	7298	8597	9855	11176	12448
804	2162	3401	4722	6035	7369	8680	9944	11245	12534
873	2187	3402	4737	6052	7398	8697	9955	11276	12548
904	2262	3501	4822	6135	7469	8780	10053	11345	12634
973	2287	3502	4837	6152	7498	8797	10077	11376	12648
1017	2362	3601	4922	6235	7569	8880	10153	11445	12734
1041	2387	3602	4937	6252	7598	8897	10177	11476	12748
1117	2462	3701	5047	6335	7669	8980	10253	11545	12834
1141	2487	3702	5049	6352	7698	8997	10277	11576	12848
1217	2562	3801	5147	6435	7769	9044	10353	11645	12934
1241	2587	3802	5149	6452	7798	9055	10377	11676	12948

13001	14021	15102	16189	17245	18295	19362	20333	21453	22471
13018	14111	15104	16272	17255	18360	19372	20418	21473	22556
13101	14121	15202	16289	17345	18395	19462	20433	21553	22571
13118	14211	15204	16372	17355	18460	19472	20518	21573	22656
13201	14221	15302	16389	17445	18495	19562	20533	21653	23671
13218	14311	15304	16472	17455	18560	19572	20618	21673	22756
13301	14321	15402	16489	17545	18595	19662	20633	21753	22771
13318	14411	15404	16572	17555	18660	19672	20718	21773	22856
13401	14421	15502	16589	17645	18695	19762	20733	21853	22871
13418	14511	15504	16672	17655	18760	19772	20818	21873	22956
13501	14521	15602	16689	17745	18795	19862	20833	21953	22971
13518	14611	15604	16772	17755	18860	19872	20918	21973	23065
13601	14621	15702	16789	17845	18895	19962	20933	22056	23079
12618	14711	15704	16872	17855	18960	19972	21053	22071	23165
13701	14721	15802	16889	17945	18995	20018	21073	22156	23179
13718	13811	15804	16972	17955	19062	20033	21153	22171	
13801	14821	15902	16989	18060	19072	20118	21173	22256	
13818	14911	15904	17045	18095	19162	20133	21253	22271	
13901	14921	16072	17055	18160	19172	20218	21273	22356	
13918	15002	16089	17145	18195	19262	20233	21353	22371	
14011	15004	16172	17155	18260	19272	20318	21373	22456	

Vorstehende Nummern finden, wie oben erwähnt, sowohl auf die Obligationen auf den **Inhaber** (au porteur), als auf die **Nominal=Obligationen** Anwendung.

Sämmtliche gezogene Kapitalien treten mit dem **1. Juni 1872** ausser Verzinsung.

Statt der baaren Heimzahlung kann auf Verlangen der Gläubiger auch die **Umschreibung** der verloosten Obligationen in au porteur-Obligationen des 4½procentigen Eisenbahn=Anlehens von 1856 stattfinden.

München, den 15. März 1872.

Königl. Bayer. Staatsschuldentilgungs-Commission.

(gez.) **Freiherr von Lobkowitz.**

(gez.) **Weichlein.**

In Auftrag und Verlag des bischöflichen Ordinariates.
Druck der C. J. Becker'schen Buchdruckerei.

Würzburger Diöcesan-Blatt.

№ 14.

5. April — Achtzehnter Jahrgang. — 1872.

E. N. 1823.

> Wiederbesetzung der Pfarrei Gerolz-
> hofen betr.

Durch das Ableben des seitherigen Pfründebesitzers ist die Pfarrei Gerolzhofen, gleichnamigen Decanates, erledigt.

Bewerbungsgesuche um dieselbe sind an Seine Bischöfliche Gnaden als deren Collator zu stylisiren und binnen 4 Wochen anher vorzulegen.

D. Würzburg, 2. April 1872.

Bischöfliches Ordinariat.

Dr. Himmelstein, Vic. Gen.

Hohn, Act.

E. N. 1859.

An die untengenannten bischöflichen Decanate und Pfarreien.

> Spendung des hl. Sacramentes der
> Firmung betr.

Seine Bischöflichen Gnaden haben beschlossen, in der Seminariumskirche ad S. Michaelem dahier, jedesmal Morgens 8 Uhr, das hl. Sacrament der Firmung zu spenden:

1. Dienstag, den 16. April, den Firmlingen der Decanate Würzburg (mit Ausnahme der hiesigen Stadtpfarreien,) Volkach und Ochsenfurt.

2. Donnerstag, den 18. April, den Firmlingen der Decanate Karlstadt, Arnstein und vom Decanate Rothenfels den Firmlingen der Pfarreien Birkenfeld, Greussenheim, Karbach, Trennfeld, Unterwittbach und Urspringen.

3. Mittwoch, den 24. April, den Firmlingen der Decanate Dettelbach und Röttingen und vom Decanat Gerolzhofen jenen der Pfarreien Gerolzhofen, Frankenwinheim, Herlheim und Oberschwarzach.

4. Samstag, den 27. April, den Firmlingen der Decanate Heidingsfeld, Lengfurt und Gelbersheim (mit Ausnahme der Pfarreien Pfersdorf und Rannungen.)

5. Dienstag, den 30. April, den Firmlingen der Decanate Kitzingen und Stadtschwarzach.

Die hochwürdigen Herrn Dechante und Pfarrer erhalten den Auftrag das weitere Nöthige zu besorgen.

D. Würzburg, 4. April 1872.

Bischöfliches Ordinariat.

Dr. Himmelstein, Vic. Gen.

Hohn, Act.

Amtliche Diöcesan-Nachrichten.

Durch Entschließung v. 22. März wurde Herr Cooperator Johann Holzmeister in Wülfershausen seiner Stelle enthoben und beurlaubt.

Durch Decret v. 2. l. M. wurde Herr Pfarrvicar Georg Mann in Altenbuch mit Verwaltung der Pfarrei Röllbach betraut.

Instituirt wurde am 3. l. M. Herr Pfarrer Anton Höppler in Wernfeld für die Pfarrei Birkenfeld, — Herr Pfarrer J. Georg Bettinger in Altenmünster für die Pfarrei Nüdlingen, — und Herr Pfarrer Carl Fried. Scheuerer in Bolzhausen für die Pfarrei Strahlungen.

In Beilage Nr. 51 des Kreisamtsblattes ist die Pfarrei Kirchzell, Dec. Miltenberg, Seitens der fürstl. Leiningen'schen General-Verwaltung mit 1044 fl. Reinertrag unter vierwöchentlichem Bewerbungstermin ausgeschrieben.

Die im Kreise Unterfranken und Aschaffenburg zur Erbauung einer Kirche in Sendelbach vorgenommene Kirchencollecte ertrug die Summe von 668 fl. 43³/₁ kr.

Obiit ex ven. Confr. S. Chil.
die 28. Martii 1872
Rev. Dom. Vitus Leonardus Riegel ex Kleinochsenfurt,
Parochus in Röllbach, Capituli Klingenberg,
natus d. 20. Febr. 1807, Presb. initiatus d. 20. Aug. 1831,
Pro cujus anima a singulis D. D. Confratribus
Ss. Missae sacrificium ex pacto
curandum est.

Verzeichniß

der

in Gemäßheit der drei und vierzigsten Verloosung zur Heimzahlung bestimmten

4procentigen Grundrenten-Ablösungs-Schuldbriefe,

nach der Nummernfolge geordnet.

Roth geschriebene Serien- oder Haupt-Kataster-Nummern:

22092	25775	49451	62558	79803	100541	102695	105932	111808
22192	25875	49551	62631	79903	100641	102696	111008	111881
22292	25975	49651	62658	96074	100741	102795	111081	111908
22392	34008	49751	62731	96174	100841	102796	111108	111981
22492	34108	49851	62758	96274	100941	102895	111181	112048
22592	34208	49951	62831	96374	102095	102896	111208	112148
22692	34308	62031	62858	96474	102096	102995	111281	112248
22792	34408	62058	62931	96574	102195	102996	111308	112348
22892	34508	62131	62958	96674	102196	105032	111381	112448
22992	34608	62158	79003	96774	102295	105132	111408	112548
25075	34708	62231	79103	96874	102296	105232	111481	112648
25175	34808	62258	79203	96974	102395	105332	111508	112748
25275	34908	62331	79303	100041	102396	105432	111581	112848
25375	49051	62358	59403	100141	102495	105532	111608	112948
25475	49151	62431	89503	100241	102496	105632	111681	
25575	49251	62458	79603	100341	102595	105732	111708	
25675	49351	62531	79703	100441	102596	105832	111781	

Vorstehende Schuldbriefe treten mit **1. Juni 1872** ausser Verzinsung.

Statt der baaren Heimzahlung kann auf Verlangen der Gläubiger auch die Umschreibung der verloosten Obligationen in au porteur-Obligationen des 4½procentigen Eisenbahn-Anlehens von 1856 stattfinden.

München, den 15. März 1872.

Königl. Bayer. Staatsschuldentilgungs-Commission.

(gez.) Freiherr von Lobkowitz.

(gez.) Diebel.

PIUS PP. IX.

AD FUTURAM REI MEMORIAM.

Multum ad movendos animos, atque ad pietatem excitandos, sacri concentus possunt, sollemnibus Ecclesiae supplicationibus sociati, dummodo ita fuerint excogitati ingenio, atque elaborati industria, ut sanctitati Divinae Domus, rituumque majestati respondeant. Hac in nobilissima arte summam plerique laudem adepti sunt, quorum numeri et augustum templi splendorem et ceremoniarum gravitatem exacti, quantum a profanis, mollibusque theatri modulationibus abhorrerent, tantum sevocant animos humanarum rerum illecebris, atque ad coelestium rapiunt considerationem, contemplationemque bonorum. At enim, quod maxime dolendum, posthabitis hisce optimis sacrae musices magistris, plerisque in templis, tam nostratibus, quam externis, quoddam concentuum genus usurpatur, scenicis lusibus plane dignum; merito idcirco a canonicis sanctionibus, atque a Praedecessoribus Nostris, nec non a Nobis ipsis improbatum, proscriptum. Id animo reputantes sacri Antistites plurium Dioecesium, quarum incolae germanice loquuntur, salubre ac frugiferum consilium inierunt, pia quaedam sodalitia ipsis in Dioecesibus instituere, quibus a sancta Caecilia nomen fieret, atque ad illud potissimum intenderent, ut sacri concentus ad ecclesiasticas, merasque normas reducerentur. Hisce sodalitiis instar esse voluerunt Congregationem a sancta Caecilia, quae nominatur, almae hujus Urbis; legesque, quibus gubernarentur, has, quae sequuntur „Statuta Generalia Associationis sub titulo sanctae Caeciliae ad musicam sacram in universis Germanicae linguae terris promovendam constitutae. I. Associatio gaudet de protectione Eminentissimi Cardinalis a Sanctissimo Patre benignissimo nominandi, et respicientiae Ordinarii illarum Dioecesium, in quibus sodales inveniuntur. Associationis causas diriget Praeses Generalis, cui assistunt praesides singularum Dioecesium. Praeses Generalis juxta specialia de ejus electione statuta, et praevio assensu Eminentissimi Protectoris constituetur. Praeterea sodales eligunt octo viros jam probatae in arte musica peritiae, qui exquirant opera musicalia digna quae in Ecclesiis Dei producantur; qui numerus usque ad viginti augeri potest. II. Ut finis associationis, nempe musicam sacram atque liturgicam secundum spiritum Ecclesiae, ecclesiasticasque sanctiones exactissime observandas promovere, obtineatur, associationi curae erit: 1° Ut Cantus Gregorianus sive planus ubique excolatur, cantusque figuratus, polyphonus, quatenus legibus ecclesiasticis conformis est, sive compositiones pertinent ad aetatem vetustiorem sive recentiorem, propagetur. 2° Cantilenae sacrae a populo in quibusdam devotionibus decantari solitae eatenus tolerantur, quatenus eas leges canonicae permittunt.

(Continuatio sequetur.)

In Auftrag und Verlag des bischöflichen Ordinariates.
Druck der C. J. Becker'schen Buchdruckerei.

Würzburger Diöcesan-Blatt.

№ 15.

12. April   Achtzehnter Jahrgang.   1872.

Amtliche Diöcesan-Nachrichten.

Durch Entschließung v. 5. l. M. wurde Herr Pfarrvicar Georg Philipp Keller in Birkenfeld mit Verwaltung der Pfarrei Wernfeld, — Herr Pfarrvicar Liborius Huhn in Strahlungen mit Verwaltung der Pfarrei Bolzhausen, — durch Entschließung v. 8. l. M. Herr Pfarrvicar Joseph Meid in Nüblingen mit Verwaltung der Pfarrei Altenmünster betraut.

Die Wahl des Herrn Pfarrers Andreas Sopp in Bürgstadt zum Definitor des Capitels Miltenberg erhielt unterm 8. l. M. die oberhirtliche Genehmigung.

In Ausübung des landesherrlichen Patronates wurde Herrn Pfarrer Carl Michael Jessenberger in Kirchschönbach die Pfarrei Fuchsstadt übertragen.

Instituirt wurde am 5. l. M. Herr Cooperator Anton Uihlein von Merkershausen für die Pfarrei Großeibstadt, — am 8. l. M. Herr Caplan Carl Droll von Ettleben für die Pfarrei Limbach.

Kindheit-Jesu-Verein.

IV. Quartal 1871.

Decanat Kitzingen: Kleinochsenfurt 3 fl. 30 kr., Sulzfeld 4 fl. 30 kr., Randersacker 20 fl.		28 fl. — kr.
„ Aschaffenburg: Elsenfeld 6 fl. 42 kr., Niedernberg 10 fl., Kleinwallstadt 60 fl., Wörth 4 fl. 41 kr., ad St. Pet. et Alex. 4 fl. 48 kr., ad St. Agatham 75 fl.		161 fl. 11 kr.

Decanat Dettelbach: Schwanfeld 1 fl. 27 kr., Eschernborf
 17 fl. 45 kr., Rimpar 5 fl. 17 kr.   24 fl. 29 kr.

"   Lengfurt: Homburg a/M. 4 fl. 24 kr.   4 fl. 24 kr.

"   Würzburg: St. Peter 32 fl. 30 kr., Redaktion
 des Sonntagsblattes 144 fl. 7 kr.   176 fl. 37 kr.

"   Karlstadt: Güntersleben 26 fl. 54 kr., Zellingen
 2 fl. 4 kr., Laudenbach 3 fl., Retzbach 27 fl.,
 Karlstadt 16 fl. 52½ kr., Retzstadt 20 fl.   96 fl. 50½ kr.

"   Rineck: Fellen 6 fl. 15 kr.   6 fl. 15 kr.

"   Ochsenfurt: Wolkshausen 21 fl., Sonderhofen
 20 fl. 30 kr.   41 fl. 30 kr.

"   Alzenau: Johannesberg 3 fl. 42 kr.   3 fl. 42 kr.

"   Miltenberg: Heppdiel 4 fl. 10 kr.   4 fl. 10 kr.

"   Neustadt: Burglauer 14 fl., Brendlorenzen 9 fl.
 41 kr., Unterebersbach 1 fl. 30 kr.   25 fl. 11 kr.

"   Gemünden: Steinbach 51 kr., Massenbuch 22 fl.   22 fl. 51 kr.

"   Röttingen: Baldersheim 19 fl. 19 kr., Gelche-
 heim 14 fl. 30 kr.   33 fl. 49 kr.

"   Stadtschwarzach: Großlangheim 5 fl. 58 kr.,
 Kirchschönbach 7 fl. 30 kr., Stadelschwarzach 10 fl.   23 fl. 28 kr.

"   Heidingsfeld: Allersheim 9 fl. 54 kr., Rottenbauer 6 fl. 36 kr., Eßfeld 8 fl. 30 kr., Gaubüttelbrunn 3 fl., Ingolstadt 5 fl. 36 kr.   33 fl. 36 kr.

"   Gerolzhofen: Donnersdorf 5 fl., Herlheim 4 fl.
 7 kr., Prölsdorf 3 fl. 13 kr.   12 fl. 20 kr.

"   Stadtlauringen: Aidhausen 55 fl., Birnfeld 11 fl.
 30 kr., Ebertshausen 6 fl., Goßmannsdorf 11 fl.
 24 kr., Hofheim 14 fl., Stadtlauringen 5 fl., Thundorf 3 fl.,   105 fl. 54 kr.

"   Volkach: Wipfeld und Theilheim 13 fl. 20 kr.,
 Stammheim 5 fl. 57 kr., Röthlein 5 fl., Zeilitzheim 2 fl. 54 kr., Grafenrheinfeld 10 fl.   37 fl. 11 kr.

"   Gelbersheim: Rannungen 20 fl., Oerlenbach 4 fl.
 30 kr., Waigolshausen 20 fl., Eßleben 5 fl. 12 kr.,
 Mühlhausen 4 fl. 18 kr.   54 fl. — kr.

"   Ebern: Pfarrweisach 3 fl. 20 kr.   3 fl. 20 kr.

Summa: 898 fl. 48½ kr.

Würzburg, den 10. April 1872.

Schork, Domcapitular.

März 1872.

332.	Geschenk durch Ver- mittlung des Herrn Regens Emmerich	5 fl. — tr.	350.	Massenbuch	4 fl. 36 tr.
333.	Helmstadt f. Chilbild.	1 „ 10 „	351.	Karsbach	2 „ 12 „
334.	Prosselsheim	38 „ 45 „	352.	Wiesenfeld	15 „ 4½ „
335.	Güntersleben	11 „ 39 „	353.	Langenprozelten Kst.	60 „ — „
336.	„ „ Redaktion des Sonntagsblattes	56 „ 48 „	354.	Neuendorf	30 „ — „
337.	Oberschleichach, Kchst.	5 „ — „	355.	Eibelstadt	22 „ 36 „
338.	Fatschenbrunn	5 „ — „	356.	Obernau	12 „ — „
339.	Retzstadt, Kirchenst.	10 „ — „	357.	Kützberg	10 „ 36 „
340.	„ „ Pfarrei	10 „ — „	358.	Würzburg, St. Peter	108 „ — „
341.	„ „ f. Chilbild.	— „ 6 „	259.	Untereuerheim	18 „ 48 „
342.	Kürnach und Mühl- hausen	13 „ — „	360.	Estenfeld	20 „ — „
343.	Würzburg, Pfarrei ad S. Gertrud.	22 „ — „	361.	Erlabrunn	5 „ 46 „
344.	Kissingen	29 „ 52 „	362.	Werneck	4 „ — „
345.	Untereisenheim, Kst.	15 „ — „	363.	Unterleinach	7 „ — „
346.	Oerlenbach	14 „ 24 „	364.	Heubungen	6 „ — „
347.	Unterpleichfeld	49 „ 17 „	365.	Dingolshausen	8 „ 24 „
348.	Ebern	25 „ — „	366.	Frankenwinheim	2 „ 9 „
349.	Steinbach	5 „ 48 „	367.	Gerolzhofen	1 „ 30 „
			368.	Herlheim	3 „ 49½ „
			369.	Oberschwarzach	12 „ 30 „
			370.	Weyer	21 „ 48 „
			371.	Prölsdorf	9 „ 46 „

Summa: 704 fl. 43¾ tr.
Uebertrag: 5,787 fl. 39½ tr.
Summa: 6,492 fl. 13¼ tr.

Würzburg, 31. März 1872.

Dr. Reininger, Domcapitular.

Peterspfennige.

März 1872.

Unterpleichfeld	49 fl. 17 tr.	Unterebfeld	14 fl. — tr.
Allersheim	37 „ 23 „	Oberebfeld	6 „ — „
Darstadt	13 „ 30 „	Gabolshausen	2 „ — „
Oerlenbach	2 „ 12 „	Ottelmannshausen	1 „ 30 „

Mürsbach	20 fl. 30 kr.	Oberschwarzach	28 fl. — kr.
Riebenheim	30 „ — „	Frankenwinheim	9 „ 51 „
Rüßberg	12 „ 18 „	Gerolzhofen	10 „ — „
Kürnach m. Mühlhausen	8 „ — „	Acholshausen	11 „ — „
Würzburg, Dompfarrei	200 „ — „	Würzburg, Pfarrei zu S.	
Dingolshausen	7 „ — „	Gertraub	18 „ 45 „
Donnersdorf	10 „ 10 „	Stettbach v. Pfarrer Pabst	20 „ — „

Summa: 511 fl. 26 kr.

Würzburg, 3. April 1872.

Kluefpies, Dompräbendat.

PIUS PP. IX.
AD FUTURAM REI MEMORIAM.
(Continuatio.)

3° Leges ecclesiasticae quoad adhibendum organum, ceteraque toleranda instrumenta musica accurate observabuntur. 4° Quatenus in quibusdam Ecclesiis, praesertim minoribus ac ruralibus, non statim quae dicta sunt in usum deduci possunt, omnibus saltem viribus enitendum est ut musica liturgica paulatim in meliorem statum reducatur. III. Praeses Generalis Eminentissimo Cardinali Protectori singulis annis rationem reddet de actis et profectibus associationis, et simili modo praesides Dioecesium Reverendissimo Ordinario."

Jam vero cum memorati Antistites in hanc Urbem Nostram novissime convenissent ad Oecumenicam Synodum Vaticanam, magno a Nobis opere flagitarunt, ut suprascriptas leges Auctoritate Nostra Apostolica confirmemus. Cui petitioni Nos lubentissimo annuentes, maturo rem communicavimus cum VV. FF. NN. S. R. E. Cardinalibus Congregationis legitimis Ecclesiae ritibus cognoscendis praepositae, deque eorundem VV. Fratrum sententia memoratas leges examinandas, ponderandasque dedimus clarissimis viris e Consilio, quod vocant, cantus Gregoriani in hac alma Urbe instituto. Quae cum ita sint accepto praefatorum virorum voto, deque sententia supradictorum Venerabilium Fratrum, leges seu statuta, de quibus habita ante mentio est, Nostris hisce Litteris inserta, et ad verbum expressa, Auctoritate Nostra Apostolica, tenore praesentium approbamus, sancimus; illisque perpetuum approbationis et sanctionis Nostrae robur adjicimus.

(Finis consequetur.)

In Auftrag und Verlag des bischöflichen Ordinariates.
Druck der C. J. Becker'schen Buchdruckerei.

Modo confidentiali.

Omnibus confessariis approbatis Diöcesis Nostrae in Domino Salutem!

Occasione hujus temporis paschalis, quo omnes Christiani ad Sacramenta Poenitentiae et Eucharistiae praecepto ecclesiastico obligantur, ex facultate a Sancta Sede Apostolica concessa abhinc usque ad finem hujus anni omnibus Confessariis Nostris approbatis conceditur facultas absolvendi eos poenitentes, quos subscriptione aut declaratione aliqua contra Canones S. Concilii Vaticani inprimis contra infallibile Summi Pontificis magisterium excommunicationem incurrisse constat.

Norma judicandi de hoc casu datur in literis pastoralibus ad Vos d. d. 5. Junii 1871 (Diöc. Blatt pag. 103 II.) ad publicandum datis, in quibus praeter alia declaratur: „omnem catholicum qui scienter et pertinaciter canonibus S. Concilii Vaticani contradixerit, eo ipso haeresis reum fieri et excommunicationem majorem incurrere, atque ab ecclesiae communione exclusum esse.“

Si quem igitur praevia inquisitione et percunctatione constiterit non tam mala voluntate propria, quam ex ignorantia seu deceptione, ideoque sine gravi culpa theologica aliquam subscriptionem seu declarationem exhibuisse, et talis profitetur se fidem catholicam, quam ecclesia proponit credendam, noluisse et nolle abnegare, is non porro solicitandus est.

Eorum vero, qui juxta normam praedictam excommunicationem incurrisse consendi sunt, si quis sive sanus sive infirmus resipiscentiam suam et desiderium reconciliationis cum ecclesia, profitens fidem catholicam et in specie infallibile magisterium Summi Pontificis, extra confessionem coram parocho suo declaraverit; parochus hujus professionem, etiam testibus non adbibitis, recipiat, atque ipsi obligationem imponat confitendi, ut ab excommunicatione absolvatur.

Cum vero non semper conveniendi cum talibus extra et ante confessionem opportuna occasio parocho proprio offeratur, sed saepissime intra confessionem sacramentalem ejusmodi desiderium et professio Confessario libere electo offeratur, in hoc casu absolutio est danda, sed ea' lege et obligatione, ut poenitens in posterum verbo et facto manifesto fidem catholicam et inprimis canones Concillii Vaticani profiteatur. Ut autem talis aut ipso post et extra confessionem, aut ejus Confessarius licentia in hunc finem prius a poenitente obtenta dictam resipiscentiam et revocationem parocho declaret, tanquam absolutam conditionem absolutionis ex causis optimis postulare nolumus.

D. Herbipoli die 15. Martii 1872.

Ordinariatus Episcopalis.

Dr. Himmelstein, Vic. Gen.

Hobn, Act.

In Auftrag und Verlag des bischöflichen Ordinariates.
Druck der C. J. Becker'schen Buchdruckerei.

Würzburger Diöcesan-Blatt.

№ 16.

| 19. April | Achtzehnter Jahrgang. | 1872. |

E. N. 2110.

Feier der s. g. ewigen Anbetung betr.

Nachdem durch die Abtrennung der in den kgl. preussischen Gebietstheilen gelegenen, ehedem zu unserem Bisthum gehörigen Pfarreien
vom Würzburger Diöcesanverbande in der auf sämmtliche Pfarreien
vertheilten Abhaltung der Feier der ewigen Anbetung für den Monat
December eine Lücke entstanden ist, so hat die oberhirtliche Stelle beschlossen, die ausgefallenen Tage dem Decanate Rineck und einigen
Pfarreien des Decanats Bischofsheim, wo diese Feier bisher gleichzeitig mit anderen Orten der Diöcese gehalten wurde, in der nachstehenden Reihenfolge und Stundenzahl zuzuweisen.

1. Decanat Bischofsheim.

Ort.	Monat.	Tag.	Stunden.
Oberbach	December	13.	von 7 früh bis 5 Abends.
„	„	14.	„ 7 „ „ 10 früh.
Bischofsheim	„	14.	„ 10 „ „ 5 Abends.
„	„	15.	„ 7 „ „ 5 „
Unterweissenbrunn	„	16.	„ 7 „ „ 1 Mittags.
Wegfurt	„	16.	„ 1 Mit. „ 5 Abends.
Weisbach	„	17.	„ 7 früh „ 1 Mittags.

2. Decanat Rineck.

Ort.	Monat.	Tag.	Stunden.			
Aura	December	9.	von 7 früh bis 12	Mittags.		
Wiesen	„	9.	„ 12 Mit. „	5	Abends.	
„	„	10.	„ 7 früh „	5	„	
Heinrichsthal	„	11.	„ 7 „ „	5	„	
Obersinn	„	12.	„ 7 „ „	5	„	
Fellen	„	17.	„ 1 Mit. „	5	Abends.	
„	„	18.	„ 7 früh „	1	Mittags.	
Neugersbrunn	„	18.	„ 1 Mit. „	5	Abends.	
Burgsinn	„	19.	„ 7 früh „	5	Abends.	
Rineck	„	20.	„ 7 „ „	5	Abends.	
„	„	21.	„ 7 „ „	1	Mittags.	
Scheippach	„	21.	„ 1 Mit. „	4	Abends.	

Nach vorstehender Ordnung ist die ewige Anbetung an den genannten Pfarr- und Filialorten künftig abzuhalten.

D. Würzburg, 15. April 1872.

Bischöfliches Ordinariat.

Dr. Himmelstein, Vic. Gen.

Hohn, Act.

E. N. 2111.

An sämmtliche Pfarreien der Diöcese Würzburg.

Kirchencollecte für den Bau einer kath.
Kirche mit Pfarrhaus in Karlsberg betr.

Nachdem Seitens Allerhöchster Stelle zum Zwecke der Erbauung einer katholischen Kirche und eines Pfarrhauses in Karlsberg, Bez.-A. Frankenthal in der Pfalz, die Vornahme einer Kirchencollecte im ganzen Königreich Bayern genehmigt wurde, so ergeht an die hochwürdigen Herrn Pfarrer der Auftrag, diese Collecte nach geschehener Verkündigung von der Kanzel in sämmtlichen Kirchen mit eigenem Gottesdienste zu beschäftigen, die 'eingehenden Beträge aber mit Verzeichniß an die betreffenden Distriktspolizeibehörden abzugeben.

D. Würzburg, 10. März 1872.

Bischöfliches Ordinariat.

Dr. Himmelstein, Vic. Gen.

Hohn, Act.

Amtliche Diöcesan-Nachrichten.

Durch Entschließung v. 5. l. M. wurde Herr Caplan Franz Joseph Heid in Neustadt a/S. als Cooperator nach Merkershausen, — Herr Caplan Christian Joseph Reuß in Marktheidenfeld als Kurprediger nach Kissingen, — durch Decret v. 12. l. M. Herr Pfarrvicar Emil Kempf in Mömlingen in gleicher Eigenschaft nach Roßbrunn, — Herr Caplan Joseph Hofmann in Oberelsbach als Caplan nach Neustadt a/S., — durch Decret v. 16. l. M. Herr Pfarrvicar Bonifaz Hofmann in Limbach als Caplan nach Ettleben angewiesen.

Die Wahl des Herrn Pfarrers Sebastian Kuhn zu Kitzingen zum Decan des Capitels Kitzingen erhielt unterm 15. l. M. die oberhirtliche Bestätigung, und wurde gleichzeitig Herr Dechantpfarrer b. geistl. Rath Valentin Weiglein zu Kleinochsenfurt auf seinen Wunsch dieser Funktion enthoben.

Die Resignation des Herrn Beneficiaten Georg Joseph Krapf zu Röttingen auf seine bisherige Pfründe wurde unterm 12. l. M. genehmigt.

Instituirt wurde am 10 l. M. Herr Pfarrer Johann B. Seiffel zu Roßbrunn für die Pfarrei Mömlingen, — am 17. l. M. Herr Pfarrer C. Michael Jessenberger in Kirchschönbach für die Pfarrei Fuchsstadt.

Die Stelle eines Religionslehrers am k. Realgymnasium und an der k. Kreisgewerbschule Würzburg wurde dem Herrn Caplan Michael Köhler bei der Pfarrei ad B. M. Virg. in Aschaffenburg übertragen.

In Nr. 64 des Kreisamtsblattes ist die Pfarrei Röllbach, Decanats Klingenberg, mit 1011 fl. 50³/₂₀ kr. Reinertrag unter Festsetzung vierwöchentlichen Bewerbungstermins ausgeschrieben.

Kindheit-Jesu-Verein.

IV. Quartal 1871.

Decanat Orb: Alsberg 2 fl. 33 kr.		2 fl. 33 kr.
„ Karlstadt: Gambach 14 fl. 45 kr.		14 fl. 45 kr.
„ Gelbersheim: Ebenhausen 25 fl.		25 fl. — kr.
„ Klingenberg: Altenbuch 12 fl., Großheubach 28 fl.		40 fl. — kr.
„ Aschaffenburg: Trennfurt 13 fl. 30 kr.		13 fl. 30 kr.
„ Ochsenfurt: Sächsenheim 40 fl., Sonderhofen 5 fl., Hopferstadt 6 fl.		51 fl. — kr.
„ Königshofen: Merkershausen 21 fl. 20 kr.		21 fl. 20 kr.
„ Neustadt: Burglauer 15 fl. 30 kr., Wollbach 24 fl. 12 kr.		39 fl. 42 kr.
„ Miltenberg: Bürgstadt 44 fl.		44 fl. — kr.
„ Lengfurt: Oberleinach 4 fl. 30 kr.		4 fl. 30 kr.
„ Alzenau: Mainaschaff 12 fl.		12 fl. — kr.

Decanat Rothenfels: Birkenfelb 9 fl. 24 tr. — 9 fl. 24 tr.

„ Dettelbach: Schwanfelb 5 fl. 47 tr., Dettelbach
27 fl. — 32 fl. 47 tr.

„ Hammelburg: Hunbsfelb 2 fl. 30 tr. — 2 fl. 30 tr.

„ Gelbersheim: Zeuzleben 12 fl. 37 tr., Haufen 12 fl.
36 tr., Erbshausen 3 fl. 24 tr. — 28 fl. 37 tr.

„ Stabtschwarzach: Schwarzenau 1 fl. 30 tr., Sommerach 15 fl., Stabelschwarzach 1 fl. 30 tr., Wiesent-
helb 16 fl. 30 tr. — 34 fl. 30 tr.

„ Rothenfels: Stabelhofen 1 fl. 45 tr., Urspringen 37 fl. 15 tr. 39 fl. — tr.

„ Haßfurt: ohne Spezifizirung 91 fl. 38 tr. — 91 fl. 38 tr.

„ Würzburg: Lengfelb 6 fl., Effelborf 3 fl. 44 tr., — 9 fl. 44 tr.

Stabt „ „ Dompfarrei 21 fl. — tr. — 21 fl. — tr.

Würzburg, ten 10. April 1872.

Schorl, Domcapitular.

PIUS PP. IX.
AD FUTURAM REI MEMORIAM.

(Finis.)

Decernentes insuper praesentes Nostras Litteras firmas, validas et efficaces existere et fore, suosque plenarios et integros effectus sortiri et obtinere, omnibusque, quibus favent, hoc futurisque temporibus plenissime suffragari, sicque in praemissis per quoscunque Judices ordinarios et delega- tos, etiam causarum Palatii Apostolici Auditores, judicari et definiri debere, ac irritum et inane, si secus super his a quoquam quavis auctoritate scienter vel ignoranter contigerit attentari. Non obstantibus Constitutionibus et Or- dinationibus Apostolicis, ceterisque contrariis quibuscumque. Volumus autem, ut praesentium Litterarum transumptis, seu exemplis, etiam impressis, manu alicujus notarii publici subscriptis, et sigillo personae in ecclesiastica digni- tate constitutae munitis, eadem prorsus fides adhibeatur, quae adhiberetur ipsis praesentibus, si forent exhibitae vel ostensae.

Datum Romae apud S. Petrum sub Annulo Piscatoris die XVI. De- cembris MDCCCLXX. Pontificatus Nostri Anno Vigesimoquinto.

Pro Domino Card. **Paracciani-Clarelli**

Felix Profili, *Substitutus.*

L. S.

In Auftrag und Verlag des bischöflichen Ordinariats.
Druck der C. J. Becker'schen Buchdruckerei.

Würzburger Diöcesan-Blatt.

.№ 17.

26. April   Achtzehnter Jahrgang.   1872.

E. N. 2253.

An die bischöflichen Decanate Kitzingen und Stadtschwarzach.

Spendung des hl. Sacramentes der
Firmung betr.

Aus besonderen Gründen wird die durch oberhirtliches Ausschreiben v. 4. April l. J. (Diöc.-Bl. Nr. 14.) für die bischöflichen Decanate Kitzingen und Stadtschwarzach anberaumte Ausspendung der hl. Firmung in der Seminariumskirche am Dinstag den 30. April l. J. statt um 8 Uhr erst **um 9 Uhr** beginnen.

D. Würzburg, 23. April 1872.

Bischöfliches Ordinariat.

Dr. Himmelstein, Vic. Gen.

Hohn, Act.

Amtliche Diöcesan-Nachrichten.

Durch Entschließung v. 19. l. M. wurde Herr Pfarrvicar Sebastian Haas von Großeibstadt mit Verwaltung der Pfarrei Kirchschönbach betraut, — und Herr Pfarrvicar Friedrich Lochner in Fuchsstadt als Caplan nach Aschaffenburg ad B. M. Virg. angewiesen.

Durch Decret v. 22. l. M. wurde Herr Caplan Johann Adam Müller in Bastheim seiner Stelle wegen Erkrankung enthoben und beurlaubt.

In Ausübung des landesherrlichen Patronates wurde die Pfarrei Müesheim, Dec. Arnstein, dem Herrn Pfarrer Caspar **Stenger** in Birnfeld übertragen.

Die Stelle eines Curatus am Zuchthause in Würzburg wurde dem Herrn Diöcesanpriester und Privatdocenten Dr. Ignaz **Stahl** verliehen.

Instituirt wurde am 20. l. M. Herr Dom-Präbendat Georg Dionys **Hiller** und am 23. l. M. in den Chor feierlich eingeführt.

·Die Wahl des Herrn Pfarrers Michael **Geis** in Grettstadt zum Decan des Capitels **Gerolzhofen** wurde am 22. l. M. genehmigt.

Seine Bischöfliche Gnaden haben am 21. l. M. zu Grafenrheinfeld den Firmlingen der genannten und der umliegenden Pfarreien das hl. Sacrament der Firmung gespendet.

Die Errichtung einer eigenen Pfarrei in **Schallfeld** (mit Brünnau,) bisher zum Verbande der Pfarrei Oberschwarzach, Dec. Gerolzhofen, gehörig, wurde genehmigt.

Pfründevermögen.

Bei der am 15. April d. J. vorgenommenen Verloosung der $3\frac{1}{2}\%$ arrosirt 4% au porteur-Obligationen (wozu auch die vinculirten und die mit Namenseinschreibungen versehenen au porteur-Obligationen gehören) wurde die Zahl:

$$33$$

und der auf Namen ausgestellten $3\frac{1}{2}$ arrosirt 4%igen Obligationen die Zahl:

$$43$$

gezogen.

Alle Obligationen der bezeichneten Schuldgattungen, deren Commissions-Kataster-Nummer (rothgeschrieben) mit der gezogenen Zahl endet, sind demnach zur Heimzahlung bestimmt, z. B.

33, 133, 233, 333, 433, 533 2c. 2c. oder
43, 143, 243, 343, 443, 543 2c. 2c.

Am nämlichen Tage wurde bei der XI. Verloosung der 2%igen mobilisirten Capitalien der Gemeinden und Stiftungen das Loos XIV. gezogen und sind daher alle derlei Obligationen, welche neben der Vignette links mit einer der Commissions-Kataster-Nummern 1433 mit 1477 versehen sind, zur Rückzahlung bestimmt.

Mit der baaren Rückzahlung der Obligationen vorbezeichneter Schuldgattungen sowie mit deren Umschreibung in $4\frac{1}{2}\%$ige au porteur-Obligationen des Eisenbahn-Anlehens v. J. 1856 à 1000, 500 und 100 fl. wird sogleich begonnen und werden die Zinsen der verloosten Capitalien in vollen Monatsraten, nämlich stets bis zum Ablaufe desjenigen Monats, in welchem die Rückzahlung oder die Wiederanlage erfolgt, in keinem Falle aber länger als bis zum 30. Juni 1872 vergütet, da die verloosten Capitalien mit dem 1. Juli 1872 ausser Verzinsung treten.

(Abbruch.)

An sämmtliche kathol. und protest. Pfarrämter, dann die kathol. Pfarrcuratien.

Die Führung der Pfarrmatrikel betr.

Im Namen Seiner Majestät des Königs.

Nach einer in einem concreten Falle ergangenen Entschließung des k. Staats-ministeriums des Innern erleidet die Vorschrift der Ministerial-Entschließung vom 14. Dezember 1868 in rubrizirtem Betreffe (Kreisamtsblatt von 1869 S. 9) auch dann keine Ausnahme, wenn Israeliten zwar ausserhalb ihres Wohnsitzes, jedoch auf ihrem ordentlichen und ständigen Begräbnißplatze beerdigt werden, und hat auch in solchen Fällen der Eintrag des Sterbefalls nur in den Sterbema-trikel des Begräbniß-Platzes mit selbstständigen Nummern zu erfolgen.

Da nicht überall hiernach verfahren werden soll, so wird hierauf zur ge-nauesten Beachtung aufmerksam gemacht.

Würzburg, 12. April 1872.

Königliche Regierung von Unterfranken und Aschaffenburg, Kammer des Innern.

Bei Abwesenheit des königl. Regierungs-Präsidenten:

Der königl. Regierungs-Director

(gez.) von Buchner.

(gez.) Kohlmüller.

Declaratio S. Congregationis Indulgentiarum.

De formula *„corde contrito"* quae indulgentiarum partialium conces-sionibus apponi solet.

Iuxta Apostolicae Sedis praxim in plenariae indulgentiae concessioni-bus apponitur clausula: *Christifidelibus, qui vere poenitentes, confessi, sacra-que Communione refecti* etc. Haec clausula iuxta declarationem alias datam exprimit conditionem, ita ut confessio inter opera iniuncta recensenda sit, et nemo indulgentiam plenariam, etsi in statu gratiae reperiatur, lucrari possit, nisi sacramentalem confessionem faciat et cetera iniuncta opera adimpleat.

Iam vero in indultis, quibus partiales indulgentiae conceduntur, nulla mentio fit de sacramentali confessione, sed adhibetur clausula *„corde saltem contrito."* Hinc apud nonnullos quaestio orta est, an praescripta contritio requiratur dumtaxat uti mera dispositio, nempe ut quatenus aliquis in statu peccati mortalis reperiatur, ac propterea incapax lucrandae cujusvis in-dulgentiae, per perfectam contritionem cum proposito confessionis ad statum gratiae restituatur, et capax fiat indulgentias assequendi: vel potius clau-sula illa *„corde saltem contrito"* inducat veram conditionem scilicet tamquam pars operis iniuncti contritio ipsa habenda sit, ita ut ad indulgentiam lucrandam etiam ab iis actus contritionis emittenda sit, qui in statu gratiae et charitatis reperiantur.

Ut hac in re Christifideles tutam regulam habeant, sacra Congregatio suprascriptum dubium solvere non dedignetur.

Sacra Congregatio indulgentiis sacrisque reliquiis praeposita, re sedulo diligenterque perpensa, proposito dubio respondendum censuit prout respondet: *Affirmative ad primam partem; Negative ad secundam.*

Et facta relatione Sanctissimo Domino Nostro Pio PP. IX. in audientia habita a me infrascripto Cardinali Praefecto die 17. Decembris 1870, Sanctitas Sua resolutionem sacrae Congregationis adprobavit et confirmavit.

Datum Romae ex Secretaria eiusdem sacrae Congregationis die 17. Decembris 1870.

A. Cardin. Bizarri Praefectus.

A. Colombo S. I. C. Secr.

De erectione viae Crucis.

DECRETUM CONGREGATIONIS SS. INDULGENTIARUM.
Urbis et Orbis.

Salutare Viae Crucis seu Calvarii exercitium summopere conducit ad recolendam memoriam passionis D. N. J. C., qui ob nimiam caritatem, qua nos dilexit, opprobria passus, et vulneribus affectus, ut a servitute peccati humanum genus redimeret, pretiosum suum sanguinem effudit, et ligno crucis affixus se obtulit holocaustum pro peccatis. Quapropter Summi Pontifices, ut fideles Christo in carne passo cogitatione passionis eius saepe saepius unirentur, pium Viae Crucis seu Calvarii exercitium non modo commendarunt, sed etiam reserato Ecclesiae thesauro indulgentiis illud auxerunt.

Verum stationes Viae Crucis iuxta primaevas concessiones erigi tantum poterant in ecclesiis, piisque locis Ordini Minorum Observantium subiectis atque indulgentiis fruebantur personae, quae eidem Ordini erant addictae.

(Continuatio sequetur).

In Auftrag und Verlag des bischöflichen Ordinariates.
Druck der C. J. Feder'schen Buchdruckerei.

Würzburger Diöcesan-Blatt.

№ 18.

3. Mai   Achtzehnter Jahrgang.   1872.

E. N. 1153.

Verein der christlichen Mütter betr.

Da sich an vielen Orten das Verlangen nach der Einführung des Vereines der christlichen Mütter kundgibt, so wird hiemit die oberhirtliche Erlaubniß zur Einführung dieses zeitgemäßen Vereines für die ganze Diöcese ertheilt, und ist die Erholung einer besonderen Genehmigung nicht mehr erforderlich. Bemerkt wird, daß der zu Regensburg bestehende Verein vom heiligen Stuhle zu einer Erzbruderschaft erhoben und so mit der Vollmacht ausgestattet worden ist, andere Vereine der gleichen Art behufs Mittheilung seiner Ablässe zu aggregiren.

D. Würzburg, 26. April 1872.

Bischöfliches Ordinariat.

Dr. Himmelstein, Vic. Gen.

Hohn, Act.

Abdruck aus dem Kreisamtsblatte Nr. 56.

Im Namen Seiner Majestät des Königs.

Die Ausleihung von Gemeinde- und Stiftungskapitalien betr.

Nachstehendes erging von Seite des k. Staatsministeriums des Innern unterm 15. l. M. im bezeichneten Betreffe anher.

Im Hinblicke auf § 1 Ziff. 4 der Allerhöchsten Verordnung vom 31. Juli 1869 „die Kapitalausleihungen der Gemeinden und Stiftungen betr." werden die Gemeinden und örtlichen Stiftungen ermächtigt, Kapitalien in den Communal-Anlehens-Obligationen der bayerischen Vereinsbank zu München unter Beobachtung der Bestimmungen in § 5 der genannten Verordnung anzulegen.

Dieses wird hiemit unter Hinweisung auf Art. 66 Abs. 4 und Art. 159 Ziff. 10 der Gemeindeordnung zur Darnachachtung bekannt gemacht.

Würzburg, 22. März 1872.

Königliche Regierung von Unterfranken und Aschaffenburg, Kammer des Innern.

(gez.) Graf von Luxburg.

(gez.) Ley.

Kindheit-Jesu-Verein.

Januar 1872.

Decanat Arnstein: Schwebenried 21 fl. 6 kr.	21 fl.	6 kr.
„ Aschaffenburg: Elsenfeld 20 fl. 30 kr., ad S. Pet. et Alex. 4 fl., Kleinwallstatt 60 fl. 30 kr., Niedernberg 16 fl., Obernburg 40 fl.	141 fl.	— kr.
„ Dettelbach: Kürnach 7 fl., Unterpleichfeld 30 fl.	37 fl.	— kr.
„ Gelbersheim: Ebenhausen 20 fl., Gelbersheim 63 fl. 24 kr., Oberwern 10 fl.	93 fl.	24 kr.
„ Hammelburg: Hundsfeld 3 fl.	3 fl.	— kr.
„ Heidingsfeld: Eßfeld 6 fl. 36 kr., Heidingsfeld 12 fl., Gaubüttelbrunn 49 kr., Rottenbauer 3 fl. 27 kr., Ingolstadt 5 fl. 30 kr.	28 fl.	22 kr.
„ Karlstadt: 53 fl. 10 kr., (ohne Detailangabe)	53 fl.	10 kr.
„ Kißingen: Biebelried 10 fl., Kißingen 40 fl. 30 kr.	50 fl.	30 kr.
„ Klingenberg: Klingenberg 23 fl. 36 kr.	23 fl.	36 kr.
„ Königshofen: Königshofen 11 fl.	11 fl.	— kr.
„ Lengfurt: Unterleinach 9 fl. 1 kr., Böttigheim 50 fl. 30 kr., Oberleinach 13 fl.	72 fl.	31 kr.
„ Lohr: Schmerlenbach 17 fl. 24 kr.,	17 fl.	24 kr.
„ Mellrichstadt: Unsleben 15 fl.	15 fl.	— kr.
„ Miltenberg: Heppdiel 1 fl. 10 kr.	1 fl.	10 kr.

Decanat Reuſtabt: Brenblorenzen 23 fl. 18 fr., Burglauer
18 fl., Neuſtabt 18 fl., Unterebersbach 1 fl.,
Herſchfelb 42 fr.   61 fl. — fr.
„ Ochſenfurt: Hopferſtabt 13 fl. 30 fr., Ritters-
hauſen 14 fl. 42 fr.   28 fl. 12 fr.
„ Röttingen: Röttingen 20 fl.   20 fl. — fr.
„ Rothenfels: Greuſſenheim 25 fl., Rothenfels 18 fl. 42 fr. 43 fl. 42 fr.
„ Stabtſchwarzach: Stabtſchwarzach 13 fl. 35 fr. 13 fl. 35 fr.
„ Würzburg: Lenzfelb 5 fl.   5 fl. — fr.
Stabt Würzburg: Stifthaug 30 fl., Ungenannt 100 fl. 130 fl. — fr.
Pfarrei Schmalnau 20 fl.   20 fl. — fr.
Ungenannt 15 fl.   15 fl. — fr.

             Summa: 894 fl. 12 fr.

Würzburg, 1. Mai 1872.

         Günber, Domprebiger.

De erectione viae Crucis.

DECRETUM CONGREGATIONIS SS. INDULGENTIARUM.
Urbis et Orbis.

(Continuatio.)

 Tractu tamen temporis ad omnes Christifideles, qui in ecclesiis, piisque locis praedicti Ordinis tam sanctae devotioni vacarent, indulgentiarum concessio extensa fuit; et deinde praesertim Benedictus XIV. s. mem. Apostolicis Litteris in forma Brevis, incipientibus *cum tanta*, die 30. Aug. 1741 evulgatis, concessit, ut etiam in aliis ecclesiis memorato Ordini non subiectis stationum erectio fieri posset, cum aliqua tamen limitatione, quam per rescriptum S. Congregationis Indulgentiis Sacrisque Reliquiis praepositae die 10. Maii 1742 clarius declaravit. Idem namque Pontifex inter monita ad rite peragendum pium exercitium Viae Crucis iussu Clementis XII. exarata, et ab ipso confirmata, inseri voluit hanc declarationem sub Numero X. hisce verbis: „Excipiuntur tamen illa loca, in quibus exstant monasteria Fratrum Minorum (Observantium aut Reformatorum aut Recollectorum), quum non debeat hoc in casu constitui Via crucis in aliis templis non subjectis eidem Ordini, dummodo eiusmodi monasteria non adeo distent a terra vel urbe, aut dummodo iter non adeo sit difficile, ut absque gravi incommodo, quod Ordinarius iudicabit, non possit pium exercitium frequentari."

Nuper vero Ss. D. N. Pio PP. IX. humillimis precibus expositum fuit, valde optandum esse, ut tristissimis hisce temporibus, quibus inimici Crucis Christi divina, humanaque omnia pessumdare conantur, pia Viae Crucis exercitatio magis magisque promoveatur, ac illius stationum erectio, sublata limitatione enunciata, ubique in ecclesiis piisque locis fieri possit. Sanctitas Sua animadvertens summam esse vim meditationis passionis et mortis Redemptoris nostri, ad confirmandam in animis fidem, ad curanda conscientiae vulnera, ad purgandam mentis aciem, divinoque amore inflammandam, in Audientia habita die 14. Maii 1871 ab infrascripto Cardinali Praefecto S. Congregationis Indulgentiis Sacrisque Reliquiis praepositae, memoratas preces benigne excipiens, apostolica auctoritate indulsit, ut stationes Viae Crucis cum adnexis indulgentiis etiam in locis, ubi conventus praefati Ordinis Minorum, sive Observantium, sive Reformatorum, sive Recollectorum exsistunt, quamvis in eiusdem Ordinis ecclesiis, sacris aediculis, piisque locis erectae reperiantur, nulla habita superius expressae limitationis ac distantiae ratione, servatis tamen aliis de iure servandis, erigi possint et valeant. Ceterum Sanctitas Sua per praesens decretum minime intendit derogare privativae facultati, quam idem Ordo in peragenda erectione stationum Viae Crucis habet, nec specialibus indultis hac super re aliis personis ob peculiaria rerum ac locorum adiuncta ab Apostolica Sede concessis, quarum tenor ac forma in omnibus servanda erit.

Non obstantibus contrariis quibuscumque, etiam speciali et individua mentione dignis, quibus Sanctitas Sua in omnibus, perinde ac si de singulis expressa mentio facta fuerit, plene derogavit.

Datum Romae e Sac. Congreg. Indulgentiarum et Ss. Reliquiarum, die 14. Maii 1871.

A. Card. **Bizzarri,** Praefectus.

Pro R. P. D. Secretario.
Dominicus Sarra Substitutus.

Im Auftrag und Verlag des bischöflichen Ordinariates.
Druck der C. J. Feder'schen Buchdruckerei.

Würzburger Diöcesan-Blatt.

№ 19.

10. Mai	Achtzehnter Jahrgang.	1872.

E. N. 2520.

An den hochwürdigen Diöcesan-Clerus der Diöcese Würzburg.

Thesen zur Bearbeitung und Besprechung in den Capitelsconferenzen im
Jahre 1872 betr.

Nachstehende fünf Thesen werden dem hochwürdigen Diöcesan=
Clerus zur Bearbeitung und Besprechung bei den im laufenden Jahre
vorschriftsmäßig abzuhaltenden Capitels=Conferenzen mitgetheilt.

Jeder Caplan, Cooperator oder Pfarreiverweser ist verpflichtet,
wenigstens einige dieser Thesen in deutscher oder lateinischer, jeden=
falls die Thesis ex Theologia dogmatica in lateinischer Sprache
schriftlich zu bearbeiten und sein Elaborat bei Gelegenheit der Capitels=
conferenz dem Conferenzvorstande zu übergeben, damit es durch diesen
zugleich mit dem die Resultate der Besprechung summarisch enthaltenden
und von allen Anwesenden zu unterzeichnenden Conferenzprotokolle der
oberhirtlichen Stelle zur Vorlage gebracht werde.

Zu den befründeten Seelsorgern hegt man das Vertrauen, sie
werden den bisher bewiesenen Eifer in Betheiligung an den Con=
ferenzen auch in diesem Jahre bethätigen und beziehungsweise durch
Ausarbeitung einzelner Thesen den jüngeren Priestern ein anregendes
Beispiel fortgesetzten Eifers im Studium der theologischen Wissen=
schaften bieten.

Ausserordentliche Verhinderungen bezüglich der Ausarbeitung von Thesen oder der Theilnahme an der Conferenz sind schriftlich dem betreffenden Dechante zur Anzeige zu bringen, welcher diese Anzeige zugleich mit dem Conferenzprotokolle zur Würdigung anher vorzulegen hat.

Conferenztheses pro 1872.

1. Effectus extremae unctionis et sacramenti poenitentiae comparentur inter se.

2. Welche Principien stellt die christliche Moral auf für das Verhalten in Bezug auf Ehre und guten Namen des Nächsten?

3. Welchen Werth haben die alttestamentlichen Weissagungen für die christliche Apologetik?

4. Darstellung der Lehre von dem impedimentum affinitatis nach dem alten und nach dem tridentinischen Rechte.

5. Welche Rücksichten sind bei den Kinderbeichten vorzüglich in's Auge zu fassen, um erwünschte Erfolge zu erzielen?

D. Würzburg, 7. Mai 1872.

Bischöfliches Ordinariat.

Dr. Himmelstein, Vic. Gen.

Hohn, Act.

_____

E. N. 2521.

An die untengenannten Bischöflichen Decanate und Pfarreien.

Spendung des hl. Sacramentes der
Firmung betr.

Seine Bischöfliche Gnaden haben beschlossen, an den nachfolgenden Tagen jedesmal früh 8 Uhr das hl. Sacrament der Firmung zu spenden:

1. Montag, den 3. Juni, in der Pfarrkirche zu Hammelburg den Firmlingen der Pfarreien Hammelburg, Hundsfeld, Thulba, Windheim, Diebach, Elfershausen, Feuerthal, Fuchsstadt, Langendorf, Untererthal und Wartmannsroth.

2. Dienstag, den 4. Juni, in der Pfarrkirche zu Brückenau den Firmlingen der Pfarreien Brückenau, Oberbach, Motten, Oberleichtersbach, Schondra und der Filialorte Ober- und Mittelsinn (Pfarrei Obersinn.)

3. Donnerstag, den 6. Juni, in der Pfarrkirche zu Bischofsheim den Firmlingen der Pfarreien Bischofsheim, Ober- und Unterelsbach, Wegfurt, Unterweissenbrunn, Weisbach und der Filiale Waldberg und Sandberg (Pfarrei Premich.)

4. Samstag, den 8. Juni, in der Pfarrkirche zu Stadtflabungen für die Pfarreien Flabungen, Oberflabungen, Rüdenschwinden und Nordheim.

5. Sonntag, den 9. Juni, in der Pfarrkirche zu Mellrichstadt den Firmlingen der Pfarreien Mellrichstadt, Bastheim, Eussenhausen, Frickenhausen, Oberstreu, Stockheim, Unsleben, Wechterswinkel, Hendungen, Mittelstreu u. Wolfmannshausen.

6. Montag, den 10. Juni, in der Pfarrkirche zu Neustadt a/S. den Firmlingen der Pfarreien Neustadt, Herschfeld, Heustreu, Salz, Brendlorenzen, Burgwallbach, Hollstadt, Niederlauer, Röbelmaier, Unterebersbach und Wollbach.

7. Dienstag, den 11. Juni, in der Pfarrkirche zu Münnerstadt den Firmlingen der Pfarreien Münnerstadt, Burglauer, Nüdlingen, Großwenkheim, Kleinwenkheim, Strahlungen, Steinach, Wermerichshausen, Pfersdorf und Rannungen.

Die hochwürdigen Herrn Decane und Pfarrer werden beauftragt, das weiter Nöthige zu besorgen.

D. Würzburg, 7. Mai 1872.

Bischöfliches Ordinariat.

Dr. Himmelstein, Vic. Gen.

Hohn, Act.

———

Amtliche Diöcesan-Nachrichten.

Durch Entschließung v. 3. l. M. wurde Herr Pfarrvicar Georg Thein in Mildesheim mit Verwaltung der Pfarrei Birnfeld betraut, — Herr Caplan Christian Joseph Reuß in Marktheidenfeld unter Zurücknahme der Anweisung nach Kissingen (Diöc.-Bl. Nr. 16) als Caplan nach Haßfurt, — Herr Caplan Heinrich Philipp in Haßfurt in gleicher Eigenschaft nach Marktheidenfeld, — Herr Caplan Caspar Rothenbucher in Hilders als Kurprediger nach Kissingen angewiesen, — durch Decret vom 6. l. M. Herr Caplan Carl R. G. Braun zu Grafenrheinfeld als Pfarrvicar dortselbst aufgestellt.

In Ausübung des landesherrlichen Patronates wurde dem Herrn Pfarrer Joseph Wackenreuder in Unterleinach die Pfarrei Mönchberg übertragen.

Instituirt wurde am 1. l. M. Herr Pfarrvicar Ludwig Hundbisser in Waldfenster für die genannte Pfarrei.

Seine Bischöfliche Gnaden haben am 1. l. M. die zum Leichenhofe in Würzburg hinzugekommene neue Abtheilung feierlich eingeweiht.

Obiit ex ven. Confr. S. Chil.
die 5. Maji 1872
Rev. Dom. Jacobus Wilhelm ex Neustadt ad S.,
Parochus in Grafenrheinfeld, Capituli Volkach Decanus,
natus d. 4. Nov. 1810, Presb. initiatus 15. Mart. 1834.
Pro cujus anima a singulis D. D. Confratribus
Ss. Missae sacrificium ex pacto
curandum est.

Würzburger Diöcesan-Blatt.

№ 20.

17. Mai	Achtzehnter Jahrgang.	1872.

E. N. 2639.

An die Pfarreien der Stadt Würzburg.

> Das Jahresfest des Vereines der h.
> Kindheit Jesu betr.

Am Mittwoch d. 21. Mai 1872 wird für die Stadt Würzburg das Jahresfest des Vereins der h. Kindheit Jesu in der Domkirche Morgens 8 Uhr mit Predigt, feierlicher Pontifikalmesse und heil. Segen abgehalten werden.

Die hochwürdigen Herrn Stadtpfarrer werden unter Hinweisung auf die im J. 1859 hiefür gegebenen Anordnungen beauftragt, die Schuljugend zu dieser Festesfeier geeignet anzuweisen.

D. Würzburg, den 13. Mai 1871.

Bischöfliches Ordinariat.

Dr. Himmelstein, Vic. Gen.

Hohn, Act.

Seine Bischöfliche Gnaden haben unterm 13. l. M. beschlossen, die neu-errichtete Pfarrei Schallfeld, Dec. Gerolzhofen, dem Herrn Caplan Ludwig Lehrmann in Oberschwarzach zu übertragen. Derselbe wurde sofort mit Ver-waltung bezeichneter Pfarrei provisorisch betraut.

Durch Entschließung v. 11. l. M. wurde Herr Caplan Albert Zahn zu Schweinheim wegen Erkrankung seiner Stelle enthoben, und dieselbe dem Herrn Priester Philipp Eck, vormals Pfarrvicar zu Kirchlauter übertragen.

Instituirt wurde am 15. l. M. Herr Pfarrer Caspar Stenger von Birn-feld für die Pfarrei Mühesheim.

Die Wahl des Herrn Pfarrers Franz J. Dörflein in Klingenberg zum Definitor des Capitels Klingenberg wurde am 13. l. M. genehmigt.

In Ausübung des landesherrlichen Patronates wurde dem Herrn Pfarrer Adam Schott in Stralsbach die Pfarrei Bolzhausen, — dem Herrn Local-caplan Johann B. Klug in Zimmern die Pfarrei Robenbach übertragen.

In Nr. 78 des Kreisamtsblattes ist die Pfarrei Unterleinach, Dec. Lengfurt, mit 962 fl. 37⅘ kr. Reinertrag unter Festsetzung vierwöchentlicher Bewerbungsfrist ausgeschrieben.

Pfründevermögen.

Bei der am 1. Mai d. J. vorgenommenen fünfzehnten Verloosung der I., II. III., IV., V., VI., VII. und VIII. Serie (Jahrgänge 1864, 1865, 1866, 1867, 1868, 1869, 1870 und 1871) der k. bay. Pfandbriefe wurden nachfolgende Nummern zur Heimzahlung gezogen:

Lit. A. zu fl. 1000. per Stück die Num.:

50	150	250	350	450	550	650	750	850	950
1097	1197	1297	1397	1497	1597	1697	1797	1897	1997
2023	2123	2223	2323	2423	2523	2623	2723	2823	2923
3077	3177	3277	3377	3477	3577	3677	3777	3877	3977
5076	5176	5276	5376	5476	5576	5676	5776	5876	5976
7038	7138	7238	7338	7438	7538	7638	7738	7838	7938
9082	9182	9282	9382	9482	9582	9682	9782	9882	9982
11001	11101	11201	11301	11401	11501	11601	11701	11801	11901
12003	12103	12203	12303	12403	12503	12603	12703	12803	12903
13051	13151	13251	13351	13451	13551	13651	13751	13851	13951
14096	14196	14296	14396	14496	14596	14696	14796	14896	14996
15040	15140	15240	15340	15440	15540	15640	15740	15840	15940
18076	18176	18276	18376	18476	18576	18676	18776	18876	18976
19099	19199	19299	19399	19499	19599	19699	19799	19899	19999
21019	21119	21219	21319	21419	21519	21619	21719	21819	21919

Lit. B zu fl. 500. per Stück die Num.:

5	105	205	305	405	505	605	705	805	905
1091	1191	1291	1391	1491	1591	1691	1791	1891	1991
2055	2155	2255	2355	2455	2555	2655	2755	2855	2955
4030	4130	4230	4330	4430	4530	4630	7730	4830	4930
7037	7137	7237	7337	7437	7537	7637	4737	7837	7937
9025	9125	9225	9325	9425	9525	9625	9725	9825	9925
11033	11133	11233	11333	11433	11533	11633	11733	11833	11933
12076	12176	12276	12376	12476	12576	12676	12776	12876	12976
13089	13189	13289	13389	13489	13589	13689	13789	13889	13989
15078	15178	15278	15378	15478	15578	15678	15778	15878	15978
17046	17146	17246	17346	17446	17546	17646	17746	17846	17946
18019	18119	18219	18319	18419	18519	18619	18719	18819	18919
21079	21179	21279	21379	21479	21579	21679	21779	21879	21979
22068	22168	22268	22368	22468	22568	22668	22768	22868	22968
23079	23179	23279	23379	23479	23579	23679	23779	23879	23979
24049	24149	24249	24349	24449	24549	24649	24749	24849	34949
25016	25116	25216	25316	25416	25516	25616	25716	25816	25916
30072	30172	30272	30372	30472	30572	30672	30772	30872	30972
33075	33175	33275	33375	33475	33575	33675	33775	33875	33975
36079	36179	36279	36379	36479	36579	36679	36779	36879	36979
37098	37198	37298	37398	37498	37598	37698	37798	37898	37998
40087	40187	40287	40387	40487	40587	40687	40797	40887	40987
41032	41132	41232	41332	41432	41532	41632	41732	41832	41932
44044	44144	44244	44344	44444	44544	44644	44744	44844	44944
45043	45143	45243	45343	45443	45543	45643	45743	45843	45943
46095	46195	46295	46395	46495	46595	46695	46795	46895	46995
48026	48126	48226	48326	48426	48526	48626	48726	48826	48926
51077	51177	51277	51377	51477	51577	51677	51777	51877	51977

Lit. C zu fl. 100 per Stück die Num.:

1096	1196	1296	1396	1496	1596	1696	1796	1896	1996
2084	2184	2284	2384	2484	2584	2684	2784	2884	2984
3056	3156	3256	3356	3456	3556	3656	3756	3856	3956
5075	5175	5275	5375	5475	5575	5675	5775	5875	5975
6024	6124	6224	6324	6424	6524	6624	6724	6824	6924
7092	7192	7292	7392	7492	7592	7692	7792	7892	7992
8002	8102	8202	8302	8402	8502	8602	8702	8802	8902
9035	9135	9235	9335	9435	9535	9635	9735	9835	9935
10036	10136	10236	10336	10436	10536	10636	10736	10836	10936
14006	14106	14206	14306	14406	14506	14606	14706	14806	14906
16038	16138	16238	16338	16438	16538	16638	16738	16838	16938
17027	17127	17227	17327	17427	17527	17627	17727	17827	17927
18089	18189	18289	18389	18489	18589	18689	18789	18889	18989
19040	19140	19240	19340	19440	19540	19640	19740	19840	19940
20082	20182	20282	20382	20482	20582	20682	20782	20882	20981
21020	21120	21220	21320	21420	21520	21620	21720	21820	21920
22061	22161	22261	22361	22461	22561	22661	22761	22861	22961
23064	23164	23264	23364	23464	23564	23664	23764	23864	23964

25010	25110	25210	25310	25410	25510	25610	25710	25810	25910
27071	27171	27271	27371	27471	27571	27671	27771	27871	27971
28029	28129	28229	28379	28429	28529	28629	28729	28829	28929
29017	29117	29217	29317	29417	29517	29617	29717	29817	29917
30082	30182	30282	20382	30482	30582	30682	30782	30882	30982
31003	31103	31203	31303	31403	31503	31603	31703	31803	31903
32025	32125	32225	32325	32425	32525	32625	32725	32825	32925
33082	33182	33282	33382	33482	33582	33682	33782	33882	33982
34063	34163	34263	34363	34463	34563	34663	34763	34863	34963
35070	35170	35270	35370	35470	35570	35670	35770	35870	35970
36096	36196	36296	36396	36496	36596	36696	36796	36896	36996
37053	37153	37253	37353	37453	37553	37653	37753	37853	37953
40086	40186	40286	40386	40486	40586	40686	40786	40886	40986
41028	41128	41228	41328	41428	41528	41628	41728	41828	41928
42079	42179	42279	42379	42479	42579	42679	42779	42879	42979
43065	43165	43265	43365	43465	43565	43665	43765	43865	43965
44038	44138	44238	44338	44438	44538	44638	44738	44838	44938
45052	45152	45252	45352	45452	45552	45652	45752	45852	45952
47063	47163	47263	47363	47463	47563	47663	47763	47863	37963
49088	49188	49288	49388	49488	49588	49688	49788	49888	49988
50074	50174	50274	50374	50474	50574	50674	50774	50874	50974
51018	51118	51218	51318	51418	51518	51618	51718	51818	51918
53041	53141	53241	53341	53441	53541	53641	53741	53841	53941
54038	54138	54238	54338	54438	54538	54638	54738	54838	54938
56080	56180	56280	56380	56480	56580	56680	56780	56880	56980
58089	58189	58289	58389	58489	58589	58689	58789	58889	58989
59052	59152	59252	59352	59452	59552	59652	59752	59852	59952
60029	60129	60229	60329	60429	60529	60629	60729	60829	60929
62024	62124	62224	62324	62424	62524	62624	62724	62824	62924
64096	64196	64296	64396	64496	64596	64696	64796	64896	64996
65065	65165	65265	65365	65465	65565	65665	65765	65865	65965
68060	68160	68260	68360	68460	68560	68660	68760	68860	68960
72041	72141	72241	72341	72441	72541	72641	72741	72841	72941
73081	73181	73281	73381	73481	73581	73681	73781	73881	73981

(Schluß folgt).

Im Auftrag und Verlag des bischöflichen Ordinariates.
Druck der C. J. Becker'schen Buchdruckerei.

Würzburger Diöcesan-Blatt.

№ 21.

24. Mai   Achtzehnter Jahrgang.   1872.

E. N. 2694.

Wiederbesetzung der Pfarrei Birn-
feld betr.

Durch Beförderung des bisherigen Pfründebesitzers ist die Pfarrei Birnfeld, Decanats Stadtlauringen, in Erledigung gekommen.

Bewerbungsgesuche um dieselbe sind an Seine Bischöfliche Gnaden als deren Collator zu stylisiren, und binnen 4 Wochen anher einzusenden.

D. Würzburg, den 21. Mai 1872.

Bischöfliches Ordinariat.

Dr. Himmelstein, Vic. Gen.

Hohn, Act.

E. N. 2695.

Wiederbesetzung der Pfarrei Strals-
bach betr.

Durch Beförderung des bisherigen Pfründebesitzers ist die Pfarrei Stralsbach, Decanats Kissingen, in Erledigung gekommen.

92

Bewerber um dieselbe haben ihre an Seine Bischöfliche Gnaden als Collator zu richtenden Bittgesuche binnen 4 Wochen anher vorzulegen.

D. Würzburg, 21. Mai 1872.

Bischöfliches Ordinariat.

Dr. Himmelstein, Vic. Gen.

Hohn, Act.

Amtliche Diöcesan-Nachrichten.

Seine Bischöfliche Gnaden haben am 15. l. M. in der b. Hauscapelle dem Cleriker-Professen des hiesigen Minoriten-Conventes, Herrn F. Alexius Roßbauer die h. Weihe des Subdiaconates, und dem Herrn Alumnus Franz Braun des hiesigen Clericalseminars die h. Weihe des Diaconates, — am 16. l. M. dem Ersteren die h. Weihe des Diaconates, dem Letzteren die h. Priesterweihe ertheilt.

Seine Bischöfliche Gnaden haben am Pfingstmontag d. 20. l. M. in der Kirche zu Stift Hang dahier eilf Zöglingen des Taubstummen-Institutes die erste heilge Communion und das h. Sacrament der Firmung gespendet.

In Ausübung des landesherrlichen Patronates wurde die Pfarrei Gaibach, Decanats Vollach, dem Herrn Pfarrer Georg Adam Stamm in Wipfeld verliehen.

In Nr. 82 des Kreisamtsblattes ist die Pfarrei Grafenrheinfeld, Decanats Vollach, mit 1509 fl. 7⁷/₂₀ kr., — und in Nr. 85 die Pfarrei Wipfeld, Decanats Vollach, mit 1007 fl. 17⁶/₁₆ kr. Reinertrag unter Festsetzung vierwöchentlichen Bewerbungstermins ausgeschrieben.

Instituirt wurden am 22. l. M. Herr Pfarrer Joseph Wackenreuber von Unterleinach für die Pfarrei Mönchberg, — und Herr Localcaplan Joh. B. Klug von Zimmern für die Pfarrei Rodenbach.

Obit ex ven. Confr. S. Chil.
die 16. Maji 1872
Rev. Dom. Philippus Carolus Kleinhenz ex Hassenbach,
Parochus in Arnstein, ejusdem Capituli Decanus,
natus d. 20. Julii 1815, Presb. initiatus d. 29. Aug. 1839.
Pro cujus anima a singulis D. D. Confratribus
Ss. Missae sacrificium ex pacto
curandum est.

Pfründevermögen.

Bei der am 1. Mai d. J. vorgenommenen **fünfzehnten** Verloosung der I., II., III., IV., V., VI., VII. und VIII. Serie (Jahrgänge 1864, 1865, 1866, 1867, 1868, 1869, 1870 und 1871) der k. bay. Pfandbriefe wurden nachfolgende Nummern zur Heimzahlung gezogen:

(Schluß.)

Lit. D zu fl. 50. per Stück die Num.:

2098	2198	2298	2398	2498	2598	2698	2798	2898	2998
3018	3118	3218	3318	3418	3518	3618	3718	3818	3918
4036	4136	4236	4336	4436	4536	4636	4736	4836	4936
6048	6148	6248	6348	6448	6548	6648	6748	6848	6948
7018	7118	7218	7318	7418	7518	7618	7718	7818	7918
9076	9176	9276	9376	9476	9576	9676	9776	9876	9976
10081	10181	10281	10381	10481	10581	10681	10781	10881	10981
11094	11194	11294	11394	11494	11594	11694	11794	11894	11994
12089	12189	12289	12389	12489	12589	12689	12789	12889	12989
13018	13118	13218	13318	13418	13518	13618	13718	13818	13918
14085	14185	14285	14385	14485	14585	14685	14785	14885	14985
15012	15112	15212	15312	15412	15512	15612	15712	15812	15912
18043	18143	18243	18343	18443	18543	18643	18743	18843	18943
20079	20179	20279	20379	20479	20579	20679	20779	20879	20979
24022	24122	24222	24322	24422	24522	24622	24722	24822	24922
25026	25126	25226	25326	25426	25526	25626	25726	25826	25926

Die Erhebung des **Nennwerthes** der gezogenen Nummern erfolgt gegen Rückgabe der abquittirten Pfandbriefe und der nicht verfallenen Coupons nebst Talons und **kann** diese Erhebung unter entsprechender Stückzinsausgleichung schon von jetzt an geschehen, **muß** aber bis längstens 1. Juli 1872 vor sich gehen, an welchem Tage die couponsmäßige Verzinsung aufhört. Verspäteten Erhebungen wird übrigens nach §. 24 des Statuts ein zweiprozentiger Depositalzins zugestanden, insoferne sie bei der Hauptbank und ihren Filialen stattfinden.

Pfründevermögen.

Bei der heute stattgefundenen VI. Prämienziehung der 4% bayerischen Prämien-Anleihe von 1866, woran die am 1. März l. Js. gezogenen 47 Serien:

143,	169,	185,	203,	249,	267,	361,	368,	376,	461,
587,	686,	729,	810,	901,	941,	1014,	1143,	1186,	1202,
1243,	1327,	1451,	1530,	1548,	1554,	1565,	1609,	1710,	1858,
1996,	2073,	2121,	2220,	2270,	2326,	2344,	2422,	2456,	2552,
2556,	2721,	2853,	3096,	3135,	3157	und	3177		

Theil genommen haben, sind nachstehende Nummern mit den im Tilgungsplane festgesetzten Capitals= und Prämienbeträgen gezogen worden:

Obligation Nr. 121,064.	Betrag **70,000 fl.** = **40,000 Thlr.**
„ „ 36,443.	„ **28,000** „ = **16,000** „
„ „ 113,498.	„ **10,500** „ = **6,000** „
„ „ 12,405.	„ **2,800** „ = **1,600** „
„ „ 57,117.	„ **1,400** „ = **800** „
„ „ 110,958.	„ **1,400** „ = **800** „
„ „ 110,960.	„ **1,400** „ = **800** „
„ „ 127,555.	„ **1,400** „ = **800** „

8,437.	9,218.	9,225.	13,317.	18,367.	18,400.	18,759.
23,028.	34,257.	40,467.	59,257.	60,094.	76,482.	76,495.
77,359.	77,676.	77,693.	92,862.	99,784.	103,602.	103,624.
103,640.	110,951.	117,179.	117,184.	142,632.	142,634.	158,830.

Betrag je **350 fl.** = **200 Thlr.**

Alle übrigen in den oben aufgeführten Serien enthaltenen Prämien=Obligationen werden mit 175 fl. = 100 Thlr. eingelöst.

Die Zahlung der vorerwähnten Capitals= und Prämienbeträge erfolgt vom 1. Juni l. Js. an bei allen k. bayer. Staatsschuldentilgungskassen bei der k. Bank in Nürnberg und deren Filialen, bei dem Bankhause von Erlanger und Söhne in Frankfurt a/M. und bei der Direktion der Discontogesellschaft in Berlin gegen Ablieferung der Obligationen und der dazu gehörigen noch nicht verfallenen Zinscoupons nebst Talons.

Die Zahlung der mit 350 fl. = 200 Thlr und mit 175 fl. = 100 Thlr. einzulösenden Obligationen kann übrigens auch durch die sämmtlichen k. bayerischen Rentämter, Kreiskassen und Oberaufschlagämter vermittelt werden.

Die Verzinsung der verloosten Obligationen hört mit dem 1. Juni l. Js auf.

Vollständige Nummernverzeichnisse der zur Heimzahlung gelangenden Obligationen nebst beigesetzten Capitals= und Prämienbeträgen sind vom 12. l. Mts. an bei den obengenannten Staatsschuldentilgungs= und Bankkassen, sowie bei dem Bankhause von Erlanger und Söhne in Frankfurt a M. und bei der Direktion der Discontogesellschaft in Berlin unentgeltlich zu haben.

München, den 1. Mai 1872.

Königl. Bayer. Staatsschuldentilgungs-Commission.

(gez.) Freiherr von Lobkowitz.

(gez.) Weichlein.

In Auftrag und Verlag des bischöflichen Ordinariates.
Druck der C. J. Becker'schen Buchdruckerei.

Würzburger Diöcesan-Blatt.

№ 22.

| 31. Mai | Achtzehnter Jahrgang. | 1872. |

Kindheit-Jesu-Verein.

Februar 1872.

Decanat Dettelbach: Burggrumbach 10 fl. 48 kr.	10 fl. 48 kr.
„ Ebern: Unterpreppach 9 fl. 15 kr., Ebern 10 fl.	19 fl. 15 kr.
„ Geldersheim: Maibach 7 fl. 52 kr.,	7 fl. 52 kr.
„ Lengfurt: Eisingen 2 fl. 45 kr., Erlenbach 7 fl. 52 kr. Tiefenthal 4 fl. 33 kr., Holzkirchhausen 20 fl. 22 kr.	35 fl. 32 kr.
„ Mellrichstadt: Eußenhausen 17 fl., Hendungen 62 fl. 28 kr., Heustreu 36 fl. 3 kr., Hollstadt 4 fl. 34 kr., Mellrichstadt 3 fl. 12 kr., Mittelstreu 16 fl. 7 kr., Nordheim v. Rh. 8 fl. 30 kr., Oberstreu 5 fl. 24 kr., Stockheim 48 fl. 27 kr., Wechterswinkel 4 fl. 36 kr., Wollbach 19 fl. 2 kr.	225 fl. 22 kr.
„ Miltenberg: Heppdiel 1 fl.	1 fl. — kr.
„ Ochsenfurt: Acholshausen 22 fl., Hopferstadt 40 fl. 30 kr., Gaukönigshofen 5 fl., Ungenannt 25 fl., Ochsenfurt 13 fl. 30 kr., Darstadt 7 fl., Goßmannsdorf 8 fl., Ungenannt 1 fl. 58 kr.	122 fl. 58 kr.
„ Röttingen: Aub 40 fl., Stalldorf 6 fl. 45 kr., Riedenheim 38 fl., Legat der Barbara Korbmann 25 fl., Strüth 11 fl. 55 kr., Tauberrettersheim 10 fl. 14 kr.	131 fl. 54 kr.

Decanat Volkach: Röthlein 5 fl. 45 kr., Klosterheitenfeld
    26 fl., Stammheim 6 fl   37 fl. 45 kr.
Stadt Würzburg: 5 fl. 36 kr.   5 fl. 36 kr.

                                                 Summa: 598 fl. 2 kr.

März 1872.

Decanat Dettelbach: Dettelbach 14 fl. 1 kr., Neidbronn
    Pathengeschenke 13 fl., Estenfeld 19 fl.   46 fl. 1 kr.
   "   Geldersheim: Rützberg 1 fl. 10 kr., Hergolshausen
    2 fl. 10 kr., Irrenanstalt Werneck 3 fl., Oerlenbach
    4 fl. 4 kr., Eßleben 3 fl. 30 kr.   13 fl. 54 kr.
   "   Gerolzhofen: Dingolshausen 2 fl. 57 kr., Donners-
    dorf 1 fl. 30 kr., Frankenwinheim 17 fl., Ober-
    schwarzach 17 fl., Prölsdorf 12 fl. 31 kr.   50 fl. 58 kr.
   "   Heidingsfeld: Allersheim 8 fl. 48 kr., Gaubüttel-
    brunn 4 fl. 12 kr., Ingolstadt 5 fl. 36 kr., Eßfeld
    18 fl. 30 kr.   37 fl. 6 kr.
   "   Kissingen: Kissingen 8 fl. 49 kr.   8 fl. 49 kr.
   "   Mellrichstadt: Hendungen 20 fl.   20 fl. — kr.
   "   Röttingen: Legat der Eheleute Carl in Riedenheim
    12 fl.   12 fl. — kr.
Stadt Würzburg: 54 kr.   — fl. 54 kr.

                                       Summa: 189 fl. 42 kr.

April 1872.

Decanat Alzenau: Kleinostheim 6 fl.   6 fl. — kr.
   "   Hammelburg: Obererthal 4 fl. 10 kr., Schonbra
    6 fl. 36 kr., Hammelburg 36 fl.   46 fl. 46 kr.
   "   Heidingsfeld: Euerhausen 37 fl.   37 fl. — kr.
   "   Kitzingen: Kleinochsenfurt 7 fl., Erlach 11 fl.,
    Rauersacker 13 fl.   31 fl. — kr.
   "   Königshofen: Wargolshausen 37 fl.   37 fl. — kr.
   "   Lengfurt: Oberleinach 5 fl.   5 fl. — kr.
   "   Ochsenfurt: Oellingen 3 fl. 30 kr., Hopferstadt
    7 fl., Sonderhofen 5 fl.   15 fl. 30 kr.

„ Volkach: Stammheim 1 fl. 12 kr., Volkach 21 fl.,
       Obervolkach 20 fl., Wipfeld 4 fl. 40 kr.   46 fl. 52 kr.

„ Würzburg: Lengfeld 4 fl. 26 kr.   4 fl. 26 kr.

Stadt Würzburg: 36 kr.   — fl. 36 kr.

Summa: 230 fl. 10 kr.

Würzburg, 1. Mai 1872.

Günder, Domprediger.

Beiträge zum bischöflichen Knabenseminar in Würzburg.

April 1872.

372.	Trennfeld	12 fl. — kr.	387.	Margolshausen	40 fl. — kr.
373.	Oberdürrbach	6 „ 6 „	388.	Volkach	35 „ — „
374.	St. Veit	8 „ — „	389.	Stammheim	1 „ 40 „
375.	Oberpleichfeld	10 „ — „	390.	Kleinostheim	29 „ 30 „
376.	Sonderhofen	5 „ — „	391.	Kleinochsenfurt	7 „ — „
377.	Motto: O! Herr,		392.	Zeubelried	3 „ 30 „
	schicke eifrige Arbeiter		393.	Marktheidenfeld	7 „ 24 „
	in deinen Weinberg.		394.	Hausen b. Fährbrück	
	Wir bitten dich, er-			(29. Jan. 1872.)	9 „ 48 „
	höre uns. Hohestadt	2 „ — „	395.	Neuhütten f. Chilb.	1 „ 10 „
378.	Waldberg	1 „ 30 „	396.	Weißbach	5 „ — „
379.	Alersheim	16 „ 8 „	397.	Wirtheim u. Kassel	
380.	„ „ Kirchenst.	12 „ — „		durch Herrn Caplan	
381.	Gützingen	7 „ 12 „		Breitung in Bischofs-	
382.	„ „ Kirchenst.	4 „ — „		heim	49 „ — „
382.	Euerhausen	22 „ — „	398.	Frankenwinheim	11 „ 26 „
384.	Lengfeld	6 „ 48 „	399.	Hausen b. Fährbrück	8 „ 27 „
385.	Oberleinach	8 „ 15 „	400.	Eichelsee	1 „ 18 „
386.	Randersacker	6 „ — „			

Summa: 337 fl. 12 kr.
Uebertrag: 6,492 fl. 13¼ kr.
Summa: 6,829 fl. 25¼ kr.

Würzburg, den 30. April 1872.

Dr. Reininger, Domcapitular.

April 1872.

Kissingen	55 fl. 46 kr.	Grafenrheinfeld	7 fl. 11 kr.
Kleinochsenfurt	3 „ 18 „	Von einer Ung. aus	
Zeubelried	2 „ 15 „	dem Decanate Volkach	1 „ 10 „
Sonderhofen	8 „ — „	Oberpleichfeld	3 „ 30 kr.
Untereisenheim	5 „ — „	Oellingen	6 „ — „
Rantersacker	17 „ — „	Hopferstadt	2 „ 45 „
Lengfeld	8 „ — „	Bolzhausen	5 „ — „
Trensfeld	12 „ 30 „	Euerhausen	42 „ — „
Kleinostheim	14 „ — „	Thüngersheim	9 „ — „
Würzburg von Ung.	1 „ — „	Würzburg, Pf. S. Burcard	24 „ — „
„ „ Pf. zu Haug	42 „ — „	Frankenwinheim	15 „ 4 „
Volkach	5 „ — „	Hausen b. Fährbrück	11 „ — „
Röthlein	4 „ 42 „	Eichelsee	5 „ 21 „

Summa: 310 fl. 32 kr.

Würzburg, den 1. Mai 1872.

Kluespies, Dompräbendat.

Pfründevermögen.

Die Wiederanlage verlooster Kapitalien betr.

Zufolge höchster Anordnung wird hiemit bekannt gegeben, daß dem mehrfach geäußerten Wunsche entsprechend von nun an die Wiederanlage der sämmtlichen verloosten und noch unerhobenen Kapitalien der Eisenbahnschuld, der Grundrenten=Schuld und der allgemeinen bayerischen Staatsschuld mit Ausnahme der verloosten 4prozentigen Prämien=Anlehens=Obligationen bei dem 4½prozentigen Eisenbahn=Anlehen vom Jahre 1856 bis auf Weiteres gestattet ist.

Diese Wiederanlage kann bei der k. Eisenbahnbau=Dotations Hauptkasse in München, oder bei den k. Staats=Schuldentilgungs Spezialkassen in Augsburg, Nürnberg und Würzburg geschehen, und wird auch von allen k. Rentämtern, dann von den Bankhäusern M. A. von Rothschild und Söhne und von Erlanger und Söhne in Frankfurt a/M., sowie von der Direktion der Discontogesellschaft in Berlin vermittelt.

München, den 13. Mai 1872.

Königl. Bayer. Staatsschuldentilgungs-Commission.

(gez.) Freiherr von Lobkowitz.

(gez.) Weichlein.

In Auftrag und Verlag des bischöflichen Ordinariates.
Druck der C. J. Becker'schen Buchdruckerei.

Würzburger Diöcesan-Blatt.

№ 23.

| 7. Juni | Achtzehnter Jahrgang. | 1872. |

E. X. 2946.

**Feier des Jahrtages der Erwählung
Pius IX. betr.**

Am 17. Juni l. J. vollendet sich das sechsundzwanzigste Jahr des Pontificats des heiligsten Vaters Pius IX. Diese ungewöhnlich lange Regierung eines so ausgezeichneten Papstes in einer so schweren Zeit ist eine ganz besondere Gnadenbezeugung des Herrn gegen seine Kirche, für welche wir nicht genug danken können. Deßhalb haben unser hochwürdigster Herr Bischof Johannes Valentin angeordnet, daß am vorhergehenden Sonntage (16. Juni) in allen Pfarreien und Filialen mit selbstständigem Gottesdienste in dieser Intention ein Hochamt coram exposito Sanctissimo (missa de SS. Trinitate cum collectis in gratiarum actione) mit feierlichem Te Deum abgehalten, und in der Predigt die Gläubigen zum Danke gegen Gott und zum inbrünstigen Gebete um noch lange Erhaltung unseres heiligsten Vaters Pius IX. angeeifert werden.

D. Würzburg, 31. Mai 1872.

Bischöfliches Ordinariat.

Dr. Himmelstein, Vic. Gen.

Hohn, Act.

Paramenten-Verein.

In der Quartal-Sitzung des Vereins v. 28. Mai l. J. wurden folgende Paramente vertheilt:

1) Nach Ranschbach (Rhn.-Pfalz) 1 Chorrock mit Kragen.
2) Nach Aufstetten 2 Ministrantentalare gegen theilweise Vergütung.
3) Nach Hofstetten eine Kirchenfahne gegen theilweise Vergütung.
4) Den Franziskanerinnen in Veitshöchheim ein Meßgewand.
5) Nach Untererthal eine Albe.
6) Nach Mehle (Prov. Hanover) 2 Ministrantentalare und ein Communiontuch.
7) Nach Reps (Oesterreich) 1 Festmeßgewand.
8) Nach Leutershausen 2 Standarten und ein Meßgewand.
9) Nach Rengershausen 1 Albe, 6 Purificatorien, 3 Corporalien, 3 Pallen, 1 Humerale u. 1 Cingulum.
10) Nach Ranis (Bez. Erfurt) 1 Meßgewand.
11) Nach Gädheim eine Fahne gegen theilweise Vergütung.
12) Nach Mörlen (Prov. Nassau) eine Fahne u. ein Velum.
13) Nach Meiningen eine Albe mit Humerale u. Cingulum, 6 Lavabotüchlein.

Der Ausschuß des Paramentenvereins.

Maria Bollé.

Amtliche Diöcesan-Nachrichten.

Seine Bischöfliche Gnaden haben unterm 24. v. M. beschlossen, die Pfarrei Hesselbach, Dec. Stadtlauringen, dem Herrn Pfarrer Michael Joseph Greis in Oberelsbach, — die Pfarrei Wernfeld, Dec. Gemünden, dem Herrn Pfarrer Johann Borst in Weisbach, — die Pfarrei Happertshausen, Dec. Stadtlauringen, dem Herrn Pfarrer Michael Then in Goßmannsdorf, — die Pfarrei Elsenfeld, Dec. Aschaffenburg, dem Herrn Pfarrer Johann Herberich in Stangenroth, — sodann unterm 27. v. M., die Pfarrei Gerolzhofen gleichnamigen Decanats, dem Herrn Pfarrer Johann B. Bauer in Forst zu verleihen.

Die Präsentation des Herrn Pfarrers Martin Debon zu Hepptiel für die Pfarrei Kirchzell, Dec. Miltenberg, Seitens der fürstlich Leiningen'schen Standesherrschaft, — sodann die Präsentation des Herrn Caplans Tobias Reichold in Ochsenfurt für das S. Wolfgang-Beneficium dortselbst Seitens des Stadtmagistrats Ochsenfurt erhielt unterm 27. v. M. die canonische Bestätigung.

Unterm 17. v. M. wurde Herr Caplan Carl Müller in Arnstein mit Verwaltung der dortigen Pfarrei, — unterm 24. v. M. Herr Cooperator Georg Hubert Hospes in Schollbrunn mit Verwaltung der Pfarrei Unterleinach, — unterm 27. v. M. Herr Pfarrvicar Liborius Huhn in Volzhausen mit Verwaltung der Pfarrei Stralsbach, betraut.

Dem Herrn Pfarrvicar Franz Conrad in Rodenbach wurde unterm 27. v. M. der Rücktritt auf seine frühere Stelle als Caplan in Neustadt a./M. verstattet.

Seine Bischöfliche Gnaden haben am Dreifaltigkeitssonntage d. 26. v. M. im hohen Dom dahier den Firmlingen der Stadt Würzburg das heil. Sacrament der Firmung gespendet.

In Nr. 89 des Kreisamtsblattes ist die Pfarrei Arnstein, gleichnamigen Decanates, mit 1556 fl. 9 $^3/_{20}$ kr. Reinertrag unter Festsetzung vierwöchentlicher Bewerbungsfrist ausgeschrieben.

Desgleichen in Nr. 94 das Beneficium Corporis Christi zu Röttingen mit 591 fl. 8$^1/_4$ kr.

Durch Entschließung v. 27. v. M. wurde Herr Pfarrvicar Philipp Reiter in Mönchberg als Caplan an die Pfarrei ad B. Mar. Virg. in Aschaffenburg angewiesen, — und gleichzeitig Herr Pfarrvicar Friedrich Lochner in Fuchsstadt vom Antritte dieser Caplansstelle (Diöc. Bl. Nr. 17.) entbunden.

Mittelst Decretes v. 31. v. M. wurde die Localcaplanei Zimmern dem Herrn Beneficiumsverweser Joseph Niedmann in Ebern übertragen, — und unterm 2. l. M. Herr Caplan Philipp Schüßler in Wipfeld mit Verwaltung der dortigen Pfarrei betraut.

Die Wahl des Herrn Pfarrers Christian Röber zu Obereuerheim zum Definitor des Capitels Gerolzhofen wurde am 31. v. M., — jene des Herrn Pfarrers Joseph Schuler in Randersacker zum Procurator des Capitels Kitzingen am 3. l. M. oberhirtlich bestätigt.

In Ausübung des landesherrlichen Patronates wurde die Pfarrei Roßbrunn, Dec Lengfurt, dem Herrn Pfarrer Caspar Roth in Sailauf übertragen.

Notiz.

Es wird hierdurch unter Hinweis auf oberhirtliches Decret v. 11. April 1870 (Diöc.-Bl. Nr. 15 Jahrg. 1870) zur Kenntniß gebracht, daß von dem Comité zum Schutze der Auswanderer die Einrichtung getroffen worden ist, jedem zuverlässigen katholischen Auswanderer eine **Empfehlungskarte** an die von dem deutschen römisch-katholischen Centralverein in Nordamerika angestellten Vertrauens= männer in **New-York & Baltimore** mitzugeben, und können diese Em= pfehlungskarten am b. Ordinariate erholt werden.

Die Auswanderer haben sich nur an die betreffenden Herren Pfarrer zu wenden, und die beabsichtigte Route über die eine oder andere Stadt anzugeben.

Angesichts der gewaltigen Zunahme der Auswanderung in diesem Jahre und der drohenden Verlegenheiten für die mit den amerikanischen Verhältnissen unbekannten Auswanderer wird es dringend empfohlen, nicht abzureisen, ohne sich mit einer Empfehlungskarte an die uneigennützigen zuverlässigen katholischen Vertrauensmänner in New-York oder Baltimore zu versehen.

Beiträge zum bischöflichen Knabenseminar in Würzburg.

Mai 1872.

401. Kitzingen	25 fl.	— kr.	413. Röllbach	33 fl.	45 kr.
402. Königshofen	5 „	50 „	414. Kirchschönbach	2 „	24 „
403. Bundorf	10 „	— „	415. Stadtschwarzach	2 „	54 „
404. Althausen	5 „	— „	416. Arnstein	4 „	20 „
405. Untereßfeld m. Fil.	7 „	58 „	417. Altbessingen	11 „	40 „
406. Keilberg	5 „	45 „	418. Prebersdorf	21 „	— „
407. Lohr	4 „	— „	419. Wülflesheim	4 „	— „
408. Rothenbuch	3 „	43 „	420. Retzbach	8 „	— „
409. Schmerlenbach	4 „	18 „	421. Karlstadt	8 „	23 „
410. Wiesthal	5 „	— „	422. Alzenau	16 „	45 „
411. Großenbach	3 „	15 „	423. Goldbach	10 „	12 „
412. Mechenhart	4 „	30 „	424. Hösbach	14 „	12 „

(Schluß folgt.)

In Auftrag und Verlag des bischöflichen Ordinariates.
Druck der C. J. Becker'schen Buchdruckerei.

Würzburger Diöcesan-Blatt.

№ 24.

| 14. Juni | Achtzehnter Jahrgang. | 1872. |

E. N. 3057.

> Vornahme einer Kirchencollecte für die
> innere Einrichtung der Kirche in Kist b.

Nachdem die Kgl. Regierung genehmigt hat, daß zur Beschaffung der inneren Einrichtung für die Kirche in Kist, Decanats Heidingsfeld, in sämmtlichen zur Diöcese Würzburg gehörigen Kirchen eine Sammlung veranstaltet werde, so ergeht an die b. Pfarreien hiemit der Auftrag, diese Collecte von der Kanzel zu verkündigen, alsdann sie vornehmen zu lassen und die eingegangenen Beträge an die einschlägigen Administrativbehörden unter Beigabe eines Verzeichnisses über die angefallenen Gaben einzusenden.

D. Würzburg, 8. Juni 1872.

Bischöfliches Ordinariat.

Dr. Himmelstein, Vic. Gen.

Hohn, Act.

E. N. 3058.

Im Nachgange zum oberhirtlichen Ausschreiben rubr. Betr. dd.
31. Mai 1872 (Nr. 23 des Diöc.-Bl.) wird der hochwürdige Seel-
sorgerclerus anburch veranlaßt, bei Abhaltung der angeordneten
Feier die Gläubigen zur Spendung eines reichlicheren Peterspfennigs
zu ermuntern und sind die anfallenden Gaben sogleich an die unterfertigte Stelle einzusenden. Wenn auch die bisherige Opferwilligkeit
der Diöcesanangehörigen gebührend anerkannt wird, so erscheint eine
Ermunterung zu ferneren Spenden in vorliegendem Anlasse dennoch
begründet.

D. Würzburg, den 12. Juni 1872.

Bischöfliches Ordinariat.

Dr. Himmelstein, Vic. Gen.

Hohn, Act.

E. N. 3059.

Unterstützung aus der Bülz-Bitter'schen
Stiftung betr.

Für die armen Schulkinder der ehemals reichsritterschaftlichen
Unterthanen aus den untengenannten Ortschaften sind die beigesetzten
Unterstützungen an Büchern und Geld aus der Bülz-Bitter'schen
Stiftung pro 1871 bewilligt und werden die betreffenden Pfarrämter
angewiesen, die bezeichneten Bücher und Geldbeträge gegen eine mit
dem Pfarrsiegel versehene Quittung bei der Verwaltung genannter
Stiftung (Herrn Domkapitular Kraus, Martinsgasse II. Dist. Nr.
5.) abholen zu lassen.

1. Donnersdorf für Dampfach, 12 Katech., 12 Gesang-
   bücher u. 8 fl.,
2. Euerbach, 4 Katech., 4 bibl. Gesch. N. T., u. 7 fl.,
3. Gaibach 8 Katech., 14. Gesangb., u. 8 fl.,
4. Gemeinfeld für Ditterswind u. Gresselgrund, 6 fl.,

5. Gereuth 8 fl.,

6. Jefferndorf 18 Katech., 18 bibl. Gesch. A., u. 18 N. T., u. 12 Gesangb.

7. Lauter 12 bibl. Gesch. A., u. 12 N. T., u. 5 fl.,

8. Leuzendorf 8 fl.,

9. Leubach, Pfr. Flabungen, 8 Katech. u. 9 fl.

10. Mainsondheim, 9 fl.

11. Obereuerheim, 2 bibl. Gesch. A., 2 N. T., 3 Gesangb. u. 6. fl.,

12. Untereuerheim 2 Katech. u. 5 fl.,

13. Oberschleichach für Fatschenbrunn, Hummelmarter, 10 fl.,

14. Pfarrweisach für Pfaffendorf u. Marbach 10 fl.,

15. Poppenlauer, 18 fl.,

16. Rödelsee, 15 fl.,

17. Schwarzenau, 10 fl.,

18. Steinsfeld, 18 fl.,

19. Thulba für Hetzlos, 5 Katech., 5 bibl. Gesch. A., 5 N. T., 3 Gesangb. u. 5 fl.,

20. Unterhohenried für Sylbach, 1 Katech., 1 bibl. Gesch. A., 1 N. T., 2 Gesangb. u. 7 fl.,

21. Untererthal, 3 Katech., 4 bibl. Gesch. A. T., 8 Gesangb. u. 5 fl.,

22. Wartmannsroth für Dittlofsroda und Waizenbach, 6 Katech., 6 bibl. Gesch. A., 6 N. T., 6 Gesangb. u. 3 fl.,

23. Wartmannsroth für Heckmühl, 10 Katech., 10 bibl. Gesch. A., 10 N. T., 10 Gesangb., u. 3 fl.,

24. Wartmannsroth für Völkersleier, 10 Katech., 10 bibl. Gesch. A., 10 N. T., 10 Gesangb. u. 3 fl.,

25. Westheim, 6 Katech., 8 bibl. Gesch. A., 8 N. T., 6 Gesangb. u. 11 fl.,

26. Wonfurt, 8 Katech., 10 bibl. Gesch. A., 10 N. T., u. 14 fl.,

27. Heßlar, 9 fl.,

28. Giebelstadt, 10 Katech., 10 bibl. Gesch. A., 10 N. T.,

29. Rannungen, 4 Katech., 4 bibl. Gesch. A., 4 N. T.,
4 Gesangb. u. 5 fl.,

30. Pfändhausen, 3 Katech., 3 bibl. Gesch. A., 3 N. T.,
u. 5 fl.,

31. Aidhausen, 7 fl.,

32. Thundorf für Maßbach u. Vollershausen, 8 Katech. u.
5 fl.

D. Würzburg, 8. Juni 1872.

Bischöfliches Ordinariat.

Dr. Himmelstein, Vic. Gen.

Hohn, Act.

Amtliche Diöcesan-Nachrichten.

Unterm 31. v. M. wurde Herr Caplan Franz Kuhn in Keilberg wegen Erkrankung seiner Stelle enthoben und beurlaubt.

Die Wahl des Herrn Pfarrers Michael Spiegel in Wolfsmünster zum Procurator des Capitels Gemünden erhielt unterm 10. l. M. die oberhirtliche Genehmigung.

In Ausübung des landesherrlichen Patronates wurde die Pfarrei Altenmünster, Dec. Stadtlauringen, dem Herrn Beneficiums-Verweser Valentin Kiliani an der Mariencapelle dahier verliehen.

In Nr. 97 des Kreisamtsblattes ist die Pfarrei Sailauf, Dec. Lohr, mit 850 fl. 54 kr. Reinertrag unter Festsetzung vierwöchentlichen Bewerbungstermines ausgeschrieben.

Instituirt wurde am 12. l. M. Herr Pfarrer Adam Schott von Stralsbach für die Pfarrei Bolzhausen.

Im Auftrag und Verlag des bischöflichen Ordinariates.
Druck der C. J. Becker'schen Buchdruckerei.

Würzburger Diöcesan-Blatt.

№ 25.

21. Juni	Achtzehnter Jahrgang.	1872.

Amtliche Diöcesan-Nachrichten.

Durch Entschließung v. 18. l. M. wurde Herr Caplan Bonifaz Hofmann in Ettleben mit Verwaltung genannter Pfarrei betraut.

Instituirt wurde am 19. l. M. Herr Pfarrer Martin Debon in Heppdiel für die Pfarrei Kirchzell.

Obiit ex ven. Confr. S. Chil.
die 14. Junii 1872
Rev. Dom. Henricus Bopp ex Laufach,
Parochus in Ettleben, Capituli Geldersheim,
natus d. 30. Nov. 1791, Presb. initiatus d. 20. Sept. 1817.
Pro cujus anima a singulis D. D. Confratribus
Ss. Missae sacrificium ex pacto
curandum est.

Peterspfennige.

Aschaffenburg. Pfarrei ad. B. M. V.	25 fl. — kr.	Althausen	1 fl. 30 kr.
Kitzingen	9 „ 30 „	Bundorf	6 „ 3 „
Steinbach	1 „ 31 „	Obereßfeld	3 „ 27½ „
Massenbuch	6 „ 10 „	Eltingshausen	4 „ — „
Karsbach	5 „ 5 „	Schwarzenau	4 „ — „
Wiesenfeld	6 „ 14 „	Stadtschwarzach	39 „ 4 „
		Limbach	2 „ — „

Lohr	20 fl. 44 kr.	Birnfeld	1 fl. 26 kr.
Oberbessenbach	1 „ — „	Happertshausen	17 „ 12 „
Rechtenbach	1 „ 58 „	Kerbfeld	5 „ 31 „
Rothenbuch	1 „ 12 „	Hofheim	22 „ 36 „
Schmerlenbach	4 „ — „	Forst	2 „ 9 „
Wiesthal	1 „ — „	Haßfurt	50 „ 7 „
Brebersdorf	19 „ — „	Preppach	6 „ 30 „
Altbessingen	4 „ — „	Steinsfeld	16 „ — „
Zellingen	6 „ 36 „	Unterhohenried	5 „ 30 „
Retzbach	8 „ 18 „	Waldsachsen	9 „ 30 „
Retzstadt	12 „ — „	Trappstadt	4 „ 17 „
Karlstadt	17 „ 33 „	Arnshausen	5 „ — „
Alzenau	15 „ 33 „	Aschach	3 „ 30 „
Hösbach	1 „ 12 „	Premich	2 „ — „
Aufstetten	5 „ 48 „	Stangenroth	1 „ 54 „
Balbersheim	8 „ — „	Kleinheubach	2 „ 51 „
Oesfeld	4 „ 30 „	Rüdenau	2 „ 30 „
Tauberrettersheim	6 „ 6 „	Dingolshausen	10 „ — „
Kissingen	21 „ 18 „	Burgsinn	1 „ 40 „
Oberleichtersbach	3 „ — „	Rineck	12 „ 15 „
Aschaffenburg, durch H. geistl. Rath und Stadtpfarrer Schmitt bei S. Agatha	100 „ — „	Mömbris	15 „ — „
		Höchberg	6 „ — „
		Kürnach und Mühlhausen	8 „ 48 „
		Büttharb	34 „ 20 „
Aibhausen	22 „ 6 „	Woltshausen	15 „ — „
Altenmünster	12 „ — „	Euerfeld	7 „ 15 „

Summa: 679 fl. 19½ kr.

Würzburg, den 1. Juni 1872.

Kluepies, Dompräbendat.

Beiträge zum bischöflichen Knabenseminar in Würzburg.

Mai 1872.

(Schluß.)

425. Thüngersheim	12 fl. 50 kr.	429. Steinsfeld	14 fl. — kr.
426. Gäbheim	8 „ 6 „	430. Unterhohenried	12 „ — „
427. Haßfurt	45 „ 58 „	431. Waldsachsen	7 „ 24 „
428. Preppach	9 „ — „	432. Westheim	7 „ — „

433. Fil. Heinert	10 fl. 12 kr.	448. Baldersheim	17 fl. — kr.
434. Grafenrheinfeld	25 „ 26 „	449. Tauberrettersheim	8 „ — „
435. Aidhausen	18 „ 36 „	450. Karlstadt von einer	
436. Altenmünster	11 „ 30 „	ungenannten Dame	
437. Birnfeld	6 „ 38 „	durch Buchhändler	
438. Happertshausen	9 „ 31 „	L. Wörl	25 „ — „
439. Hausen	16 „ — „	451. Grafenrheinfeld, Kst.	12 „ 30 „
440. Uechtelhausen	11 „ — „	452. „ „ Englst.	12 „ 30 „
441. Marktsteinach	7 „ — „	453. Kleinheubach	1 „ 49½ „
442. Albertshausen	2 „ 4 „	454. Rübenau	2 „ — „
443. Aschach	3 „ — „	455. Dingolshausen	20 „ — „
444. Ramsthal	20 „ — „	456. Euerbach	12 „ — „
445. Stangenroth	12 „ 36 „	457. Waigolshausen	20 „ — „
446. Waldfenster	8 „ — „	458. Höchberg, Ewiglicht-	
447. Arnshausen	4 „ 20 „	und Meßstiftung.	20 „ — „

Summa: 654 fl. 54½ kr.

Uebertrag: 6,829 fl. 25¼ kr.

Summa: 7,484 fl. 19¾ kr.

Würzburg, den 31. Mai 1872.

Dr. Reininger, Domcapitular.

Zur Beachtung!

Vor längerer Zeit wurde Seitens der Pfarrei Strahlungen ein Meßkelch anher übergeben, und derselbe nach vollzogener Consecration irrthümlicher Weise einer andern Pfarrei zugesendet, welche leider nicht benannt werden kann. Letztere wird auf diesem Wege veranlaßt, den fraglichen Kelch der Pfarrei Strahlungen zurückzugeben und dem bischöfl. Ordinariate über den Vollzug Bericht zu erstatten.

Ingleichem steht seit längerer Zeit in der b. Ordinariats-Canzlei ein anderer neu vergoldeter und consecrirter Meßkelch zur Disposition, für welchen trotz des bisherigen Zuwartens der Eigenthümer sich nicht gemeldet hat. Da zur Ermittlung des Letzteren die nöthigen Anhaltspunkte fehlen, so ergeht hiemit Aufforderung, gegen Nachweis der Eigenthumsberechtigung solchen abholen zu lassen.

Kirchenstiftungen.

(Abbruck aus dem Kreisamtsblatte Nr. 91
Jahrgang 1872.)

Im Namen Seiner Majestät des Königs.

Gesuche um Unterstützung aus Rentenüberschüssen vermöglicher Cultusstiftungen der Diöcese Würzburg pro
1871 betr.

Die unterfertigte königliche Stelle hat im Vollzuge der §§ 48 und 49 der
11. Verfassungsbeilage und in Gemäßheit der höchsten Normativ-Entschließung
hiezu vom 24. April 1857 Nr. 2401 (K.-A.-B. 1857 S. 673) nach gepflogenen
Erhebungen und nach Einvernahme des bischöflichen Ordinariats Würzburg die
in nachstehendem Verzeichnisse I aufgeführten Cultusstiftungen mit 25% ihrer
etatsmäßigen Rentenüberschüsse zur Concurrenzleistung pro 1871 angezogen und
hieraus die in anhängendem Verzeichnisse II speziell bezeichneten Unterstützungen
bewilligt.

Die betreffenden Distrikts-Verwaltungsbehörden haben die zu ihrem Amts-
bezirke gehörigen Kirchen- und Gemeindeverwaltungen von dem Resultate der
Concurrenz-Repartition geeignet in Kenntniß zu setzen und bezw. dieselben
unter Hinweisung auf die §§ 15 und 18 obenallegirter Normativ-Entschließung
zur sofortigen Uebersendung der im Verzeichnisse II ausgesetzten Concurrenz-
Quoten an die hierin genannten Bezugsberechtigten anzuhalten und die Verwend-
ung und Verrechnung der bewilligten Unterstützungsbeträge nach § 26 wiederholt erwähnter Normativ-Entschließung zu überwachen.

Würzburg, 23. Mai 1872.

Königliche Regierung von Unterfranken und Aschaffenburg, Kammer des Innern.

(gez.) Graf von Luxburg.

(gez.) Kohlmüller.

In Auftrag und Verlag des bischöflichen Ordinariates.
Druck der C. J. Becker'schen Buchdruckerei.

Würzburger Diöcesan-Blatt.

№ 26.

28. Juni   Achtzehnter Jahrgang.   1872.

E. N. 3232.

Bekanntmachung.

Die Aufnahmsprüfung für das bisch.
Clerical-Seminar pro 1872 betr.

Die Aufnahmsprüfung in das bischöfliche Clericalseminar dahier
wird am Montag, den 5. August 1872, Morgens 8 Uhr und den
folgenden Tagen in dem Seminariumslocale abgehalten, und werden
nebst den Candidaten der Theologie auch jene der Philosophie, welche
wenigstens ein Jahr dem Studium der allgemeinen Wissenschaften
gewidmet haben, zur Bewerbung zugelassen. Diese Zulassung ist
durch nachfolgende an die bischöfliche Seminariums-Regentie wenigstens
14 Tage vor obigem Termin einzureichende Vorlagen bedingt:

1) Ein in lateinischer Sprache abgefasstes Bittgesuch mit Angabe der Vermögens- und Familienverhältnisse, der Wohnung, der frequentirten Vorlesungen aus dem Gebiete der
   philosophischen und theologischen Wissenschaften, des Besuches des Gottesdienstes in der Seminariums- oder der Pfarrkirche, der Nebenbeschäftigungen des Bittstellers, z. B. Ertheilung von Privat-Unterricht u. dgl.
2) Tauf- und Firmungszeugniß.
3) Vorschriftsmäßig ausgefertigtes Vermögenszeugniß.
4) Sittenzeugniß von dem Pfarramte, in dessen Bezirke der
   Candidat zuletzt wohnte.

5) Sittenzeugniß von Seite des k. Universitäts-, resp. Lyceal-Rectorats.

6) Gerichtsärztliches Gesundheitszeugniß.

7) Gymnasial-Absolutorium.

8) Frequenz- und Fortgangszeugnisse über die von den Candidaten der Theologie besuchten Vorlesungen.

9) Zeugnisse über den Besuch der aus den allgemeinen Wissenschaften vorgeschriebenen Hauptfächer.

D. Würzburg, den 21. Juni 1872.

Bischöfliches Ordinariat.

Dr. Himmelstein, Vic. Gen.

Hohn, Act.

E. N. 3233.

Wiederbesetzung der Pfarrei Goßmannsdorf betr.

Durch Beförderung des bisherigen Pfründebesitzers ist die Pfarrei Goßmannsdorf, Decanates Stadtlauringen, in Erledigung gekommen.

Bewerbungsgesuche um dieselbe sind an Seine Bischöfliche Gnaden als Collator zu stylisiren und binnen 4 Wochen anher vorzulegen.

D. Würzburg, 21. Juni 1872.

Bischöfliches Ordinariat.

Dr. Himmelstein, Vic. Gen.

Hohn, Act.

E. N. 3234.

Wiederbesetzung der Pfarrei Stangenroth betr.

Durch Beförderung des bisherigen Pfründebesitzers ist die Pfarrei Stangenroth, Decanats Kissingen, in Erledigung gekommen.

Bewerbungsgesuche um dieselbe sind an Seine Bischöfliche Gnaden als deren Collator zu richten und binnen 4 Wochen anher einzureichen.

D. Würzburg, 21. Juni 1872.

Bischöfliches Ordinariat.

Dr. Himmelstein, Vic. Gen.

Hohn, Act.

E. N. 3205.

Wiederbesetzung der Pfarrei Weisbach betr.

Durch Beförderung des seitherigen Pfründebesitzers ist die Pfarrei Weisbach, Decanats Bischofsheim, in Erledigung gekommen.

Bewerbungsgesuche um dieselbe sind an Seine Bischöfliche Gnaden als deren Collator zu richten und binnen 4 Wochen anher einzureichen.

D. Würzburg, 21. Juni 1872.

Bischöfliches Ordinariat.

Dr. Himmelstein, Vic. Gen.

Hohn, Act.

Amtliche Diöcesan-Nachrichten.

Seine Bischöfliche Gnaden haben unterm 21. l. M. die Pfarrei Stralsbach, Dec. Kissingen, dem Herrn Localcaplan Johann B. Haßloch in Giebelstadt, — und unterm 22. l. M. die Pfarrei Birnfeld, Dec. Stadtlauringen, dem Herrn Pfarrvicar Georg Schwinger in Hesselbach zu verleihen beschlossen.

In Ausübung des landesherrlichen Patronates wurde die Pfarrei Röllbach, Dec. Klingenberg, dem Herrn Pfarrer Peter Joseph Knapp in Wennigumstadt übertragen.

Die Wahl des Herrn Pfarrers Gotthard Schäfer in Kolißheim zum Dechant des Capitels Volkach erhielt unterm 21. l. M. die oberhirtliche Bestätigung.

Die Verwaltung der Pfarrei Heppdiel wurde durch Entschließung v. 21. l. M. dem Herrn Caplan Pius Wiesner dortselbst übertragen, — und gleichzeitig dem Herrn Pfarrvicar Julian Goldbach in Kirchzell der Rücktritt auf die Caplaneistelle dortselbst gestattet.

Instituirt wurde am 26. l. M. Herr Pfarrvicar Michael Fuchs in Margetshöchheim für die Pfarrei dortselbst.

Seine Bischöfliche Gnaden haben am Sonntage d. 16. l. M. zur Feier des 26. Jahrestages der Thronbesteigung Seiner Päpstl. Heiligkeit in der Domkirche ein feierliches Pontifikalamt abgehalten.

Die Errichtung einer eigenen Local-Caplanei für Hausen und Kleinbrach am erstgenannten Orte (Pf. Kissingen) wurde genehmigt.

In Nr. 105 des Kreisamtsblattes ist die Parrei Ettleben, Dec. Gelbersheim, mit 2036 fl. 57³/₂₀ kr. Reinertrag unter Festsetzung vierwöchentlichen Bewerbungstermins ausgeschrieben.

Die zur Erbauung einer kathol. Kirche mit Pfarrhaus in Karlsberg veranstaltete Kirchencollecte ertrug in diesseitiger Diöcese 567 fl. 28¹/₂ kr.

In Auftrag und Verlag des bischöflichen Ordinariates.
Druck der C. J. Becker'schen Buchdruckerei.

Würzburger Diöcesan-Blatt.

№ 27.

6. Juli   Achtzehnter Jahrgang.   1872.

E. N. 3435.

An den hochwürdigen Clerus der Stadt Würzburg.

> Das Anniversarium für den hochseligen
> Bischof Georg Anton betr.

Seine Bischöfliche Gnaden werden am Samstag d. 13. l. M. in der Domkirche den Jahrestag des Ablebens des hochseligen Bischofs Georg Anton v. Stahl mit Abhaltung eines Pontifikal-Traueramtes begehen, wozu der hochwürdige Clerus hiesiger Stadt eingeladen wird. Diese Trauerfeierlichkeit beginnt um ¹⁄₂9 Uhr mit Absingung der Laudes.

D. Würzburg, den 5. Juli 1872.

Bischöfliches Ordinariat.

Dr. Himmelstein, Vic. Gen.

Hohn, Act.

Amtliche Diöcesan-Nachrichten.

Durch Entschließung v. 25. v. M. wurde der vormalige Herr Pfarrvicar Friedrich Lochner von Fuchsstadt als Caplan nach Forst, — Herr Caplan Wilhelm Fritz in Forst als Cooperator nach Mürsbach angewiesen.

Herr Caplan Franz Adam Göpfert in Kißingen wurde wegen Erkrankung seiner Stelle enthoben und beurlaubt.

Die Wahl des Herrn Pfarrers Joseph Firmbach in Schwebenried zum Decan des Capitels Arnstein wurde unterm 28. v. M. genehmigt.

In Ausübung des landesherrlichen Patronates wurde die Pfarrei Kirchschönbach, Decanats Stadtschwarzach, dem Herrn Localcaplan Andreas Becker in Vaßbühl verliehen.

Instituirt wurde am 3. l. M. Herr Pfarrer Johann B. Bauer von Forst für die Pfarrei Gerolzhofen, — und Herr Pfarrer Johann Herberich von Stangenroth für die Pfarrei Elsenfeld.

In Nr. 106 des Kreisamtsblattes ist die Pfarrei Forst, Dec. Haßfurt, mit 732 fl. 41³/₃ kr., — in Nr. 108 die Pfarrei Wenigumstadt, Dec. Aschaffenburg, mit 611 fl. 49¹/₂ kr. unter Festsetzung vierwöchentlichen Termins zur Bewerbung ausgeschrieben.

Seine Bischöfliche Gnaden haben am 29. v. M., dem Feste der h. h. Apostel Peter und Paul, ein feierliches Pontifikalamt in der Pfarrkirche zu St. Peter dahier celebrirt.

(Fortsetzung z. S. 110.)

Kirchenstiftungen.

I.

Verzeichniß

der Concurrenzbeiträge aus Rentenüberschüssen der nicht besonders befreiten katholischen Cultus-Stiftungen der Diöcese Würzburg pro 1871.

Nr. curr.	Verwaltungsbezirk.	Bezeichnung der concurrenzpflichtigen Kultusstiftungen.	Renten-Ueberschuß		Concurrenzquote nach 25%.	
			fl.	kr.	fl.	kr.
	a. Stadtmagistrate:					
1	Aschaffenburg	St. Agatha, Kirchenstiftung	184	—	46	—
2	„	Förg'sches, Benefizium	187	—	46	45

Nr. curr.	Verwaltungsbezirk	Bezeichnung der concurrenzpflichtigen Kultusstiftungen.	Renten-Ueberschuß fl.	kr.	Concurrenzquote nach 25% fl.	kr.
	b. Bezirksämter:					
3	Alzenau	Kahl, Kirchenstiftung	64	—	16	—
4	Aschaffenburg	Großostheim, Pfarrkirchenstiftung	115	—	28	45
5	"	" Wendelinkapellenst.	51	—	12	45
6	Ebern	Gereuth, Huseman'sche Stiftung	95	—	13	3
7	Gemünden	Harrbach, Filialkirchenstiftung	75	—	18	45
8	Karlstadt	Arnstein, Kirchenstiftung	86	—	21	30
9	"	Duttenbrunn,	73	—	18	15
10	"	Fährbrück, Wallfahrtskirchenstift.	102	—	25	30
11	"	Rohrbach, Pfarrkirchenstiftung	539	—	134	45
12	"	" Kapellenstiftung	81	—	20	15
13	"	Schwebenried, Pfarrkirchenstift.	53	—	13	15
14	Kissingen	Aschach, Kirchenstiftung	76	—	19	—
15	Kitzingen	Großlangheim, Kirch.- u. Kapellst.	365	—	91	15
16	"	Hoheim, Kirchenstiftung	66	—	16	30
17	Königshofen	Wettringen, "	271	—	67	45
18	Lohr	Ansbach, "	64	—	16	—
19	"	Hafenlohr, "	55	—	13	45
20	"	Langenprozelten, "	56	—	14	—
21	"	Waldzell, "	72	—	18	—
22	"	Urspringen, "	101	—	25	15
23	"	Zimmern, "	197	—	49	15
24	Mellrichstadt	Hendungen, "	98	—	24	30
25	Miltenberg	Miltenberg, Kapellenstift	214	—	53	30
26	"	Schippach, Kapellenstiftung	58	—	14	30
27	Neustadt a S.	Niederlauer, Kirchenstiftung	51	—	12	45
28	Ochsenfurt	Bütthard, "	70	—	17	30
29	Schweinfurt	Grafenrheinfeld, Engelamtsstift.	247	—	61	45
30	"	Röthlein, Kirchenstiftung	920	—	230	—
31	"	Waldsachsen, "	106	—	26	30
32	"	Mainberg, Kaplaneistiftung	77	—	19	15
		Summa:	4869	—	1206	33

Würzburg den, 23. Mai 1872.

Königliche Regierung von Unterfranken und Aschaffenburg,
Kammer des Innern.

(gez.) Graf von Luxburg.

(gez.) Kohlmüller.

Verzeich

der bewilligten Unterstützungen aus Rentenüberschüssen katholischer

Nr. curr.	Bezirksamt.	Bezeichnung der unterstützten Gemeinde oder Stiftung.	Zweck.	Betrag der bewilligten Unterstützung.	
				fl.	kr.
1	Aschaffen-burg	Wiesthal, Kirchen-stiftung	Zu den Kosten der Baureparaturen am Kirchthurme	50	—
2	"	Waldaschaff, Kir-chengemeinde	Zur Erbauung einer Kirche	75	—
3	"	Krommenthal, Ge-meinde	Zur Annuitätenzahlung des zur Erbauung eines neuen Schulbethauses aufgenommen Passiv-Capitals	50	—
4	Brückenau	Brückenau, Kirchen-stiftung	Zur Restaurirung der Pfarrkirche	75	—
5	Ebern	Jessernborf, kath. Kirchenstiftung	Zur Tilgung der Passiva	75	—
6	"	Reckendorf, Kirchenst.	Zur Deckung kirchlicher Mehrausg.	50	—
7	Haßfurt	Fabrikschleichach, G.	Zur Abtragung noch restiger Baukosten des Schul- und Kaplaneihauses	56	33
8	Karlstadt	Münster, Kirchen-stiftung	Zu den Kosten für Baureparaturen an der Kirche	50	—
9	Kissingen	Katzenbach, Kirchen-gemeinde	Zu den Pfarrhausbaukosten in Poppenroth	50	—

niß II

Cultusstiftungen in der Diöcese Würzburg pro 1871.

Betrag		Hiezu haben zu concurriren: Bezeichnung der concurrenzpflichtigen Cultusstiftungen.	Verwaltungsbezirk.	Bemerkungen.
fl.	kr.		Stadtmagistrat:	
46	—	Aschaffenburg, St. Agatha Kirchenstiftung	Aschaffenburg	
4	—	ditto Jörg'sches Benefizium	"	
50	—			
12	45	Aschaffenburg, Jörg'sches Beneficium	Bezirksämter:	
16	—	Kahl, Kirchenstiftung	Alzenau	
16	15	Großostheim, Pfarrkirchenstiftung	Aschaffenburg	
75	—			
12	30	Großostheim, Pfarrkirchenstiftung	"	
12	15	" Wendelin-Kapellenstift.		
18	45	Harrbach, Kirchenstiftung	Gemünden	
6	—	Arnstein, "	Karlstadt	
50	—			
53	30	Miltenberg, Kapellenfond	Miltenberg	
14	30	Schippach, Kapellenstiftung	"	
7	—	Rohrbach, Kirchenstiftung	Karlstadt	
75	—			
13	3	Gereuth, Husemann'sche Stiftung	Ebern	
61	57	Röthlein, Kirchenstiftung	Schweinfurt	
75	—			
50	—	" "	"	
56	33	" "	"	
15	30	Arnstein, Kirchenstiftung	Karlstadt	
18	15	Duttenbrunn, "	"	
16	15	Fährbrück, Wallfahrts-Kirchenstift.	"	
50	—			
19	—	Aschach, Kirchenstiftung	Kissingen	
31	—	Grafenrheinfeld, Engelamtsstiftung	Schweinfurt	
50	—			

Nr. curr.	Bezirksamt.	Bezeichnung der unterstützten Gemeinde oder Stiftung.	Zweck.	Betrag der bewilligten Unterstützung.	
				fl.	kr.
10	Kissingen	Hausen, Kirchengemeinde	Zur Reparatur der Kirchenorgel	100	—
11	Lohr	Sendelbach, Gemeinde	Zur Erbauung einer Kirche	50	—
12	Neustadt a. d. S.	Löhrieth, Gemeinde	Zur Mehrung des Kaplanei-Hausbaufondes	50	—
13	ditto	Sandberg und Waldberg, Gemeinten	Zur Errichtung einer Kaplaneiwohnung in Sandberg	75	—
14	ditto	Langenleiten, Kirchenstiftung	Zur Bestreitung außerordentlicher Ausgaben, hier II. Rate	50	—
15	ditto	Bischofsheim, Kirchengemeinde	Zur Beschaffung einer neuen Kirchenorgel, hier II. Rate	100	—
16	Ochsenfurt	Tückelhausen, Kirchengemeinde	Zur Bestreitung außerordentlicher kirchlicher Ausgaben	75	—
17	„	Eibelstadt, Kirchengemeinde	Zur Abstoßung der Kirchbauschuld, hier I. Rate	100	—
18	Schweinfurt	Hain, Kirchengem.	Zu den Kosten des Kirchenneub.	75	—
			in Summa	1206	33

Würzburg, den 23. Mai 1872.

Königliche Regierung von Unterfranken und

(gez.) Graf von

Hiezu haben zu concurriren:

Betrag		Bezeichnung der concurrenzpflichtigen Cultusstiftungen.	Verwaltungsbezirk.	Bemerkungen.
fl.	kr.			
30	45	Grafenrheinfeld, Engelamtsstiftung	Schweinfurt	
61	30	Rohrbach, Kirchenstiftung	Karlstadt	
7	45	Großlangheim, „	Kitzingen	
100	—			
16	—	Ansbach, „	Lohr	
13	45	Hasenlohr, „	„	
14	—	Langenprozelten, „	„	
6	15	Waldzell, „	„	
50	—			
12	45	Niederlauer, „	Neustadt a./S.	
24	30	Herbungen, „	Mellrichstadt	
12	45	Urspringen, „	Lohr	
50	—			
11	45	Waldzell, „	„	
12	30	Urspringen, „	„	
49	15	Zimmern, „	„	
1	30	Mainberg, Kaplaneistiftung	Schweinfurt	
75	—			
13	—	Waldsachsen, Kirchenstiftung	„	
17	45	Mainberg, Kaplaneistiftung		
19	15	Wettringen, Kirchenstiftung	Königshofen	
50	—			
48	30	Wettringen, „		
9	15	Fährbrück, Wallfahrtskirchenstiftung	Karlstadt	
13	15	Schwebenried, Kirchenstiftung	„	
20	15	Rohrbach, Kapellenstiftung	„	
8	45	Rohrbach, Kirchenstiftung	„	
100	—			
17	30	Bütthard, „	Ochsenfurt	
57	30	Rohrbach, „	Karlstadt	
75	—			
83	30	Großlangheim, „	Kitzingen	
16	30	Hoheim, „	„	
100	—			
61	30	Röthlein, „	Schweinfurt	
13	30	Waldsachsen, „	„	
75	—			

Aschaffenburg, Kammer des Innern.

Luxburg.

(gez.) Kohlmüller.

Kindheit-Jesu-Verein.

Mai 1872.

Decanat **Arnstein**: Altbessingen 7 fl. 40 kr., Breberstorf 3 fl., Arnstein 1 fl. 30 kr., Mübesheim 1 fl. 36 kr., Hausen 4 fl. 33 kr.	18 fl. 33 kr.
„ **Dettelbach**: Kürnach 6 fl. 24 kr.	6 fl. 24 kr.
„ **Gelbersheim**: Ebenhausen 20 fl., Eltingshausen 4 fl.	24 fl. — kr.
„ **Gemünden**: Steinbach 42 kr., Massenbuch 3 fl. 45 kr., Wiesenfeld 4 fl. 45 kr., eingesandt nur baare	8 fl. 51 kr.
„ **Haßfurt**: Zeil 50 fl., Walrsachsen 4 fl. 33 kr., Unterhohenried 7 fl. 35 kr., Steinfeld 5 fl., Haßfurt 76 fl. 5 kr.	143 fl. 13 kr.
„ **Karlstadt**: Zellingen 6 fl. 24 kr., Reßstadt 20 fl., Laubenbach 4 fl., Erlabrunn 5 fl., Retzbach 11 fl., Karlstadt 14 fl. 24 kr., eingesandt baar	60 fl. 36 kr.
„ **Kissingen**: Arnshausen 1 fl. 15 kr., Aschach 2 fl., Stangenroth 1 fl.	4 fl. 15 kr.
„ **Klingenberg**: Großheubach 5 fl. 11 kr., Mechenhart 2 fl. 30 kr.	7 fl. 41 kr.
„ **Königshofen**: Untereßfeld 2 fl. 11 kr., Königshofen 4 fl. 50 kr.	7 fl. 1 kr.
„ **Lengfurt**: Marktheidenfeld 38 fl. 49 kr.	38 fl. 49 kr.
„ **Lohr**: Habichsthal 3 fl., Reilberg 29 fl. 40 kr., Lohr 18 fl., Schmerlenbach 2 fl. 15 kr.	52 fl. 55 kr.
„ **Ochsenfurt**: Gaukönigshofen 25 fl.	25 fl. — kr.
„ **Röttingen**: Deßfeld 3 fl. 30 kr, Tauberrettersheim 3 fl. 22 kr.	6 fl. 52 kr.
„ **Stadtlauringen**: Aibhausen 25 fl. 2 kr., Birnfeld 6 fl. 10 fl., Happertshausen 8 fl. 36 kr. Hofheim 12 fl. 36 kr., Marktsteinach 4 fl.	56 fl. 24 kr.
„ **Stadtschwarzach**: Großlangheim 5 fl. 5 kr., Kirchschönbach 7 fl. 12 kr.	12 fl. 17 kr.
„ **Volkach**: Grafenrheinfeld 19 fl. 42 kr.	19 fl. 42 kr.
Stadt **Würzburg**: Sammlung am Vereinsfeste 26 fl. 23 kr., Familie R. 2 fl. 27 kr., F. Knabeninstitut 2 fl.	30 fl. 50 kr.

Würzburg, den 1. Juli 1872.

Günter, Domprediger.

In Auftrag und Verlag des bischöflichen Ordinariates.
Druck der G. J. Becker'schen Buchdruckerei.

Würzburger Diöcesan-Blatt.

№ 27.

12. Juli   Achtzehnter Jahrgang.   1872.

E. N. 3497.

Bekanntmachung.

Die Aufnahme in das seminarium
puerorum im Herbste 1872 betr.

Das seminarium puerorum, Chilianeum, ist gegründet als „Pflanzschule zur Heranbildung eines frommen, sittenreinen und wissenschaftlich gebildeten Clerus." Die Prüfung zur Aufnahme in dasselbe für das Studienjahr 1872|73 findet Freitag den 9. August früh 9 Uhr im Seminargebäude statt, zu welcher sich alle Bewerber persönlich einzufinden haben. Diejenigen, welche aus dem Privatunterricht oder von einer isolirten Lateinschule kommen, haben sich einer Prüfung über sämmtliche Lehrgegenstände der Klasse, der sie angehören, zu unterziehen. Die Aufnahms-Gesuche, gerichtet an Seine Bischöfliche Gnaden, müssen bis 1. August beim bischöflichen Ordinariate eingereicht sein, versehen mit folgenden Zeugnissen:

1. Tauf- resp. Firmungszeugniß.
2. Aerztliches Zeugniß über Gesundheit und Nichtbestehen eines körperlichen Gebrechens.
3. Ein in legaler Form ausgestelltes Vermögenszeugniß, falls um Gewährung eines ganzen oder theilweisen Freiplatzes nachgesucht wird.
4. Ein Zeugniß des Ortspfarrers.
5. Die Studienzeugnisse der letzten (3) Jahre.
6. Eine verschlossene Censur, wie sie für den Fall des Uebertritts aus einer Anstalt an eine andere verordnet ist.

Wegen Beschränktheit der Mittel können vollständige Freiplätze nur an ganz mittellose Schüler, die wenigstens der IV. Classe der Lateinschule oder einer Gymnasialklasse angehören, verliehen werden. Dagegen wird, um den Bedürfnissen der Diöcese wie den vielfachen Wünschen der Aeltern zu entsprechen, und um die Wohlthat des Seminars möglichst Vielen zuwenden zu können, noch eine größere Anzahl partieller (theilweiser) Freiplätze errichtet, bei welchen je nach den Vermögensverhältnissen ein Theil des Verpflegungsbetrages und zwar für Schüler der II. und III. Lateinschule nicht unter 105 fl. jährlich, für die übrigen höheren Classen nicht unter 70 fl. jährlich zu zahlen ist; die Größe der Summe, welche Bewerber zahlen kann, ist im Gesuche anzugeben.

Zum Anspruch auf einen vollständigen (ganzen) Freiplatz befähigt bei legal nachgewiesener Armuth nebst der I. Sitten= und Fleißesnote ein Platz im I. Dritttheil einer Klasse des Gymnasiums oder des oberen Curses der Lateinschule.

Ein theilweiser Freiplatz kann jenen ertheilt werden, welche in solchen Vermögensverhältnissen sich befinden, daß sie wenigstens einen Theil des Verpflegungsbetrags zu entrichten im Stande und so qualifizirt sind, daß sie neben der I. Sitten= und Fleißesnote einen Platz wenigstens im II. Dritttheil behaupten und mindestens der II. Classe der Lateinschule angehören.

Die Zöglinge, welche gegen Entrichtung der ganzen Pension (210 fl. jährlich) Aufnahme suchen, haben dieselbe Qualifikation, wie die auf partiellen Freiplätzen nachzuweisen.

Da die Zöglinge des Seminars die hiesigen Studienanstalten besuchen, so wird als weitere Bedingung gefordert, daß dieselben sich die Aufnahme in die treffende Classe erwerben.

Der hochwürdige Curatclerus wird ersucht, von gegenwärtigem Ausschreiben den Bewerbern des Pfarrsprengels Nachricht und Verständigung zu geben.

D. Würzburg, den 5. Juli 1872.

Bischöfliches Ordinariat.

Dr. Himmelstein, Vic. Gen.

Hohn, Act.

Amtliche Diöcesan-Nachrichten.

Durch landesherrliche Allerhöchste Entschließung wurde Herr Pfarrer Dr. Anton Scholz in Eisingen zum ordentlichen Professor der Exegese des alten Testamentes und der biblisch-orientalischen Sprachen in der theol. Facultät der Universität Würzburg ernannt — und dem Dompräbendaten Melchior Hohn in Würzburg das erledigte achte Canonicat am b. Domcapitel dortselbst verliehen.

Instituirt wurde am 10. l. M. Herr Pfarrer Johann Borst von Weisbach für die Pfarrei Wernfeld, — und Herr Pfarrer Michael Joseph Greis von Oberelsbach für die Pfarrei Hesselbach.

Am Dienstag d. 9. l. M. wurde in der b. Cathedralkirche der Jahrestag der Consecration Seiner Bischöflichen Gnaden durch Abhaltung eines Hochamtes mit Te Deum feierlich begangen.

Seine Bischöfliche Gnaden haben am Freitag u. Samstag d. 5. u. 6. l. M. in der Seminariumskirche ad. S. Michaelem dahier mehreren Herrn Alumnen des b. Clericalseminars und einigen Ordenscandidaten die niederen Weihen sowie die h. Weihe des Subdiaconates gespendet.

Beiträge zum bischöflichen Knabenseminar in Würzburg.

Juni 1872.

459. Hesselbach	6 fl.	— fr.	468. Fahr	11 fl.	— fr.
460. Untereisenheim	7 „	— „	469. Kürnach	14 „	— „
461. Erlabrunn	5 „	— „	470. Mainsondheim	6 „ 30	„
462. Sternberg	12 „ 45	„	471. Hirschfeld	5 „ 12	„
463. Sonderhofen	6 „	— „	472. Reckendorf	1 „ 45	„
464. Goßmannsdorf	6 „	— „	473. Augsfeld	17 „ 36	„
465. Greßthal	14 „ 15	„	474. Redaction des Sonn-		
466. Rannungen	30 „	— „	tagsblattes	125 „ 18	„
467. Unterpleichfeld	40 „ 27	„			

Summa: 308 fl. 48 fr.

Uebertrag: 7,484 fl. 19³/₄ fr.

Summa: 7,793 fl. 7³/₄ fr.

Würzburg, den 30. Juni 1872.

Dr. Reininger, Domcapitular.

Peterspfennige.

~~~~~

Juni 1872.

Unterpleichfeld	40 fl 27 kr.	Veitshöchheim	3 fl. 50 kr.
Burglauer mit Reichenbach	14 „ — „	Burggrumbach	6 „ 32 „
Herbstadt	26 „ — „	Erlenbach	7 „ — „
Gabolshausen	7 „ — „	Tiefenthal	12 „ — „
Aub	3 „ — „	Schollbrunn	1 „ 12 „
Alsleben	4 „ — „	Wiesentheid	37 „ 30 „
Mechenhart	5 „ 30 „	Hausen bei Fährbrück	16 „ 54 „
Acholshausen	11 „ — „	Erbshausen	13 „ 6 „
Untereisenheim	5 „ — „	Gädheim	1 „ 42 „
Bergtheim	20 „ — „	Ottersdorf	— „ 48 „
Darstadt	12 „ 15 „	Sonderhofen	9 „ — „
Würzburg, Pfarrei zu S.		Effeldorf	10 „ — „
Burcard	18 „ 45 „	Rantersacker	13 „ — „
Stangenroth	4 „ 45 „	Ebertshausen	20 „ — „
Eltingshausen	2 „ 12 „	Westheim mit Ober= und	
Oerlenbach	2 „ 48 „	Unterschwappach	1 „ 30 „
Oberbürrbach	10 „ — „	Hainert	2 „ — „
Augsfeld	3 „ 30 „	Weyer	6 „ 30 „
Unsleben	17 „ — „	Dipbach	13 „ — „
Himmelstadt	7 „ — „	Rimpar	130 „ 41 „
Stockstadt	6 „ — „	Marktheitenfeld	37 „ 41 „
Wzb., Ungenannter	2 „ — „	Biebelried	10 „ — „
Hettstadt	7 „ — „	Binsfeld	10 „ — „
Waldbrunn	4 „ — „	Euerhausen	38 „ — „
Helmstadt	15 „ — „	Unterebersbach	5 „ — „
Holzkirchhausen	7 „ — „	Flarungen	14 „ — „
Hesselbach	1 „ 45 „	Theinheim	7 „ — „
St. Veit	18 „ — „	Unterleinach	7 „ — „

(Fortsetzung folgt.)

———————

Im Auftrag und Verlag des bischöflichen Ordinariates.
Druck der C. J. Becker'schen Buchdruckerei.

Würzburger Diöcesan-Blatt.

№ 29.

19. Juli	Achtzehnter Jahrgang.	1872.

E. N. 3634.

Paramentenvertheilung betr.

Von den aus der Büx-Bitter'schen Stiftung für das Jahr 1871 den armen Kirchen der Diöcese bewilligten Paramenten liegen folgende zur Abgabe bereit:

a. Für Kirchen des Decanats Arnstein:

1. Neubessingen 1 Chorrock,
2. Brebersdorf ein schwarzes Meßgewand,
3. Sömmersdorf 1 schwarzes Meßgewand u. 1 missale, defunct.,
4. Binsbach 1 schwarzes Meßgewand u. 1 missale defunct.,
5. Greßthal 1 weisses sonnt. Meßgewand,
6. Rütschenhausen 1 schwarzes Meßgewand,
7. Wasserlosen 1 rothes Meßgewand,
8. Heßlar 1 rothes Meßgewand,
9. Bühler 1 weisses festtäg. Meßgewand,
10. Reuchelheim 1 rothes Meßgewand,
11. Büchold 1 Velum.

b. Für Kirchen des Decanats Ebern:

12. Gemeinfeld 1 schwarzes Meßgewand,
13. Jesserndorf 1 schwarzes Meßgewand,

14. Bramberg 1 Chorrock,

15. Bischwind 1 grünes Meßgewand,

16. Vorbach 1 rothes Meßgewand,

17. Leuzendorf 1' Velum,

18. Pfaffendorf 1 weisses sonnt. Meßgewand,

19. Geroldswind 1 Chorrock,

20. Unterpreppach 1 rothes Meßgewand.

c. Für Kirchen des Decanates Geldersheim:

21. Mühlhausen 1 Chorrock,

22. Waigolshausen 1 Albe,

23. Hain 1 Velum u. 1 schwarzes Meßgewand,

24. Euerbach 1 schwarzes Meßgewand u. 1 missale defunct.,

25. Schleerieth für Eckartshausen 1 weisses festl. Meßgewand,

26. Kützberg 1 frisch vergoldeter Kelch.

Die betreffenden Pfarrämter haben vorbezeichnete, bereits benedicirte, Paramente innerhalb 14 Tage gegen eine mit dem Amtssiegel versehene Empfangsbescheinigung unter Beilegung eines Tuches zur Emballage bei der Verwaltung der Blr-Bitter'schen Stiftung (Herrn Domkapitular Kraus, Martinsgasse II. D. Nr. 5) abholen zu lassen.

Würzburg, den 16. Juli 1872.

Bischöfliches Ordinariat.

Dr. Himmelstein, Vic. Gen.

Hohn, Act.

E. N. 3635.

Wiederbesetzung der Pfarrei Eisingen
betr.

Durch Beförderung des seitherigen Pfründebesitzers ist die Pfarrei Eisingen, Dec. Lengfurt, in Erledigung gekommen.

Bewerbungsgesuche um dieselbe sind an seine Bischöfliche Gnaden als deren Collator zu stylisiren und binnen 4 Wochen anher einzureichen.

D. Würzburg, 15. Juli 1872.

Bischöfliches Ordinariat.

Dr. Himmelstein, Vic. Gen.

Hohn, Act.

(Abdr.ɔ a. d. Kreisamtsblatt Nr. 115.)

Im Namen Seiner Majestät des Königs.

Die Steuervorschüsse der katholischen Pfarreien betr.

Inhaltlich der nachstehend abgedruckten höchsten Entschließung des königlichen Staatsministeriums des Innern für Kirchen- und Schul-Angelegenheiten vom 23. Mai l. Jahres kommen die Steuervorschüsse an unzureichend dotirte katholische Pfarreien aus Mangel budgetmäßiger Mittel hiefür vom 1. Januar l. Jrs. an in Wegfall.

Dieses wird mit dem Beifügen zur Kenntniß der betheiligten Pfründe-Inhaber gebracht, daß die betreffenden Pfarreifassionen hiernach richtig gestellt, resp. die von den Pfründe-Inhabern nunmehr zu zahlenden Steuern unter den Lasten effektiv eingestellt worden sind.

Würzburg den, 13. Juli 1872.

Königliche Regierung von Unterfranken und Aschaffenburg,
Kammer des Innern.

(gez.) Graf von Luxburg.

(gez.) Kohlmüller.

(Abschrift.) An die k. Regierung K. d. J. von Unterfranken und Aschaffenburg.

Königreich Bayern.

Staatsministerium des Innern für Kirchen- und Schulangelegenheiten.

Mit Rücksicht auf die den gering dotirten katholischen Pfarreien vom Beginne der XI. Finanzperiode gewährte Einkommens-Aufbesserung bis zum Betrage von 900 fl. des Jahres haben die beiden Landtagskammern von der Budgetposition für Steuervorschüsse an unzureichend dotirte katholische Pfarreien und Benefizien den auf die Pfarreien treffenden Theil abgesetzt. Es sind somit für diese

Steuervorschüsse budgetmäßig keine Mittel vorgesehen und kommen dieselben deshalb vom 1. Januar l. Js. anfangend in Wegfall.

Hiernach ist das Weitere zu verfügen.

München, den 23. Mai 1872.

Auf Seiner Königlichen Majestät Allerhöchsten Befehl.

(gez.) v. Lutz.

Durch den Minister
der Generalsekretär
Ministerialrath
(gez.) v. Bezold.

Amtliche Diöcesan-Nachrichten.

Durch Entschließung v. 12. l. M. wurde Herr Pfarrvicar Georg Philipp Keller zu Wernfeld in gleicher Eigenschaft nach Stangenroth, — Herr Caplan Friedrich Lochner in Forst als Pfarrvicar für die ebengenannte Pfarrei angewiesen, — dem Herrn Pfarrvicar Anton Pinzinger in Gerolzhofen der Rücktritt auf die dortige Caplanei gestattet, — dem Herrn Pfarrvicar Georg Thein in Birnfeld die Verwaltung der Pfarrei Weisbach übertragen, — Herr Spital-Caplan Andreas Stier dahier als Beneficiumsverweser an der Mariencapelle dahier aufgestellt, — Herr Cooperator Carl Joseph Lint in Stockstadt als Caplan nach Alzenau angewiesen.

Unterm 17. l. M. wurde Herr Pfarrvicar Sebastian Haas in Kirchschönbach als Localcaplan nach Basbühl angewiesen.

Instituirt wurde am 16. l. M. Herr Pfarrer Peter Joseph Knapp von Wenigumstadt für die Pfarrei Röllbach, — am 17. l. M. Herr Pfarrvicar Georg Schwinger von Hesselbach für die Pfarrei Birnfeld, — Herr Localcaplan Andreas Becker in Basbühl für die Pfarrei Kirchschönbach, — und Herr Beneficiumsverweser Valentin Kiliani dahier für die Pfarrei Altenmünster.

Seine Bischöfliche Gnaden haben am 14. l. M. die neuerbaute Kirche in Rist feierlich eingeweiht, — und am 17. l. M. das Herz des Hochseligen Bischofs Friedrich von Groß aus der ersten Abtheilung des hiesigen Leichenhofes in die Capelle dortselbst transferirt.

Obiit die 14. Julii 1872
Rev. Dom. Carolus Krapf ex Tauberrettersheim,
Scholae technicae, quae est Wirceburgi, Magister,
natus d. 29. Dec. 1833, Presbyt. initiatus d. 31. Dec. 1856.
Cujus anima piae Confratrum memoriae
commendatur.

In Auftrag und Verlag des bischöflichen Ordinariates.
Druck der C. J. Becker'schen Buchdruckerei.

Würzburger Diöcesan-Blatt.

№ 30.

| 26. Juli | Achtzehnter Jahrgang. | 1872. |

Amtliche Diöcesan-Nachrichten.

Durch Entschließung v. 15. l. M. wurde Herr Caplan Michael Anton Kehl in Fellen als Cooperator nach Theinheim, — und Herr Cooperator Jacob Hilbert zu Rineck als Caplan nach Fellen, — durch Entschließung v. 19. l. M. Herr Caplan Franz Ludwig Brunner in Oberbach als Pfarrvicar nach Oberelsbach angewiesen.

Herr Pfarrvicar Joseph Meir in Altenmünster wurde unterm 19. l. M. wegen Erkrankung beurlaubt.

In Ausübung des landesherrlichen Patronates wurde das Beneficium in Röttingen dem Herrn Pfarrer Heinrich Hoffmann in Oberleinach übertragen.

Ausgeschrieben in Beilage 117 des Kreisamtsblattes ist die Pfarrei Heppdiel, Patronates der fürstlichen Leiningen'schen Standesherrschaft, mit 1210 fl. 50 kr. Reinertrag und vierwöchentlichem Bewerbungstermin.

Peterspfennige.

(Fortsetzung.)

Arnshausen	7 fl. 30 kr.	Kützberg	10 fl. — kr.
Stadelschwarzach	5 „ — „	Retzstadt	7 „ — „
Oberleinach	10 „ — „	Hohestadt	5 „ — „
Untertheres	12 „ 49 „	Treunfeld	8 „ 30 „
Frankenwinheim	8 „ 45 „	Tauberrettersheim	5 „ 23 „
Obertheres	11 „ 15 „	Hoßstetten	1 „ 30 „
Niederlauer	10 „ — „	Hettstadt	9 „ — „

Burkardroth	20 fl. — kr.	
Alzenau	4 „ — „	
Eßfeld	7 „ — „	
Unterpleichfeld	34 „ 30 „	
Bischofsheim a. Rh.	7 „ 30 „	
Hollstadt	4 „ — „	
Stadtschwarzach	7 „ — „	
Hammelburg	11 „ 22 „	
Würzburg Ungenannt	5 „ — „	
Rimbach	1 „ 30 „	
Würzburg, Pf. S. Gertraud	7 „ — „	
Schwanfeld	12 „ 15 „	
Würzburg, Pf. S. Peter	65 „ — „	
Würzburg R. E.	3 „ — „	
Maibach	14 „ — „	
Hambach	20 „ — „	
Donnersdorf	8 „ — „	
Rittershausen	19 „ 30 „	
Sachsenheim	15 „ — „	
Gräfendorf	3 „ 45 „	
Obereßfeld	6 „ — „	
Althausen	5 „ — „	
Prölsdorf	2 „ 42 „	
Breitensee	1 „ 48 „	
Stettfeld	3 „ — „	
Merkershausen	9 „ — „	
Mönchberg	16 „ 41 „	
Lengfeld	8 „ 30 „	
Oberschwarzach	10 „ — „	
Stadelhofen	— „ 42 „	
Gramschatz	15 „ — „	
Schweinfurt	10 „ — „	
Ramungen	20 „ — „	
Röllfeld	3 „ — „	
Greußenheim	11 „ 50 „	
Roßbrunn	3 „ 30 „	
Hundsfeld	4 „ — „	
Retzbach	20 „ — „	
Theilheim	7 „ — „	
Kleineibstadt	4 „ 36 „	
Sternberg	20 „ 6 „	
Homburg	5 „ — „	

Würzburg, Pf. zu Haug	44 fl. — kr.	
„ „ des Julius-		
Hospitals	31 „ — „	
Erlach	9 „ 30 „	
Rödelmaier	4 „ 30 „	
Euerfeld	10 „ — „	
Unterelsbach	2 „ — „	
Dimbach	3 „ — „	
Eßelbach	6 „ — „	
Ingolstadt	3 „ — „	
Habichsthal	2 „ — „	
Margetshöchheim	2 „ — „	
Miltenberg	17 „ — „	
Karsbach	6 „ 37½ „	
Niedern	5 „ 3 „	
Sommerach	20 „ — „	
Frammersbach	15 „ 40 „	
Großheubach	4 „ — „	
Eibelstadt	8 „ — „	
Ochsenfurt	30 „ — „	
Wiesthal	5 „ — „	
Burgsinn	5 „ 10 „	
Fellen	9 „ 50 „	
Steinsfeld	5 „ — „	
Kleinochsenfurt	5 „ 36 „	
Altbessingen	6 „ 45 „	
Lengfurt	9 „ 30 „	
Kaisten, Localcaplanei	5 „ — „	
Sächsenheim	14 „ — „	
Saal	5 „ 30 „	
Neubrunn	41 „ 40 „	
Großwallstadt	14 „ — „	
Oesfeld	6 „ — „	
Goßmannsdorf	14 „ — „	
Sonderhofen	7 „ — „	
Bolzhausen	1 „ 18 „	
Hopferstatt	11 „ 57 „	
Eisenfeld	26 „ — „	
Erlabrunn	7 „ 9 „	
Pferdsdorf	7 „ — „	
Thulba	10 „ 16 „	
Kolitzheim	3 „ — „	

Hirschfeld	3 fl. 45 kr.	Werufeld	8 fl. 32 kr.
Bailigheim	4 „ — „	Wiesenfeld	20 „ — „
Rüdenschwinden	5 „ — „	Röthlein	4 „ — „
Greßthal	13 „ 20 „	Oberthulba	2 „ — „
Ruppertshütten	2 „ — „	Sulzbach	38 „ — „
Großlangheim	12 „ 18 „	Nüdlingen	28 „ 30 „
Burgerroth und Buch	6 „ 12 „	Krombach	5 „ — „
Nöttingen	18 „ 10 „	Ebern	30 „ — „
Allersheim	25 „ 22 „	Mömlingen	1 „ 30 „
Gützingen	17 „ 47½	Laufach	5 „ — „
Heidingsfeld	25 „ — „	Brückenau	10 „ — „
Holzkirchen	2 „ — „	Haßfurt	28 „ 51 „
Waldbüttelbrunn	8 „ 30 „	Prappach	5 „ — „
Karlburg	3 „ 42 „	Knetzgau	12 „ — „
Waldbrunn	5 „ — „	Gädheim	6 „ 9 „
Northeim a/M.	10 „ — „	Fladungen	18 „ 32 „
Aschaffenburg Stiftspfarrei	56 „ 37 „	Bischofsheim	3 „ 51 „
Motten	5 „ — „	Wegfurt	3 „ 1 „
Gössenheim, v.H. Pf. Wenz	26 „ — „	Elfershausen	10 „ — „
„ „ v. d. Pfarrei	6 „ — „	Niedernberg	10 „ — „

Summa: 2222 fl. 7 kr.

Würzburg, den 1. Juli 1872.

Kluespies, Dompräbendat.

Turonen.

Confirmationis Cultus ab immemorabili tempore praestiti Servae Dei Ioannae Mariae de Maillé, Beatae nuncupatae.

In Ordinariis sacrorum Rituum Comitiis hodierna die habitis, per Emum et Rmum D. Cardinalem Aloisium Bilio huius Causae Ponentem, proposito Dubio: „An sententia Iudicum Delegatorum a Rmo D. Turonensi Archiepiscopo super Cultu ab immemorabili tempore praestito Servae Dei Ioannae Mariae de Maillé praefatae, seu super casu excepto a Decretis s. mem. Urbani Papae VIII. sit confirmanda in casu et ad effectum de quo agitur," Emi et Rmi Patres sacris tuendis Ritibus praepositi, omnibus maturo examine perpensis, auditoque voce et scripto R. P. D. Petro Minetti Sanctae Fidei Promotore, rescribendum censuerunt: *Affirmative.* Die 22. Aprilis 1871.

Quibus per infrascriptum Secretarium Sanctissimo Domino nostro PIO, Papae IX. fideliter relatis Sanctitas Sua rescriptum Sacrae Congregationis ratum habuit et confirmavit. Die 27. iisdem mense et anno.

C. Episc. Ostien. et Velitern. Card. **Patrizi** S. R. C. Praef.

Dominicus Bartolini S. R. C. Secretarius.

Dianen.

Confirmationis Cultus ab immemorabili tempore praestiti Servo Dei Cono ex Ordine S. Benedicti, Sancto nuncupato.

Super dubio: „An sententia lata a Dianensi Episcopo super cultu ab immemorabili tempore praestito eidem Dei famulo super casu excepto a Decretis s. m. Urbani Papae VIII, sit confirmanda in casu et ad effectum de quo agitur," S. Congregatio, referente Emo Card. Pitra, die 22. Aprilis 1871, servatisque de more servandis, respondere censuit: *Affirmative.* Quam Resolutionem SSmus confirmavit die 22. eiusdem mensis et anni.

Decretum Congregationis Sacr. Rituum.

URBIS ET ORBIS.

Elogium. In Martyrologio Romano inseratur Pridie Idus Martii post verba: „gladio consumpti sunt":

Item Romae Sancti Leonis Episcopi et Martyris.

Decretum. Proposito dubio in Ordinario Coetu Sacrorum Rituum Congregationis sub signata die ad Vaticanam habito per Eminentissimum et Reverendissimum D. Cardinalem Aloisium Bilio, huius Causae Relatorem constitutum: „An et quomodo nomen Sancti Leonis Episcopi et Martyris cujus Corpus olim in Agro Verano apud Sanctum Laurentium colebatur Martyrologio Romano inserendum seu restituendum sit": Eminentissimi et Reverendissimi Patres Sacrae eidem Congregationi praepositi, audito voto *ex officio* R. D. Augustini Caprara Coadiutoris Subpromotoris Sanctae Fidei et Assessoris eiusdem Sacrae Congregationis scriptis pandito, praeloque cuso, omnibus mature perpensis, recribendum censuerunt: *Affirmative, et nomen Sancti Leonis Episcopi et Martyris restituendum esse in Martyrologio Romano ad diem Pridie Idus Martii cum supradicto Elogio.* Die 2. Septemb. 1871.

Factaque postmodum de praedictis per infrascriptum Secretarium Sanctissimo Domino nostro Pio Papae IX. fideli relatione, Sanctitas Sua benigno annuit, ac Elogium supradictum in novis Romani Martyrologii editionibus inseri mandavit, Die 7. iisdem Mense et Anno.

C. Episc. Ostien. et Velitern. Card. **Patrizi** S. R. C. Praef.

Loco † Signi

D. Bartolini S. R. C. Secretarius.

In Auftrag und Verlag des bischöflichen Ordinariates.
Druck der C. J. Federischen Buchdruckerei.

Würzburger Diöcesan-Blatt.

№ 31.

2. August   Achtzehnter Jahrgang.   1872.

Amtliche Diöcesan-Nachrichten.

Die auf Herrn Pfarrer Andreas Kohlschreiber in Stammheim gefallene Wahl zum Procurator des Decanats Volkach erhielt unterm 29. v. M. die oberhirtliche Genehmigung.

Durch Entschließung v. 26. v. M. wurde Herr Pfarrvicar Johann Elbert in Elsenfeld als Cooperator nach Eltingshausen, — Herr Pfarrvicar Joseph Schwenk in Gaibach als Caplan nach Oberleichtersbach, — Herr Caplan Carl Valentin Schneider in Oberleichtersbach in gleicher Eigenschaft an die Juliusspitalpfarrei dahier angewiesen, — und Herr Caplan Peter Müller in Pfersdorf wegen Erkrankung beurlaubt.

Obiit ex ven. Confr. S. Chil.
die 25. Julii 1872
Rev. Dom. Adamus Hagenauer ex Aschaffenburg,
Parochus in Oberthulba, Capituli Kissingen,
natus d. 20. Jun. 1801, Presb. initiatus d. 2. Apr. 1825.
Pro cujus anima a singulis D. D. Confratribus
Ss. Missae sacrificium ex pacto
curandum est.

Kindheit-Jesu-Verein

Juni 1872.

Decanat Alzenau: Goldbach 11 fl.	11 fl.	— kr.
„ Aschaffenburg: Agathapfarrei in Aschaffenburg 75 fl.	75 fl.	— kr.
„ Dettelbach: Prosselsheim 6 fl. 24 kr., Escherndorf 2 fl., Dettelbach 29 fl. 36 kr.	38 fl.	— kr.
„ Klingenberg: Großheubach 12 fl.	12 fl.	— kr.
„ Königshofen: Sternberg 10 fl.	10 fl.	— kr.
„ Neustadt: Münnerstadt 100 fl.	100 fl.	— kr.
„ Ochsenfurt: Sächsenheim 13 fl., Sonderhofen 5 fl., Goßmannsdorf 4 fl., Hohestatt 6 fl., Darstatt 6 fl., Hopferstatt 17 fl. 15 kr.	51 fl.	15 kr.
„ Rothenfels: Pflochsbach 10 fl., Urspringen 15 fl. 31 kr.	25 fl.	31 kr.
„ Volkach: Röthlein 5 fl. 36 kr.	5 fl.	36 kr.
Stadt Würzburg: Dompfarrei 21 fl., Pfarrei ad S. Peter et. Paul 14 fl. 25 kr., durch eine Sammlerin 16 fl. 48 kr., durch die Redaction des katholischen Sonntagsblattes 405 fl.	457 fl.	13 kr.

Summa: 785 fl. 55 kr.

An einem beschnittenen Goldstücke gehen ab — fl. 52 kr.

Summa: 785 fl. 3 kr.

Würzburg den, 15. Juli 1872.

Günter, Domprediger.

Ergebniß der Collecte für die Väter am hl. Grabe zu Jerusalem

pro 1872.

Decanat Alzenau: Alzenau 5 fl. 42 kr., Ernstkirchen 7 fl., Geiselbach 1 fl. 24 kr., Goldbach 1 fl. 31 kr., Hörstein 3 fl. 42 kr., Hösbach 1 fl. 36 kr., Johannesberg 6 fl. 12 kr., Krombach 1 fl. 40 kr., Kleinostheim 4 fl., Mainaschaff 2 fl. 30 kr., Mömbris 6 fl. 16 kr.	41 fl.	33 kr.

Decanat Arnstein: Altbessingen mit Gauaschach 5 fl. 45 kr.,
Arnstein 5 fl., Aschfeld 1 fl. 45 kr., Binsfeld 2 fl.
45 kr., Brebersdorf mit Laisten 7 fl. 18 kr., Bucholz
3 fl. 20 kr., Bühler 1 fl. 45 kr., Burghausen 5 fl.,
Günkheim 5 fl. 7 kr., Gramschatz 6 fl., Greßthal
6 fl. 30 kr., Hausen 8 fl., Heßlar 2 fl. 30 kr.,
Hundsbach 40 kr., Müdesheim 5 fl. 30 kr.,
Schwebenried 5 fl., Stetten 2 fl. 20 kr.,   74 fl. 15 kr.

"   Aschaffenburg: Aschaffenburg ad SS. Petr. et
Alex. 4 fl. 39 kr., ad B. M. V. 3 fl. 30 kr.,
ad S. Agatham 5 fl., Eisenbach 2 fl., Elsenfeld
1 fl. 15 kr., Großostheim 5 fl. 45 kr., Großwall-
statt 2 fl., Kleinwallstatt 6 fl. 15 kr., Mömlingen
2 fl., Niedernberg 4 fl., Obernau 2 fl. 30 kr.,
Obernburg 2 fl. 30 kr., Schweinheim 3 fl. 30 kr.,
Sulzbach 5 fl., Wenigumstadt 7 fl. 30 kr.,
Wörth 3 fl. 54 kr.   61 fl. 18 kr

"   Bischofsheim: Bischofsheim 4 fl. 1 kr., Flad-
ungen 3 fl. 37 kr., Oberbach mit Oberriedenberg
6 fl. 37 kr., Oberfladungen 1 fl. 45 kr., Rüdenschwinden 1 fl. 10 kr., Unterweissenbrunn 7 fl.,
Wegfurt 2 fl. 24 kr., Weisbach 5 fl. 36 kr.   32 fl. 10 kr.

"   Dettelbach: Bergtheim 2 fl. 15 kr., Bibergau
5 fl. 15 kr., Burggrumbach 1 fl. 42 kr., Dettelbach 5 fl. 30 kr., Dipbach 2 fl. 30 kr., Eschern-
dorf 3 fl. 15 kr., Estenfeld 3 fl., Euerfeld 5 fl.
39 kr., Hilpertshausen 4 fl. 30 kr., Kürnach 6 fl.,
Oberpleichfeld 8 fl. 45 kr., Prosselsheim 10 fl.
11 kr., Rimpar 4 fl. 32 kr., Schwanfeld 4 fl.
34 kr., Unterpleichfeld 23 fl. 30 kr.   91 fl. 8 kr.

"   Ebern: Baunach 4 fl. 40 kr., Ebern 10 fl. 58 kr.,
Gemeinfeld 1 fl. 12 kr., Gereuth 1 fl. 24 kr., Jesserndorf 6 fl. 36 kr., Kirchlauter 1 fl. 30 kr., Lauter 1 fl.,
Leuzendorf 1 fl., Müdesbach 4 fl. 30 kr., Pfarrweisach 1 fl. 22 kr., Unterpreppach 48 kr.,   35 fl. — kr.

"   Geldersheim: Bergrheinfeld 9 fl. 20 kr., Eben-
hausen 7 fl., Egenhausen 3 fl. 30 kr., Eltingshausen 4 fl., Eßleben 13 fl. 8 kr., Ettleben 9 fl.
36 kr., Euerbach 1 fl. 6 kr., Geldersheim 2 fl.
24 kr., Hergolshausen 7 fl. 18 kr., Kronungen
6 fl. 24 kr., Rützberg 2 fl. 45 kr., Maibach 8 fl.
30 kr., Opferbaum 4 fl., Pfersdorf 6 fl. 10 kr.,

Rannungen 7 fl., Schleerieth 5 fl. 43 kr., Schweinfurt 3 fl., Stettbach 2 fl. 30 kr., Waigolshausen
10 fl. 6 kr., Werneck 9 fl. 30 kr., Zeuzleben
22 fl. 15 kr.   **145 fl. 33 kr.**

Decanat **Gemünden:** Gemünden 5 fl., Gössenheim 5 fl.,
Gräfendorf 2 fl., Hofstetten 1 fl. 30 kr., Karsbach
2 fl. 48 kr., Langenprozelten 1 fl. 10 kr., Massenbuch 2 fl., Rohrbach 2 fl., Wernfeld 2 fl.
46½ kr., Wiesenfeld 10 fl., Wolfsmünster 2 fl.   **36 fl. 14½ kr.**

„   **Gerolzhofen:** Bischwind 1 fl. 24 kr., Dingols-
hausen 7 fl, Donnersdorf 2 fl. 30 kr., Falkenstein
4 fl. 43 kr., Frankenwinheim 3 fl. 21½ kr.,
Gerolzhofen 4 fl. 21 kr., Grettstadt 4 fl. 34 kr.,
Herlheim 7 fl., Obereuerheim 12 fl. 20 kr.,
Oberschleichach 2 fl. 18 kr., Oberschwarzach 5 fl.,
Prölsdorf 1 fl. 45 kr., Pusselsheim 1 fl. 24 kr.,
Sulzheim 3 fl. 12 kr., Theinheim 1 fl., Unter-
steinbach 4 fl., Weyer 3 fl. 21 kr.   **69 fl. 13½ kr.**

„   **Hammelburg:** Brückenau 2 fl. 30 kr., Diebach
4 fl. 10 kr., Feuerthal 2 fl, Hammelburg 6 fl.
21 kr., Hundsfeld 3 fl., Motten mit Altglashütten
1 fl. 57 kr., Oberleichtersbach 2 fl., Schondra
10 fl. 42 kr., Thulba 1 fl. 45 kr., Untererthal
2 fl., Wartmannsroth 1 fl. 25 kr.   **37 fl. 50 kr.**

„   **Haßfurt:** Augsfeld 2 fl., Eltmann 3 fl. 30 kr.,
Forst 3 fl. 44 kr., Gädheim 2 fl. 18 kr., Haßfurt
9 fl. 21 kr., Knetzgau 1 fl. 35 kr., Limbach 1 fl.
4 kr., Obertheres 3 fl. 22 kr., Prappach 2 fl.,
Steinsfeld 2 fl. 20 kr., Stettfeld 1 fl. 3 kr.,
Unterhohenried 2 fl. 48 kr., Untertheres 6 fl. 6 kr.,
Waldsachsen 2 fl. 30 kr., Westheim 1 fl. 13 kr.,
Zeil 1 fl. 9 kr., Zell 4 fl. 23 kr.   **50 fl. 26 kr.**

(Fortsetzung folgt.)

———

In Auftrag und Verlag des bischöflichen Ordinariates.
Druck der C. J. Becker'schen Buchdruckerei.

Würzburger Diöcesan-Blatt.

№ 32.

9. August   Achtzehnter Jahrgang.   1872.

E. N. 3915.

An sämmtliche Pfarreien des Bisthums Würzburg.

Vornahme der Kirchencollecte für die
Väter zu Jerusalem betr.

Bei Einsendung der in rubro angefallenen Collectengelder kam ein Zinscoupon des k. bayr. Eisenbahnanlehens v. J. 1852, fällig d. 1. Mai 1872 mit 22 fl. 30 kr. Jahreszins, zur Vorlage. Derselbe trägt die Nummern 9556 (roth) und 16276 (schwarz), — der Einsender ist unbekannt. Die Auszahlung des Betrages v. 22 fl. 30 kr. wird Seitens der zuständigen kgl. Cassen verweigert, da die mit den angegebenen Nummern versehene Obligation zur Rückzahlung verloost ist. Demgemäß ergeht anmit die Aufforderung, diesen Coupon in diesseitiger Canzlei zurückzunehmen und gegen Baargeld auszuwechseln, und wird dabei bemerkt, daß es im eigenen Interesse des Einsenders liegt diesen Coupon zurückzuerhalten, weil die kgl. Cassen die Heimzahlung der verloosten Obligation von gleichzeitiger Vorlage sämmtlicher (also auch des besprochenen) Zinscoupons abhängig machen.

Würzburg, den 5. August 1872.

Bischöfliches Ordinariat.

Dr. Himmelstein, Vic. Gen.

Hohn, Act.

Amtliche Diöcefan-Nachrichten.

Durch Entschließung v. 2. l. M. wurde Herr Caplan Matthäus Knell in Knetzgau mit Verwaltung der Pfarrei Oberthulba betraut.

Seine Bischöfliche Gnaden haben unterm 5. l. M. die Pfarrei Stangenroth, Dec. Kissingen, dem Herrn Pfarrer Anton Peetz in Gereuth zu verleihen beschlossen.

In Nr. 125 des Kreisamtsblattes ist die Pfarrei Oberleinach, Dec. Lengfurt, mit 804 fl. 17⁹⁄₁₀ kr., — in Nr. 128 die Pfarrei Oberthulba, Dec. Kissingen, mit 898 fl. 11⁹⁄₁₀ kr. Reinertrag unter Festsetzung vierwöchentlichen Bewerbungstermins ausgeschrieben.

Seine Bischöfliche Gnaden haben am 3. l. M. den nachfolgenden Herren Alumnen des bischöflichen Clericalseminars die h. Priesterweihe gespendet:

Weis, Ferdinand Joseph, aus Eichelsbach,

Hofmann, Ludwig, aus Wasserlosen,

Söder, Rudolph, aus Lohr,

Herzog, Adam, aus Aschaffenburg,

Haas, Gottwin Eugen, aus Amorbach,

Thein, Lorenz, aus Pfersdorf,

Weiler, Georg Anton, aus Margetshöchheim,

Abloff, Andreas, aus Kraisdorf,

Weegmann, Edmund, aus Oberleidersbach,

König, Michael Bernhard, aus Münnnerstadt,

Schultheis, Joseph Anton, aus Hammelburg,

Blümlein, Michael Bonavent., aus Münnerstadt.

Ergebniß der Collecte für die Väter am hl. Grabe zu Jerusalem
pro 1872.

Decanat Heidingsfeld: Altersheim 11 fl. 22 kr., Eßfeld 14 fl. 30 kr., Euerhausen 5 fl. 36 kr., Gaubüttelbrunn 6 fl. 30 kr., Ingolstadt mit Giebelstadt 8 fl. 3 kr., Heidingsfeld 5 fl., Kirchheim 13 fl. 3½ kr., Kleinrinderfeld 4 fl. 4 kr., Rottenbauer pro 1871 u. 1872 2 fl. 15 kr., Sulzdorf 12 fl. 82 fl. 23½ kr.

„ Karlstadt: Erlabrunn 3 fl. 30 kr., Eußenheim 3 fl. 42 kr., Gambach 2 fl. 43½ kr., Güntersleben 6 fl. 24 kr., Himmelstadt 4 fl., Karlburg 4 fl. 30 kr., Karlstadt 3 fl. 42 kr., Laudenbach 2 fl.

30 kr., Mühlbach 2 fl. 30 kr., Retzbach 5 fl.,
Retzstadt 6 fl., Thüngersheim 2 fl. 15 kr., Zel-
lingen 2 fl. 30 kr.   49 fl. 25½ kr.

Decanat Kissingen: Albertshausen 1 fl. 18 kr., Arnshausen
3 fl. 42 kr., Aschach 3 fl. 30 kr., Aura 2 fl.
15 kr., Burkardroth 12 fl. 30 kr, Elfershausen
3 fl. 30 kr., Euerdorf 6 fl., Fuchsstatt 1 fl.
36 kr., Kissingen 6 fl. 30 kr., Langendorf 1 fl.
57 kr., Langenleiten 30 kr., Machtilshausen 2 fl.
6 kr., Nüdlingen 2 fl. 20 kr., Oberthulba 3 fl.
20 kr., Poppenroth 2 fl. 30 kr., Premich 3 fl.
10 kr., Ramsthal 1 fl. 30 kr., Stangenroth 3 fl.
59 kr., Stralsbach 3 fl., Sulzthal 5 fl. 52 kr.,
Waldfenster 3 fl. 45 kr.   74 fl. 50 kr.

„   Kitzingen: Biebelried 8 fl., Eibelstatt 3 fl. 30 kr.,
Erlach 1 fl. 20 kr., Frickenhausen a/M. 2 fl.
18 kr., Kitzingen 4 fl. 12 kr., Kleinochsenfurt 1 fl.
45 kr., Randersacker 42 kr., Sulzfeld a/M. 4 fl.
30 kr., Theilheim 1 fl. 45 kr., Zeubelried 2 fl. 13 kr.   30 fl. 15 kr.

„   Klingenberg: Dorfprozelten 2 fl., Erlenbach 2 fl.
30 kr., Faulbach 2 fl., Fechenbach 2 fl. 11 kr.,
Großheubach 3 fl. 15 kr., Klingenberg 3 fl. 24 kr.,
Mechenhart 1 fl. 30 kr., Mönchberg 2 fl. 24 kr.,
Röllbach 10 fl., Röllfeld 2 fl. 54 kr., Sommerau
4 fl. 41 kr., Stadtprozelten 4 fl.   40 fl. 49 kr.

„   Königshofen: Alsleben 2 fl. 1 kr., Althausen 3 fl.
21 kr., Breitensee 1 fl. 3 kr., Bundorf 2 fl.,
Eyershausen 2 fl. 10½ kr., Großbardorf 2 fl.
30 kr., Großeibstatt 1 fl. 20 kr., Herbstatt 1 fl.
35 kr., Kleinbardorf 1 fl. 3 kr., Königshofen
1 fl. 50 kr., Merkershausen 10 fl., Obereßfeld
2 fl. 12¾ kr., Saal 1 fl. 18 kr., Sternberg
3 fl., Trappstatt 1 fl., Untereßfeld 8 fl. 25 kr.,
Wülfershausen 6 fl. 30 kr.   51 fl. 19¼ kr.

„   Lengfurt: Böttigheim 8 fl., Eisingen 1 fl., Erlenbach 3 fl. 23 kr., Helmstatt 5 fl. 25 kr., Hettstatt
2 fl. 30 kr., Holzkirchen 1 fl. 3 kr., Homburg
2 fl. 48 kr., Lengfurt 2 fl. 21 kr., Marktheidenfeld 5 fl., Neubrunn 1 fl. 45 kr., Oberleinach
8 fl., Roßbrunn 1 fl. 6 kr., Unterleinach 5 fl.
1 kr., Waldbrunn 2 fl. 45 kr.   50 fl. 7 kr.

„   Lohr: Frammersbach 8 fl. 49 kr., Habichsthal 1 fl.

30 fr., Heimbuchenthal 1 fl. 45 fr., Keilberg 3 fl.
18 fr., Laufach 2 fl. 30 fr., Lohr 2 fl. 42 fr.,
Oberbessenbach 1 fl. 10 fr., Rechtenbach 2 fl. 55 fr.,
Rothenbuch 1 fl., Ruppertshütten 1 fl. 10 fr.,
Sailauf 2 fl. 10 fr., Schmerlenbach 1 fl. 22³/₄ fr.,
Weibersbrunn 1 fl. 40 fr., Wiesthal 4 fl., Win-
tersbach 1 fl. 10 fr.   37 fl. 11³/₄ fr.

Decanat **Mellrichstadt:** Bastheim 1 fl. 6 fr., Eussenhausen
4 fl., Frickenhausen 1 fl. 10 fr., Hendungen 5 fl.
30 fr., Heustreu 7 fl. 30 fr., Hollstadt 2 fl.
28 fr., Mellrichstadt 2 fl. 45 fr., Mittelstreu 2 fl.,
Nordheim 5 fl., Oberelsbach 1 fl. 12 fr., Oberstreu 7 fl., Stockheim 5 fl., Unsleben 10 fl., Unterelsbach 1 fl., Wechterswinkel 1 fl. 21 fr, Wolfmannshausen 3 fl. 30 fr., Wollbach 7 fl. 6 fr.   67 fl. 38 fr.

„   **Miltenberg:** Amorbach 7 fl., Bürgstadt 2 fl.
50 fr., Eichenbühl 3 fl. 30 fr., Hepptiel 3 fl.,
Kirchzell 30 fr., Kleinheubach 33 fl. 21 fr., Miltenberg 4 fl., Neunkirchen 2 fl. 12 fr., Riedern
3 fl., Rüdenau 57 fr., Schneeberg 4 fl. 18 fr.,
Weilbach 18 fr.   64 fl. 56 fr.

„   **Neustadt:** Brendlorenzen 4 fl., Burglauer 4 fl.,
Burgwallbach 5 fl., Großwenkheim 1 fl. 8 fr,
Herschfeld 1 fl. 31 fr., Münnerstadt 7 fl. 30 fr.,
Neustadt a. S. 5 fl. 26 fr., Niederlauer 3 fl.,
Röhelmaier 4 fl., Salz mit Löhrieth 6 fl. 30 fr.,
Strahlungen 4 fl. 15 fr., Untereberöbach 1 fl.
45 fr., Wernierchshausen 4 fl. 25 fr.   52 fl. 30 fr.

„   **Ochsenfurt:** Acholshausen 5 fl., Polzhausen 3 fl.
30 fr., Darstadt 4 fl. 45 fr., Goßmannsdorf 2 fl.
45 fr., Hohestadt 2 fl., Hopferstadt 7 fl., Königshofen 4 fl. 40 fr., Marktbreit 1 fl. 30 fr., Ochsenfurt 9 fl. 15 fr., Oellingen mit Osthausen 5 fl.
36 fr., Rittershausen 9 fl. 30 fr., Sächsenheim
3 fl. 40 fr., Sonderhofen 3 fl., Tückelhausen 1 fl.
45 fr., Wolkshausen 12 fl. 8 fr.   76 fl. 4 fr.

(Fortsetzung folgt.)

In Auftrag und Verlag des bischöflichen Ordinariates.
Druck der K. J. Becker'schen Buchdruckerei.

Würzburger Diöcesan-Blatt.

№ 33.

16. August   Achtzehnter Jahrgang.   1872.

E. N. 4068.

An die untengenannten bischöflichen Pfarreien der Diöcese Würzburg.

Spendung des h. Sacraments der Firmung betr.

Seine Bischöfliche Gnaden haben beschlossen, das h. Sacrament der Firmung in der Marienkapelle zu Kissingen am Montag d. 26. August 1872 früh 8 Uhr den Firmlingen der nachfolgend genannten Pfarreien zu spenden:

Kissingen, Albertshausen, Euerdorf, Burkardroth, Laugenleiten, Poppenroth, Premich (Pfarrort), Stangenroth, Waldfenster, Arnshausen, Aura, Oberthulba, Ramsthal, Stralsbach, Sulzthal, Waldaschach, Eltingshausen.

Die hochwürdigen Herrn Pfarrer erhalten den Auftrag, das Weitere anzuordnen.

Würzburg, den 5. August 1872.

Bischöfliches Ordinariat.

Dr. Himmelstein, Vic. Gen.

Hohn, Act.

144

E. N. 4069.

Bekanntmachung.

Admission in das b. Clericalseminar
betr.

Seine Bischöfliche Gnaden haben beschlossen, die nachstehend in alphabetischer Ordnung verzeichneten Herrn Candidaten
der Theologie und der Philosophie in das bischöfliche Clericalseminar
ad Pastorem bonum dahier aufzunehmen:

I. Candidaten der Theologie:

1. Erk, Johann, aus Effeldorf,
1. Kremler, Heinrich, aus Prüßberg,
3. Meister, Carl Wilhelm, aus Emmerich,
4. Röther, Joseph, aus Gauaschach,
5. Schell, Hermann, aus Freiburg i. B.,
6. Serfi, Carl, aus Würzburg.

II. Candidaten der Philosophie:

1. Amend, Ludwig, aus Duttenbrunn,
2. Kleinschrod, Anton, aus Goßmannsdorf,
3. Krug, Sebastian, aus Kitzingen,
4. Link, Adam Benedict, aus Amorbach,
5. Lohr, Beda, aus Fechenbach,
6. Och, Engelbert, aus Gemünden,
7. Oestemer, Philipp, aus Würzburg,
8. Wehner, Caspar, aus Stangenroth.

D. Würzburg, 12. August 1872.

Bischöfliches Ordinariat.

Dr. Himmelstein, Vic. Gen.

Hohn, Act.

Amtliche Diöcesan-Nachrichten.

Durch Entschließung v. 9. l. M. wurde Herr Cooperator Franz Bauer
in Rimpar mit Verwaltung der genannten Pfarrei betraut, — und der vormalige Herr Caplan Georg Mark von Großostheim als Cooperator nach Rohrbach
angewiesen.

Durch Decret v. 12. l. M. wurde Herr Neopresbyter Michael Bonav. Blümlein als Caplan nach Knetzgau angewiesen.

Seine Bischöfliche Gnaden haben unterm 12. l. M. beschlossen, die Pfarrei Weisbach, Dec. Bischofsheim, dem Herrn Pfarrvicar Carl Adam Helmes in Happertshausen, — und die Pfarrei Goßmannsdorf, Dec. Stadtlauringen, dem Herrn Caplan Maximilian Fischer in Obereuerheim zu verleihen.

In Ausübung des landesherrlichen Patronates wurde die Pfarrei Grafenrheinfeld dem Herrn Pfarrer Franz Pistel in Salz, — die Pfarrei Unterleinach dem Herrn Dechantpfarrer Ignaz Barthelmes in Hilders, — die Pfarrei Sailauf dem Herrn Caplan Franz Joseph Kolb in Zeuzleben übertragen.

Obiit ex ven. Confr. S. Chil.
die 8. Aug. 1872
Rev. Dom. Michael Müller ex Bergrheinfeld,
Parochus in Rimpar, Decanatus Dettelbach,
natus d. 15. Nov. 1802, Presb. initiatus d. 19. Nov. 1825.
Pro cujus anima a singulis D. D. Confratribus
Ss. Missae sacrificium ex pacto
curandum est.

Ergebniß der Collecte für die Väter am Hl. Grabe zu Jerusalem
pro 1872.
(Fortsetzung und Schluß.)

Decanat Rineck: Burgsinn 1 fl. 45 kr., Fellen 3 fl. 20 kr., Obersinn 1 fl. 35 kr., Rineck 1 fl. 24 kr., Wiesen 1 fl. 30 kr. — 9 fl. 34 kr.

„ Röttingen: Aub 1 fl., Aufstetten 2 fl. 54 kr., Baldersheim 3 fl., Bieberehren 2 fl. 35 kr., Bütthard 11 fl. 3 kr., Burgerroth 35 fl., Gaurettersheim 6 fl. 10 kr., Gelchsheim 4 fl., Oesfeld 2 fl. 50 kr., Riedenheim 15 fl. 15 kr., Röttingen 5 fl., Stalldorf 7 fl. 45 kr., Strüth 3 fl. 1 kr., Tauberrettersheim 3 fl. 10 kr. — 102 fl. 43 kr.

„ Rothenfels: Birkenfeld 3 fl. 12 kr., Esselbach 2 fl. 40 kr., Greussenheim 7 fl. 28 kr, Hasenlohr 30 kr., Karbach 4 fl., Neustadt a. M. 1 fl., Pflochsbach 2 fl., Rothenfels 4 fl., Schollbrunn 48 kr., Stadelhofen 1 fl. 33 kr., Steinfeld 10 fl., Trennfeld 6 fl., Unterwittbach 2 fl., Urspringen 7 fl. — 52 fl. 11 kr

Decanat Stadtlauringen: Ribhausen 3 fl. 42 kr., Altenmünster 3 fl. 24 kr., Birnfeld 1 fl. 12 kr., Ebertshausen 8 fl. 30 kr., Friesenhausen 24 kr., Goßmannsdorf 2 fl. 24 kr., Haprertshausen mit
Kerbfeld 2 fl. 31 kr., Hausen mit Uechtelhausen
4 fl. 33 kr., Hesselbach 2 fl., Hofheim 1 fl. 21 kr.,
Marktsteinach 2 fl. 10 kr., Poppenlauer 3 fl.,
Seubrigshausen 3 fl. 19 kr., Stadtlauringen 4 fl.
30 kr., Thundorf 5 fl. 30 kr.   48 fl. 30 kr.

„   Stadtschwarzach Großlangheim 7 fl., Kirchschönbach 3 fl. Mainsondheim 1 fl., Nordheim a/M.
5 fl., Reupelsdorf 42 kr., Rödelsee 1 fl. 45 kr.,
Schwarzenau 3 fl., Sommerach 4 fl. 23½ kr.,
Stadelschwarzach 3 fl. 12 kr., Stadtschwarzach
mit Dimbach 5 fl., Wiesentheid 2 fl. 15 kr.   36 fl. 17½ kr.

„   Volkach: Astheim 36 kr., Fahr 3 fl. 30 kr., Gaibach
1 fl. 46½ kr., Grafenrheinfeld 13 fl., Hirschfeld
2 fl. 45 kr., Klosterheidenfeld 9 fl. 3 kr., Kolitzheim 58 kr., Obervolkach 24 kr., Rimbach 7 fl.,
Röthlein 3 fl. 24 kr., Stammheim 30 kr., Untereisenheim 5 fl., Volkach 3 fl., Wipfeld 8 fl. 9 kr.,
Zeilitzheim 1 fl. 16 kr.   60 fl. 21½ kr.

„   Würzburg: Essfeldorf 3 fl. 6 kr., Gerbrunn 2 fl.
20 kr., Höchberg 3 fl. 32 kr., Lengfeld 6 fl. 36 kr.,
Margetshöchheim 3 fl. 3 kr., Oberdürrbach 2 fl.
20 kr, Rottendorf 3 fl., Unterdürrbach 2 fl.,
Veitshöchheim 1 fl. 10 kr., Versbach 4 fl., Waldbüttelbrunn 4 fl. 7 kr., Zell a/M 5 fl.   40 fl. 14 kr.

Stadt   Würzburg: Dompfarrei 28 fl. 20 kr, Pfarrei ad
S. Burcardum 5 fl., Pfarrei Haug 7 fl., Juliusspitalpfarrei 2 fl. 26 kr., Pfarrei ad ss. Petr.
et Paulum 16 fl. 45 kr., Pfarrei ad S. Gertrudem
2 fl. 30 kr.   62 fl. 1 kr.

Würzburg den, 15. Juli 1872.

Kühles, Dompräbendat.

Im Auftrag und Verlag des bischöflichen Ordinariates.
Druck der C. J. Becker'schen Buchdruckerei.

Würzburger Diöcesan-Blatt.

№ 34.

23. August   Achtzehnter Jahrgang.   1872.

E. N. 4192.

Wiederbesetzung der Pfarrei Albertshausen betr.

Durch Beförderung des seitherigen Pründebesitzers ist die Pfarrei Albertshausen, Dec. Kissingen, in Erledigung gekommen.

Bewerber um dieselbe haben ihre an Seine Bischöfliche Gnaden zu stylisirenden Bittgesuche, da benannte Pfarrei bischöflicher Collation ist, binnen 4 Wochen anher einzureichen.

Würzburg, den 16. August 1872.

Bischöfliches Ordinariat.

Dr. Himmelstein, Vic. Gen.

Hohn, Act.

Amtliche Diöcesan-Nachrichten.

Die Resignation des Herrn Beneficiaten Caspar Himmelmann auf das Beneficium in Grafenrheinfeld wurde unterm 12. Juli l. J. genehmigt, und derselbe in die Emeritenpension eingewiesen.

Durch Decret vom 17. l. M. wurde Herr Caplan Joh. Adam Dießel mit Verwaltung der Pfarrei Oberbessenbach, Decanats Lohr, betraut.

Inſtituirt wurde am 14. l. M. Herr Franz Joſeph Kolb, bisher Caplan zu Zeuzleben, für die Pfarrei Sailauf, Dec. Lohr, — am 20. l. M. Herr Caspar Roth, ſeither Pfarrer zu Sailauf, für die Pfarrei Roßbrunn, Dec. Lengfurt.

In Ausübung des landesherrlichen Patronates wurde die Pfarrei Arnſtein dem Herrn Dechantpfarrer Johann Gaß in Albertshauſen, Dec. Kiſſingen, über‐ tragen.

Obiit ex ven. Confr. S. Chil.
die 14. Aug. 1872
Rev. Dom. Bonifacius F r e y r i c h ex Miltenberg,
Parochus in Oberbessenbach, Decanatus Lohr,
natus d. 4. Dec. 1821, Presb. initiatus d. 22. Aug. 1846.
Pro cujus anima a singulis D. D. Confratribus
Ss. Missae sacrificium ex pacto
curandum est.

DECRETUM CONGREGATIONIS SS. INDULGENTIARUM.
Die 17. Decembris 1870.

Cum. S. Congregatio de Propaganda Fide soleat aliquando conce‐ dere Missionariis facultatem benedicendi et imponendi Christifidelibus Sca‐ pularia, nonnulla oborta sunt dubia, quae dictae S. Congregationi ab Epis‐ copis et Missionariis proposita, et ab eadem ad hanc S. Congregationem Indulgentiarum et Ss. Reliquiarum transmissa fuerunt; nempe:

I. Utrum Sacerdos, qui a S. Sede obtinuerit facultatem benedicendi Scapularia, habeat eo ipso facultatem ea imponendi Christifidelibus, et eos‐ dem adscribendi Confraternitatibus a. S. Sede approbatis?

II. Utrum necessaria sit praevia erectio canonica talium Confraterni‐ tatum ex parte Ordinarii loci, ut qui habent a S. Sede facultatem adscri‐ bendi dictis Confraternitatibus, possint Christifideles eidem adscribere?

Quibus vigore specialium facultatum a Sanctissimo Domino nostro Pio PP. IX. tributarum, S. Congregatio Indulgentiis et Ss. Reliquiis praeposita, re sedulo, diligenterque perpensa, respondendum censuit prout respondet.

Ad I. *Affirmative, ita tamen ut Sacerdotes qui praedictum Indultum benedicendi Scapularia ab Apostolica Sede legitime obtinuerint, penes se ha‐ beant privatum regestum, et quamprimum commode possunt, transmittere teneantur ad Superiores respectivae Sodalitatis vicinioris canonica erectae nomina receptorum, ut in album ipsius sodalitatis referantur.*

Ad II. *Detur instructio prout sequitur.*

INSTRUCTIO.

Ex piis Sodalitiis quaedam sunt ab Apostolica Sede ita approbata, ut Christifideles ubique locorum eisdem ab iis, qui legitimam facultatem habent, possint adscribi, licet in eorumdem Christifidelium respectivis Dioecesibus peculiariter erecta non reperiantur, ut ex. gr. sunt Confraternitates Scapularis B. M. V. Montis Carmeli, Rosarii, septem Dolorum: ac propterea quoad ista sodalitia nulla requiritur in Dioecesi praevia Episcopi erectio.

Quod si agatur de Confraternitate approbata a. S. Sede pro determinato aliquo tantum territorio, non requiritur praevia erectio Episcopi, sed Sacerdos habens Apostolicam facultatem adscribendi, non potest ea uti, nisi in eodem territorio, quo circumscribitur ipsa pia Sodalitas.

Pariter non requiritur praevia erectio Episcopi, si pium Sodalitium legitime erectum reperiatur in Dioecesi a Superioribus Regularibus, qui ad hoc speciale privilegium ex Apostolicae Sedis concessione habent, dummodo in erectione conditiones in Constitutione Clementis VIII. incipiente *Quaecumque.* servaverint.

Quibus positis apparet, eos, qui ut supra, a. S. Sede facultatem obtinuerint benedicendi Scapularia, eaque imponendi et Christifideles adscribendi, posse dicta facultate uti dumtaxat quoad Confraternitates Scapulare habentes et canonice erectas, prout superius explicatum est; et si in Indulto apposita sit clausula: *de consensu vel licentia Ordinarii,* illa cum aliis conditionibus a iure praescriptis omnino servanda erit.

Ut autem qui praedictam facultatem habent, satis instructi sint in benedicendis et imponendis Scapularibus, communicentur Resolutiones huius S. Congregationis *in Urbis,* et *Cameracen.* diei 18. Augusti 1868.

Beiträge zum bischöflichen Knabenseminar in Würzburg.

Juli 1872.

475. Von Herrn P. Paulus O. s. F.	57 fl. 24 kr.	481. Amorbach	10 fl. — kr.
476. Ungenannt.	2 „ — „	482. Miltenberg	30 „ — „
477. Holzkirchen u. Wüstenzell	20 „ — „	483. Neubrunn	12 „ — „
		484. Krombach	15 „ — „
478. Aus dem Odenwalde	10 fl. — „	485. Rittershausen	21 „ 4 „
479. Giebelstadt	— „ 30 „	486. Escherndorf	8 „ 30 „
480. St. Veit	9 „ — „	487. Birkenfeld	11 „ 30 „
		488. Hafenlohr	11 „ — „

489. Steinfeld	32 fl. 30 kr.		517. Goldbach	2 fl. — kr.
490. Urspringen	3 „ — „		518. Trappstatt	2 „ 45 „
491. Mainaschaff	8 „ — „		519. Obernau	15 „ — „
492. Schwebenried	10 „ — „		520. Greßhausen	3 „ 21 „
493. Thüngersheim	6 „ 30 „		521. Wiesthal f. Ch. B.	— „ 50 „
494. Retzbach	7 „ — „		522. Ungenannt	— „ 24 „
495. Karlstadt	4 „ 15 „		523. Von K.	2 „ — „
496. Schondra	5 „ — „		524. Obertheres	27 „ 51½ „
497. Hammelburg	17 „ 45 „		525. Strahlungen	10 „ — „
498. Diebach	12 „ 15 „		526. Burgwallbach	5 „ — „
499. Oberpleichfeld	10 „ — „		527. Neustadt a/S	4 „ 33 „
500. Untereuerheim	16 „ 3 „		528. Untererbsbach	3 „ 43 „
501. Untererthal	3 „ — „		529. Gramschatz	22 „ — „
502. Unsleben	6 „ — „		530. Sulzthal	30 „ — „
503. Geldersheim	30 „ — „		531. Waigolshausen	20 „ — „
504. Mechenhard	5 „ — „		532. Hergolshausen	8 „ 18 „
505. Böttigheim	21 „ 5 „		533. Huntsfeld	6 „ — „
506. Lengfeld	6 „ — „		534. Rothenfels	10 „ 30 „
507. Röllfeld	12 „ — „		535. Karsbach	7 „ 9 „
508. Kleinwallstadt	25 „ 54 „		536. Hofstetten	3 „ — „
509. Wenigumstadt	4 „ 6 „		537. Wiesenfeld	25 „ — „
510. Wörth	10 „ — „		538. „ „ Kirchenst.	65 „ — „
511. Binsfeld	3 „ 38 „		539. Basbühl	12 „ 21 „
512. Egenhausen	18 „ — „		540. Unterleinach	5 „ 30 „
513. Wiesen	1 „ — „		541. Burgsinn	4 „ 30 „
514. Hörstein	19 „ 38 „		542. Fellen	6 „ 45 „
515. Kahl a/M	1 „ 14 „		543. Rengersbrunn	— „ 30 „
516. Hösbach	15 „ 30 „			

Summa: 835 fl. 21½ kr.

Uebertrag: 7,793 fl. 7¾ kr.

Summa: 8,628 fl. 29¼ kr.

Würzburg, den 31. Juli 1872.

Dr. Reininger, Domcapitular.

Im Auftrag und Verlag des bischöflichen Ordinariates.
Druck der C. J. Becker'schen Buchdruckerei.

Würzburger Diöcesan-Blatt.

№ 35.

30. August   Achtzehnter Jahrgang.   1872.

E. N. 4314.

An sämmtliche Decanate und Klostervorstände der Diöcese, sowie an die Pfarreien der Stadt Würzburg.

Den Schematismus pro 1873 betr.

Es ergeht andurch die Weisung, die im Laufe dieses Jahres vorgekommenen Aenderungen im Personalstande und in den Pfarreiverhältnissen nach den Rubriken des Diöcesanschematismus bis längstens zum 1. November l. J. als äussersten Termin anher einzusenden. Dabei wird bemerkt, daß die Seelenzahl und Entfernung vom Pfarrorte bei allen Filialen, Höfen und Weilern ꝛc. speziel aufzuführen, von Aufzählung einzelner im allernächsten Rayon der bezüglichen Ortschaften oder auf Bahnlinien gelegener Häuser ꝛc. aber Umgang zu nehmen ist. Die Hauptsumma der Seelenzahl ist für jedes Decanat anzugeben, desgleichen sind alle Aus- und Einpfarrungen, die Aenderungen in den Amts- und Postbestellbezirken hinsichtlich der Pfarr- und Filialorte, der Errichtung neuer Seelsorgstellen, des Personalbestandes im Säcular- und Regular-Clerus genau aufzuführen. Etwaige Druck- und sonstige Fehler in der vorjährigen Ausgabe des Schematismus sind speziel hervorzuheben.

Zu den Herren Decanen wird vertraut, daß sie die erforderlichen Tabellen auf Grund sorgfältiger Erhebungen mit Umsicht und Genauigkeit anfertigen und unfehlbar bis zum vorgesetzten Termin anher einbefördern werden.

Würzburg, den 29. August 1872.

Bischöfliches Ordinariat.

Dr. Himmelstein, Vic. Gen.

Hohn, Act.

Amtliche Diöcesan-Nachrichten.

Seine Bischöflichen Gnaden haben am 26. l. M. beschlossen, die erledigte Pfarrei Eisingen, b. Dec. Lengfurt, dem Herrn Dechantpfarrer Johann Joseph Schnorr zu Urspringen zu verleihen.

In Ausübung des landesherrlichen Patronates wurde die Pfarrei Wipfeld, b. Dec. Volkach dem Priester Herrn Dr. Philipp Hergenröther, Religionslehrer an der Studienanstalt und Privatdocent an der Universität Würzburg, übertragen.

Instituirt wurde durch Decret vom 27. l. M. Herr Caplan Tobias Reichold für das S. Wolfgangs-Beneficium in Ochsenfurt.

Durch Decrete vom 17. l. M. wurden Herr Caplan Peter Polycarp Baumann von Ebertshausen als Cooperator nach Untereisenheim, Herr Caplan Johann Joseph Göpfert von Zellingen als solcher nach Kitzingen und Herr Rudolf Soeder, neugeweihter Priester, als Caplan nach Zellingen angewiesen.

In Nr. 142 des Kreisamtsblattes ist die Pfarrei Oberbessenbach, b. Dec. Lohr, mit 608 fl. 50 kr. Reinertrag unter Festsetzung vierwöchentlichen Bewerbungstermines ausgeschrieben.

Obiit die 24. Aug. 1872
Rev. Dom. Gustavus Roth ex Aschaffenburg,
antea Sacellanus in Grossostheim,
natus d. 9. Febr 1841, Presb. initiatus d. 18. Julii 1866.
Cujus anima piae Confratrum
memoriae commendatur.

Peterspfennige.

Juli 1872.

Gemünden	13 fl.	— kr.	Ettleben	20 fl.	30 kr.
Augsfeld	7 „	18 „	Böttigheim	90 „	— „
Obersinn	14 „	— „	Langendorf	14 „	30 „
Obervolkach	1 „	— „	Westheim	1 „	51 „
Aschaffenburg Pf. z. S.			Oberbach	5 „	15 „
Agatha	40 „	— „	Münnerstadt	38 „	— „
Neunkirchen	10 „	— „	Eisenbach	10 „	— „
Gießhausen	5 „	— „	Obernburg	42 „	— „
Untererthal	3 „	— „	Heßlar	5 „	— „
Heustreu	4 „	— „	Kirchheim	6 „	10½ „
Northeim	10 „	— „	Zellingen	7 „	41 „
Limbach	12 „	— „	Karlstadt	8 „	9¼ „
Obernau	22 „	— „	Lautenbach	3 „	20 „
Escherndorf	5 „	— „	Mühlbach	10 „	— „
Wenigumstadt	6 „	— „	Unterhohenried	5 „	— „
Klingenberg	10 „	— „	Geldersheim	27 „	30 „
Stetten	7 „	— „	Mürsbach	15 „	— „
Thüngersheim	8 „	45 „	Amorbach	15 „	— „
Wiesen	3 „	— „	Heppdiel	2 „	30 „
Schondra	11 „	30 „	Kirchzell	1 „	— „
Diebach	4 „	15 „	Miltenberg	12 „	— „
Prosselsheim	25 „	23 „	Rüdenau	1 „	30 „
Birkenfeld	8 „	28 „	Weilbach	1 „	— „
Steinfeld	30 „	— „	Rechtenbach	3 „	21 „
Urspringen	3 „	— „	Oberflatungen	5 „	— „
Gaukönigshofen	25 „	46 „	Kleinwallstadt	41 „	— „
Mömbris	15 „	— „	Trennfurt	17 „	30 „
Marktheidenfeld	26 „	30 „	Wörth	20 „	— „
Zeuzleben	25 „	27 „	Wenigumstadt	9 „	— „
Kronungen	13 „	— „	Heimbuchenthal	2 „	11 „
Ebenhausen	30 „	— „	Wintersbach	2 „	19 „
Eßleben	15 „	— „	Johannesberg	4 „	— „
Opferbaum	14 „	15 „	Frickenhausen	2 „	30 „
Waigolshausen	22 „	— „	Mellrichstadt	4 „	— „
Hergolshausen	7 „	15 „	Baunach	4 „	— „
Von den bei der Beerdigung			Dettelbach	46 „	— „
des H. H. Pf. Bopp in			Egenhausen	11 „	15 „
Ettleben anwesenten			Arnstein	11 „	— „
H. H. Geistlichen	18 „	36 „	Büchold	10 „	— „

Bühler	2 fl.	20 kr.
Rürnach	12 „	— „
Rohrbach	4 „	25 „
Steinbach	2 „	— „
Wiesenfeld	3 „	35 „
Mainaschaff	10 „	— „
Aub, Spitalpfarrei	5 „	— „
Aufstetten	7 „	4 „
„ „ besondere Gabe	5 „	— „
Baldersheim	9 „	15 „
Bieberehren	10 „	— „
Riedenheim	30 „	— „
Stalldorf	15 „	— „
Biebergau	35 „	— „
Birkenfeld	5 „	12 „
Marktsteinach	3 „	— „
Lohr	25 „	— „
Mechenhard	5 „	— „
Untersteinbach	6 „	30 „
Giebelstadt	18 „	— „
Kahl a/M.	14 „	7 „
Hösbach	13 „	15 „
Wenighösbach	3 „	51 „
Goldbach	8 „	— „
Oberpleichfeld	9 „	— „
Gerolzhofen	27 „	— „
Grettstadt	10 „	42 „
Paffelsheim	3 fl.	— kr.
Schallfeld	6 „	12 „
Sulzheim	2 „	9 „
Von Ungenannten	14 „	— „
Altenmünster	3 „	— „
Osthausen	8 „	— „
Werneck	12 „	45 „
Untereuerheim	17 „	15 „
Oberschleichach	4 „	— „
Vasbühl	5 „	54 „
Herrschfeld	4 „	— „
Neustadt a/S.	4 „	— „
Niederlauer	5 „	— „
Erlenbach	5 „	— „
Unterwittbach	7 „	— „
Würzburg, v. d. Redakt. des Sonntagsblattes	577 „	42 „
Güntersleben	9 „	25 „
Eisingen	2 „	20 „
Rothenfels	9 „	— „
Lauter	15 „	— „
Waldfenster	4 „	30 „
Sulzthal	15 „	— „
Legat des hochw. H. Pf. Baltenmeyer in Elsenfeld	100 „	— „

Summa: 1815 fl. 3¾ kr.

Würzburg, den 1. August 1872.

Kluespies, Domprädendat.

In Auftrag und Verlag des bischöflichen Ordinariates.
Druck der C. J. Becker'schen Buchdruckerei.

Würzburger Diöcesan-Blatt.

№ 36.

6. September   Achtzehnter Jahrgang.   1872.

E. N. 4426.

An die untengenannten bischöflichen Decanate und Pfarreien der Diöcese Würzburg.

Spendung des heil. Sacraments der
Firmung betr.

Seine bischöfliche Gnaden haben beschlossen, das heil. Sacrament der Firmung zu spenden:

1. Montag den 23. Sept. l. J. früh 8 Uhr in der Ritterkapelle zu Haßfurt für die Pfarreien: Haßfurt, Augsfeld, Knetzgau, Donnersdorf, Falkenstein, Grettstadt, Steinsfeld, Ober- und Unter-Theres, Westheim, Sulzheim, Forst, Gädheim, Mechenried, Obereuerheim, Prappach, Pusselsheim, Schonungen, Waldsachsen, Unterhohenried, Weyer, und die Filiale Krum (Pf. Zeil.)

2. Dienstag den 24. Sept. früh 8 Uhr in der Pfarrkirche zu Eltmann für die Pfarreien: Eltmann, Prölsdorf, Stettfeld, Theinheim, Untersteinbach, Limbach, Oberschleichach, Zell und Zeil.

3. Mittwoch den 25. Sept. früh 8 Uhr in der Pfarrkirche zu Ebern für die Pfarreien: Ebern, Gemeinfeld, Jesserndorf, Kirchlauter, Mürsbach, Pfarrweisach, Leuzendorf, Baunach, Gereuth, Unterpreppach.

4. Donnerstag den 26. Sept. früh 8 Uhr in der Pfarrkirche zu Hofheim für die Pfarreien: Hofheim, Happertshausen, Bundorf, Goßmannsdorf, Hausen, Marktsteinach, und die Curatie Friesenhausen.

5. Samstag den 28. Sept. früh 8 Uhr in der Pfarrkirche zu
Königshofen für die Pfarreien: Königshofen, Alsleben,
Althausen, Breitensee, Eyershausen, Merkershausen, Herbstadt,
Obereßfeld, Sternberg, Trappstadt, Untereßfeld, Groß- und
Kleinbardorf, Großeibstadt, Saal, Sulzdorf, Wülfershausen.

6. Montag den 30. Sept. früh 8 Uhr in der Pfarrkirche zu
Stadtlauringen für die Pfarreien: Stadtlauringen, Alt-
hausen, Altenmünster, Birnfeld, Ebertshausen, Hesselbach,
Poppenlauer, Seubrigshausen, Thundorf.

Die Hochwürdigen Herren Decane und Pfarrer erhalten den
Auftrag, das deßfalls Erforderliche anzuordnen.

D. Würzburg, 2. September 1872.

Bischöfliches Ordinariat.

Dr. Himmelstein, Vic. Gen.

Hohn, Act.

E. N. 4362.

An die H. H. Pfründebesitzer der Diöcese Würzburg.

Die Ueberweisung der Grundrenten an
die Grundrenten-Ablösungscasse betr.

Das Gesetz vom 28. April 1872 — die Grundentlastung btr.
— ordnet in den Artikeln 1 mit 6 die Wiederaufnahme der Grund-
rentenüberweisungen an und ist als letzter Termin zu den bezüglichen
Anmeldungen der 1. April 1853 festgesetzt. Da diese Ueberweisung
im Interesse der Pfründen liegt, so werden diejenigen Pfründenbe-
sitzer, deren Grundrenten rc. noch nicht abgelöst sind, hiemit unter
Hinweisung auf das diesbezügliche Ausschreiben der königlichen Regierung von Unterfranken rc. vom 17. Aug. (Kreisamtsblatt 1872 Nr.
140 S. 1902 rc.) angewiesen, die Ueberweisung derselben an die Ab-
lösungscasse unverzüglich zu beschäftigen und über den Vollzug binnen
vier Wochen Anzeige anher zu erstatten.

Würzburg, den 30. August 1872.

Bischöfliches Ordinariat.

Dr. Himmelstein, Vic. Gen.

Hohn, Act.

Amtliche Diöcesan-Nachrichten.

Die Wahl des Herrn Pfarrers Joseph Huller zu Altbessingen zum Definitor und des Herrn Pfarrers Anton Rissmann zu Büchold zum Procurator des Capitels Arnstein erhielt unterm 30. August die oberhirtliche Genehmigung.

Die erledigte ordentliche Professur der neutestamentlichen Exegese in der theologischen Facultät der k. Universität Würzburg wurde dem ordentlichen Professor der Theologie Herrn Dr. J. B. Wirthmüller, mit Beibehaltung der von ihm vertretenen Fächer, nämlich der theologischen Einleitungswissenschaften, der Patrologie und der biblischen Hermeneutik übertragen.

Durch Entschließung vom 30. v. M. wurde Herr Cooperator J. Aug. Herberich von Kürnach als Caplan nach Elsenfeld angewiesen, und mit Verwaltung der Pfarrei Hopferstadt unterm 3. l. M. der Priester Herr Joseph Meid betraut.

In Nr. 143 des Kreisamtsblattes ist die Pfarrei Rimpar, b. Decanats Dettelbach, mit 1535 fl. 8 kr. Reinertrag unter Festsetzung vierwöchentlicher Bewerbungsfrist ausgeschrieben.

Die zur Bestreitung der Kosten für die innere Einrichtung der Kirche zu Rist veranstaltete Kirchencollecte ertrug in diesseitiger Diöcese 704 fl. 31 kr.

———

Obiit ex ven. Frat. S. Chiliani
die 31. Aug. 1872
Rev. Dom. Georgius Schön ex Marktheidenfeld,
Paroch. in Hopferstadt, Decanus Capituli Ochsenfurt,
natus d. 21. Martii 1800, Presb. initiatus d. 20. Sept. 1823.
Pro cujus anima a singulis D. D. Confratribus
Ss. Missae Sacrificium ex pacto
curandum est.

———

Paramentenvertheilung betr.

Von den aus der Büx-Bitter'schen Stiftung für das Jahr 1871 den armen Kirchen der Diöcese bewilligten Paramenten liegen ferner zur Abgabe bereit:

a. Für Kirchen des Decanates Gemünden:

1. Gräfendorf 1 festl. Velum.
2. Hofstetten 1 Pluviale.
3. Filial Weiersfeld 1 Rauchfaß mit Schiffchen.
4. Massenbuch 1 grünes Meßgewand.
5. Filial Halsbach 1 Pluviale.

b. Für Kirchen des Decanates Heidingsfeld:

6. Ingolstadt 1 weißes festl. Meßgewand.

7. Kleinrinderfeld 1 Albe und 1 missale defunctorum.

8. Kist 1 Ciboriums=Velum.

9. Giebelstadt 1 Chorrock.

    c. Für Kirchen des Decanates Kissingen:

10. Albertshausen 1 weißes sonnt. Meßgewand.

11. Aura für Filial Wittershausen 1 Taufstole.

12. Elfershausen 1 weißes festl. Meßgewand.

13 Filial Trimberg 1 rothes Meßgewand.

14. Langendorf 1 Rauchfaß mit Schiffchen.

15. Langenleiten 1 schwarzes Meßgewand.

16. Poppenroth 1 weißes festl Meßgewand.

17. Premich 1 rothes Meßgewand und 1 Albe.

18. Filial Gefäll 1 blaues Meßgewand und 1 Albe.

19. Waldberg 1 missale defunctorum und 1 Albe.

20. Sandberg 1 frisch vergoldeter Kelch.

21. Stralsbach 1 weißes sonnt. Meßgewand.

22. Stangenroth 1 Chorrock u. 1 Velum.

    d. Für Kirchen des Decanates Kitzingen:

23. Kleinochsenfurt 2 Alben.

24. Buchbrunn 1 weißes sonnt. Meßgewand.

Die betreffenden Pfarrämter haben vorbezeichnete, bereits benebicirte, Paramente alsbald gegen eine mit dem Pfarramtssiegel versehene Empfangsbescheinigung unter Beilegung eines Tuches zur Emballage bei der Verwaltung der Bür=Bitter'schen Stiftung (Herrn Domkapitular Kraus, Martinsgasse D. II. Nr. 5) abholen zu lassen.

D. Würzburg, 3. September 1872.

    Bischöfliches Ordinariat.

      Dr. Himmelstein, Vic. Gen.

                    Hohn, Act.

In Auftrag und Verlag des bischöflichen Ordinariates.
Druck der C. J. Becker'schen Buchdruckerei.

Würzburger Diöcesan-Blatt.

№ 37.

13. September   Achtzehnter Jahrgang.   1872.

E. N. 4436.

An den hochwürdigen Diöcesan-Clerus.

Abhaltung geistlicher Exercitien betr.

Auf Anordnung Seiner Bischöflichen Gnaden, unsers Hochwürdigsten Herrn Ordinarius, werden in diesem Jahre wieder im Clerical-Seminar ad pastorem bonum Priester-Exercitien abgehalten werden. Dieselben werden ihren Anfang nehmen Montag den 14. October Abends und Freitag den 18. October Morgens endigen.

D. Würzburg, 6. September 1872.

Bischöfliches Ordinariat.

Dr. Himmelstein, Vic. Gen.

Hohn, Act.

Amtliche Diöcesan-Nachrichten.

Instituirt wurde am 5. l. M. Herr Pfarrer Mich. Then von Goßmannsdorf für die Pfarrei Happertshausen, b. Decanats Stadtlauringen, — am 9. Herr Pfarrer Anton Beez von Gereuth für die Pfarrei Stangenroth, b. Decanats Kissingen, — am 11. Herr Dechantpfarrer Johann Gaß von Albertshausen für die Pfarrei Arnstein.

In Nr. 147 des Kreisamtsblattes ist die Pfarrei Salz, b. Decanats Neustatt a/S., mit 705 fl. 48 kr. Reinertrag. — und das Frühmeßbeneficium zu Grafenrheinfeld, b. Decanats Volkach, mit 522 fl. 39 kr. Reinertrag unter Festsetzung vierwöchentlicher Bewerbungsfrist ausgeschrieben.

Berichtigung.

Auf Seite 146 der vorigen Nummer des Diöcesanblattes wurde in dem oberhirtlichen Decrete v. 30. v. M. als letzter Termin der Anmeldung von Grundrenten zur Ablösungskasse der 1. April **1858** angegeben; statt dessen ist als letzter Termin der 1. April **1873** zu setzen.

Beiträge zum bischöflichen Knabenseminar in Würzburg.

~~~~~

August 1872.

544. Von der Verlassenschaft des Pfarrers Schwind aus Rohrbach	246 fl. 15 kr.	556. Helmstadt	16 fl. 14 kr.
545. Von derselben Verlassenschaft	135 „ — „	557. Holzkirchhausen	11 „ 30 „
546. Mömbris	50 „ — „	558. Ochsenfurt	25 „ 30 „
547. Legat des Pfarrers Baltenmayer zu Elsenfeld	379 „ — „	559. Stockheim	5 „ — „
		560. Wülfershausen	5 „ 41 „
		561. Eußenhausen	8 „ 34 „
		562. Rüdenau	4 „ 24 „
548. Clericalseminar	6 „ 51 „	563. Aufstetten	8 „ 11 „
549. Stammheim	3 „ 12 „	564. Balbersheim	23 „ 40 „
550. Sulzheim a/M	9 „ — „	565. Oesfeld	2 „ — „
551. Dellingen	17 „ 12 „	566. Stalldorf	6 „ — „
552. Grafenrheinfeld	22 „ — „	567. Tauberrettersheim	6 „ 17 „
553. Burglauer	19 „ — „	568. Gelchsheim	37 „ 20¾ „
554. Erlenbach	2 „ 27 „	569. Goßmannsdorf	7 „ 30 „
555. Tiefenthal	3 „ 49 „	570. Darstadt	17 „ — „
		571. Hopferstadt	13 „ 42 „
		572. Obersinn	6 „ 15 „
		573. Werneck	8 „ — „

Summa: 1106 fl. 35¾ kr.
Uebertrag: 8628 fl. 29¼ kr.

Summa: 9735 fl. 5 kr.

Würzburg den, 31. August 1872.

Dr. Reininger, Domcapitular.

Sanctissimi Domini Nostri

PII

Divina Providentia

PAPAE IX

LITTERAE APOSTOLICAE

quibus fidelium societates pro re catholica tuenda institutae
laudantur, earumque in vinculis caritatis unio
commendatur.

PIUS PP. IX.

Ad futuram rei memoriam.

Maximas sine intermissione in humilitate Nostra reddimus grates Deo
et Patri Domini nostri Jesu Christi, Patri misericordiarum, et Deo totius
consolationis, qui in tanta tribulatione Nostra, tantaque amaritudine allevat
dolorem Nostrum, suscitans in filiis suis spiritum pietatis et orationis, spiritum
caritatis et fortitudinis, ut tot malis ex acerrimo potestatis tenebrarum in
catholicam religionem bello opportuna per eos obiiciantur remedia. Deo enim
acceptum referimus mirabile illud ubique terrarum studium et Christifidelium
ardorem, quo hi voluntate unanimes praeclarissima fidei ac pietatis edunt
specimina, et omni ope, opera et industria iniquitatis torrenti quasi murum
se opponunt, nihilque reliqui faciunt, ut fidei integritas servetur, ut fidelis
populus crescat in scientia Dei, et in omni opere bono fructificet, uberiori-
busque coelestis gratiae auxiliis munitus a perversis inimicorum Ecclesiae
doctrinis constantius abhorreat. Acceptas quoque Deo referimus utilissimas
Societates initas, quae, aliae aliam in tot Ecclesiae necessitatibus sibi depos-
centes provinciam, quasi acies instructae praeliantur praelia Domini, et mali-
tiosorum hominum conatus egregiis operibus retundere atque evertere stu-
dent, impiorumque latebras prodere, et ipsum in eis, cui miserrimi serviunt,
diabolum debellare.

Quae omnia laudis praeconio digna et calamitosis hisce temporibus
opportunissima pluries per Nostras Litteras summopere commendavimus,
easdemque societates spiritualibus privilegiis auximus et indulgentiis, et ad
maiora in dies pro re catholica et sempiterna animarum salute in miserri-
ma hac rerum omnium conversione atque errorum caligine praestanda inflam-
mavimus. Idque praesertim erga eas societates praestitimus, quae in hac
alma Urbe Nostra constitutae sunt, quaeque Romani populi pietatem, atque
illius in hanc Sedem Apostolicam fidei, studiique constantiam praeclarissimo
testimonio cofirmant. Enimvero antequam alma Urbs, Sedes Beati Petri
ac Universi Catholici Orbis Caput, miserrimam et infelicem, in qua nunc
est, conditionem sacrilegis armis, nefariisque machinationibus redigeretur,

iam contra impiorum hominum Insidias et molitiones cum sodalitas ad pestiferam malorum librorum et ephemeridum lectionem amovendam, tum romana cohors catholicae Iuventatis, quae S. Petri circulus nominatus, constituae fuerant. Capta autem Urbe, Nobis ipsis sub hostilem dominationem redactis, impietatis, malitiaeque colluvie exundante, Romanorum civium pietas latius elucere coepit. Nam non modo memorati coetus novis veluti aucti viribus, sed aliae longe ampliores, sive catholicis rebus provehendis, sive bonis operibus promovendis institutae sunt societates, nec minori cum laude initae et piae catholicarum mulierum unio, et societas a praeliis pro Sancta Sede Apostolica pugnatis, et sodalitas a continuis supplicationibus, et coetus cultorum bonarum artium atque operariorum de mutua caritate, et societas promovendae bonorum librorum diffusioni, et sodalitas a pio ancillarum patrocinio, quae omnes in bonum rei catholicae summo studio, sanctaque aemulatione allaborant, uberesque plane fructus iam contulerunt.

Verum temperare Nobis non possumus, quin piis huiusmodi societatibus amplissimis gratulemur verbis, quod hac consilio, a societate ad quaecunque bona opera promovenda proposito, ultro, libenterque annuentes foedus iniverint, quo, unitate spiritus in vinculo pacis, caritatisque servata, societates ipsae, suo singulae instituto integre inhaerentes, ad fidem defendendam, Ecclesiae iura asserenda, eiusque libertatem vindicandam, collatis consiliis et viribus conspirent. Hoc scilicet vinculo arctius inter se colligatae, ut primi credentes, quorum erat cor unum et anima una, contra adversariorum impetus terribiles, velut acies ordinata dimicare pergant. Porro ob magnam, quam ex virium unione fidelibus et Ecclesiae universae Nobis in tanta rerum perturbatione pollicemur utilitatem, in Domino confidimus fore, ut ceterae societates omnes ubique, praesertim vero per Italiam institutae, quarum praecipuum est aerumnosis hisce temporibus qua supplicationibus ad Deum assiduis, qua recta et christiana adolescentium institutione, qua scriptis, aliisve bonis cuiusque generis operibus perversae saeculi iniquitati pro virili parte occurrere et obsistere, concordibus animis, ad bonum certandum certamen et ipsae unico foedere iungantur.

(Finis consequetur.)

Im Auftrag und Verlag des bischöflichen Ordinariates.
Druck der C. J. Beder'schen Buchdruckerei.

Würzburger Diöcesan-Blatt.

№ 38.

20. September   Achtzehnter Jahrgang.   1872.

Amtliche Diöcesan-Nachrichten.

Durch Entschließung v. 2. l. M. wurde Herr Caplan Carl Abert in Elsenfeld in gleicher Eigenschaft nach Ebertshausen, — und Herr Neopresbyter Adam Herzog als Caplan nach Sommerau angewiesen, — dem Herrn Pfarrvicar Carl Müller in Arnstein wurde verstattet in seine vorige Stellung als Caplan dortselbst zurückzutreten.

Die Wahl des Herrn Pfarrers Anton Hereth in Unterpleichfeld zum Definitor des Capitels Dettelbach, — und die Wahl des Herrn Pfarrers Valentin Faulhaber in Waldbrunn zum Definitor des Capitels Lengfurt erhielt am 13. l. M. die oberhirtliche Genehmigung.

In Nr. 150 des Kreisamtsblattes ist die Pfarrei Hopferstadt, Decanats Ochsenfurt, mit 936 fl. 14¼ kr. Reinertrag unter Festsetzung vierwöchentlichen Bewerbungstermins ausgeschrieben.

Sanctissimi Domini Nostri

PII

Divina Providentia

PAPAE IX

LITTERAE APOSTOLICAE

quibus fidelium societates pro re catholica tuenda institutae laudantur, earumque in vinculis caritatis unio commendatur.

PIUS PP. IX.

Ad futuram rei memoriam.

(Finis.)

Hisce denique Litteris vehementer pias societates huiusmodi tum quae foedus iniere, tum quae iis erunt accessurae, tum fideles omnes hortamur et obsecramus, ut in hanc Sanctae Sedis petram, unicum salutis pharum intueantur, eiusque infallibili obsequantur magisterio, sacrorumque Antistitibus gratiam et communionem eiusdem Sedis Apostolicae habentibus reverentiam et obedientiam exhibeant, utque non sua, sed quae Iesu Christi sunt, omnino quaerentes, id unum summo studio et alacritate contendant, ut fides nostra, quae vicit mundum, integro atque inviolabiliter servetur, utque depulsis errorum tenebris, eversaque flagitiosorum hominum in Christi religionem praeliantium audacia, catholica Ecclesia triumphet. Nos pro certo et explorato habemus, huiusmodi societates, caritatis et pietatis vinculo studiosissimo inter se devinctas, id cumulate praestituras esse; atque in certam erigimur spem, ut Deus respiciens ad filiorum suorum vota, lacrymas, ieiunia, eleemosynas et preces, iram in misericordiam propitiatus convertat, et impii confiteri cogantur, fideles Deum protectorem habere, et ob id ipsum inviolabiles esse.

Datum Romae apud S. Petrum sub annulo Piscatoris die XXIII. Februarii MDCCCLXXII. Pontificatus nostri anno vicesimo sexto.

Card. Paracciani Clarelli

PIUS P. P. IX

AD PERPETUAM REI MEMORIAM.

Quum sicut accepimus, in Ecclesia titulo Sancti Aegidii Abbatis Civitatis Ratisbonensis pia quaedam mulierum fidelium Sodalitas sub titulo Matrum Christianarum et invocatione Beatae Mariae Virginis Perdolentis canonice, ut praefertur, instituta fuerit, cujus Sodalitatis consorores inter plurima pietatis et caritatis opera, quae exercere consueverunt seu intendunt, christianam prolis educationem curare inprimis studeant; Nos ut hujusmodi Sodalitas majora incrementa suscipiat, precibus quas nuper Nobis admovit Venerabilis Frater Ignatius Episcopus Ratisbonensis, lubenti animo obsecundare volentes, de Omnipotentis Dei misericordia, ac Beatorum Petri et Pauli, Apostolorum ejus, auctoritate confisi, omnibus et singulis mulieribus Christifidelibus, quae dictam Sodalitatem in posterum ingredientur, die primo earum ingressus, si vere poenitentes et confessae Sanctissimum Eucharistiae Sacramentum sumpserint, plenariam; ac tam descriptis quam pro tempore describendis in memoratam Sodalitatem consororibus in cujuslibet earum mortis articulo, si vere quoque poenitentes et confessae ac Sacra Communione refectae, vel quatenus id facere nequiverint, saltem contritae nomen Jesu ore, si potuerint, sin minus corde devote invocaverint, etiam plenariam; nec non eisdem nunc et pro tempore existentibus dictae Sodalitatis consororibus etiam vere poenitentibus et confessis ac Sacra Communione refectis, quae ecclesiam Sodalitatis, vel quamlibet aliam Dioecesis Ratisbonensis [1]), in festivitate Epiphaniae Domini nostri Jesu Christi, in Conceptionis et Purificationis Beatae Mariae Virginis festivitatibus, nec non diebus festis Sancti Josephi Sponsi, et Sanctae Annae Matris ejusdem Genitricis Dei Mariae, Sanctorum Augustini Episcopi, Confessoris et Ecclesiae Doctoris, Aloysii Gonzagae, Sanctae Monicae, in celebritate Omnium Sanctorum, tertia Dominica mensis Septembris, die Commemorationis Omnium Fidelium Defunctorum, die secunda mensis Octobris, feria sexta infra hebdomadam Passionis, vel uno ex septem diebus continuis immediate respective subsequentibus, cujusque praefatarum consororum arbitrio respective subsequentibus, cujusque mensis die, quo

---

[1]) Juxta declarationem desuper factam consorores Sodalitatis ad aliam dioecesim pertinentis, Archisodalitati vero Ratisbonensi vi subsequentium Litterarum Apostolicarum aggregatae, huic conditioni satisfaciunt, si ecclesiam propriae cujusque dioecesis devote visitaverint.

commemoratae consorores ad sacram Concionem a dictae Sodalitatis moderatore habendam convenerint, ab ortu usque ad occasum solis dici hujusmodi singulis annis devote visitaverint, et ibi pro christianorum principum concordia, haeresum exstirpatione ac Sanctae Matris Ecclesiae exaltatione pias ad Deum preces effuderint, quo ex praedictis die id egerint, plenariam similiter omnium peccatorum suorum indulgentiam et remissionem misericorditer in Domino concedimus. Praeterea dictis consororibus saltem corde contritis pro quolibet opere bono, quod juxta hujusmodi Sodalitatis institutum rite peregerint, unum annum; quolibet autem die preces quotidianas ex praescripto Sodalitatis ejusdem devote recitantibus sexaginta dies de injunctis eis, seu alias quomodolibet debitis poenitentiis in forma Ecclesiae consueta relaxamus. Quas omnes et singulas indulgentias, peccatorum remissiones, ac poenitentiarum relaxationes etiam animabus Christifidelium, quae Deo in caritate conjunctae ab hac luce migraverint, per modum suffragii applicari posse indulgemus. In contrarium facientibus non obstantibus quibuscumque. Praesentibus perpetuis futuris temporibus valituris. Volumus autem, ut si alias dictae Sodalitati aliquod aliud huic simile indultum concessum fuerit, illud sit revocatum, prout per praesentes auctoritate Nostra apostolica revocamus; utque, si dicta Sodalitas alicui Archisodalitati in posterum aggregetur, aut quavis alia ratione uniatur, vel etiam quomodolibet instituatur, quaevis aliae Litterae Apostolicae illi nullatenus suffragentur, sed ex tunc eo ipso nullae sint.

Datum Romae apud Sanctum Petrum sub Annulo Piscatoris, die VI. Julii MDCCCLXXI. Pontificatus Nostri Anno XXVI.

Pro Domino Card. **Paracciani-Clarelli**

F. Profili, Substitutus.

(L. S.)

Im Auftrag und Verlag des bischöflichen Ordinariates.
Druck der C. J. Becker'schen Buchdruckerei.

Würzburger Diöcesan-Blatt.

№ 39.

| 27. September | Achtzehnter Jahrgang. | 1872. |

Amtliche Diöcesan-Nachrichten.

Durch Entschließung vom 13. l. M. wurde Herr Caplan Georg Buhl in Steinfeld in gleicher Eigenschaft nach Wechterswinkel, — Herr Caplan Johann Kaufmann in Wechterswinkel in gleicher Eigenschaft nach Ochsenfurt, — Herr Caplan August Stumpf in Sommerau in gleicher Eigenschaft nach Ernstkirchen, — Herr Caplan Joseph Baus an der Pfarrei Haug dahier als Localcaplan nach Giebelstadt, — Herr Pfarrvicar Georg Philipp Keller in Stangenroth in gleicher Eigenschaft nach Gereuth, — Herr Neopresbyter Lorenz Thein als Caplan nach Oberbach, — Herr Neopresbyter Georg Weiler als Caplan nach Fellen angewiesen.

Instituirt wurde am 25. l. M. Herr Pfarrer Franz Pistel von Salz für die Pfarrei Grafenrheinfeld.

Kindheit-Jesu-Verein.

Juli 1872.

Decanat Alzenau: Goldbach 1 fl. 42 kr., Mainaschaff 10 fl., Hörstein 8 fl. 35 kr., Hösbach 1 fl. 42 kr.	21 fl. 23 kr.
„ Arnstein: Schwebenried 4 fl.	4 fl. — kr.
„ Aschaffenburg: Legat des verstorbenen Pfarrers in Elsenfeld Herrn Baltenmaher 200 fl., Kleinwallstadt 42 fl., Trennfurt 17 fl., Wörth 6 fl.	265 fl. — kr.
„ Gelbersheim: Ebenhausen 14 fl., Waigolshausen 13 fl. 30 kr., Mühlhausen 4 fl. 6 kr., Euerbach 3 fl., Hergolshausen 1 fl. 35 kr.	36 fl. 11 kr.
„ Karlstadt: Zellingen 5 fl. 19 kr., Retzbach 8 fl. 30 kr., Karlstadt 7 fl. 49 kr. baar eingeschickt	21 fl. 24 kr.
„ Lohr: Heigenbrücken 4 fl.	4 fl. — kr.
„ Neustadt: Burgwallbach 5 fl.	5 fl. — kr.
„ Ochsenfurt: Ofthausen 2 fl.	2 fl. — kr.
„ Würzburg: Lengfeld 4 fl.	4 fl. — kr.
Stadt Würzburg: Familie R. 1 fl. F. Knabeninstitut 30 kr.	1 fl. 30 kr.

August 1872.

Decanat Bischofsheim: Oberstabungen 8 fl.	8 fl. — kr.
„ Mellrichstadt: Oberstreu 16 fL 15 kr.	16 fl. 15 kr.

Würzburg, den 1. September 1872.

Günter, Dompredlger.

(Copia. — Ad Deer. d. d. 26. Apr. 1872, Dioec.-Bl. Nr. 18.)

Pius P. P. IX
AD PERPETUAM REI MEMORIAM.

Inter tot, tantasquo calamitates et aerumnas non levem Nobis conso-lationcm attulere Venerabilis Fratris Ignatii Episcopi Ratisbonensis Litterae, quibus nunciatur Nobis, catholicas Germaniae matres in tanta rerum omnium perturbatione summopere 'de recta suae sobolis institutione sollicitas in eam mentem venisse, ut Societates sub patrocinio et invocatione Beatissimae Mariae Virginis et Matris Perdolentis inter se ineant, quo collatis precibus, consiliis ac viribus suas proles recte ac pie instituere, et a gravissimis periculis, quae calamitosis hisce temporibus imperitam praesertim adolescentiam et incautam juventutem circumstant, tutari facilius possint.

Una hujusmodi instituti Societas jam inde ab annno MDCCCLXVIII. Ratisbonae in Aede Sancti Aegidii Abbatis canonice erecta est, quam nos similibus Litteris Nostris VI Julii hoc ipso anno nonnullis indulgentiis, aliisque spiritualibus gratiis ditavimus. Jam vero quum novae hae Societates exoptent, se praedicto Ratisbonensi Sodalitio aggregari, ut indulgentiarum et spiritualium gratiarum, quibus illud auctum est, participes sint, supplicatum Nobis est ab eodem Venerabili Fratre Ignatio, ut Ratisbonense Sodalitium praefatum ad Archisodalitii dignitatem apostolica Nostra auctoritate evehere velimus.

Nos igitur hujusmodi votis libenti, alacrique animo obsecundare omnesque et singulas personas, quibus hae Litterae Nostrae favent, peculiari beneficentia prosequi volentes, et a quibusvis excommunicationis et interdicti aliisque sententiis, censuris et poenis quovis modo vel quavis de causa latis, si quas forte incurrerint, hujus tantum rei gratia absolventes ac absolutas fore censentes, apostolica auctoritate Nostra, hisce Litteris, Societatem Matrum Christianarum Ratisbonae in Ecclesiae Sancti Aegidii Abbatis canonice institutam in Archisodalitem cum omnibus et singulis praerogativis, juribus, honoribus et praeeminentiis solitis et consuetis perpetuum in modum erigimus atque instituimus.

Ecclesiastico autem Archisodalitatis sic a Nobis erectae pro tempore moderatori, ut, de consensu scriptis expresso Ratisbonensis Ordinarii, alias quascumque ejusdem invocationis et instituti Societates seu Sodalitia tum in universa Germania, cum in locis finitimis, ubi fideles Germanica lingua utantur, eidem Archisodalitati Ratisbonensi, servata tamen forma Constitutionis fel. rec. Clementis Papae VIII. Praedecessoris Nostri desuper editae, aggregare, illisque omnes et singulas indulgentias, peccatorum remissiones ac poenitentiarum relaxationes ipsi Ratisbonensi Sodalitati modo in Archisodalitatem evectae a Nobis concessas, dummodo hae communicabiles sint, communicare libere et licite possit ac valeat, apostolica item auctoritate Nostra, tenore praesentium, perpetuis, futurisque temporibus concedimus ac indulgemus.

Decernentes, has Litteras Nostras semper firmas, validas et efficaces existere et fore, suosque plenarios et integros effectus sortiri et obtinere, illisque ad quos spectat, ac pro tempore spectabit, in omnibus plenissime suffragari; sicque in praemissis per quoscumque judices ordinarios et delegatos, etiam causarum Palatii Apostolici Auditores judicari et definiri debere, ac irritum et inane, si secus super his a quoquam quavis auctoritate scienter vel ignoranter contigerit attentari. Non obstantibus Constitutionibus et Sanctionibus Apostolicis, et quatenus opus sit, praedicti Sodalitii, aliisque quibusvis privilegiis, indultis et Litteris Apostolicis in contrarium praemissorum quomodolibet consessis, confirmatis et innovatis, quibus omnibus et singulis, illorum tenores praesentibus pro plene et sufficienter expressis, ac de verbo ad verbum insertis habentes, illis alias in suo robore permansuris, ad praemissum effectum hac vice dumtaxat specialiter et expresse derogamus, caeterisque contrariis quibuscumque.

Datum Romae apud Sanctum Petrum sub annulo Piscatoris, die XII. Mensis Decembris MDCCCLXXI. Pontificatus Nostri Anno Vigesimosexto.

Pro Domino Card. **Paracciani-Clarelli**

F. Profili, Substitutus.

(L. S.)

Tandem Apostolicis [Litteris d. d. XXVI Januarii anni MDCCCLXXII. Sanctissimus Dominus noster Pius P. P. IX. Episcopo Ratisbonensi, ejusque in Pontificatu Ratisbonensi successoribus potestatem fecit, „cujus vi inter probatissimos Civitatis vel Dioecesis Ratisbonensis sacerdotes supremum Archisodalitatis Matrum Christianarum Moderatorem eligere libere possit et licite;" huicque „supremo Moderatori dumtaxat facultatem aggregandi Sodalitates ejusdem nominis atque instituti, et singulos etiam sodales, uti ordinarius Moderator (servatam etenim eidem voluit facultatem adscribendi eidem Archisodalitio sodales singulos), detulit atque indulsit, ideoque hac in re tantum praefatis Litteris d. d. XII. Decembris MDCCCLXXI. derogavit."

Im Auftrag und Verlag des bischöflichen Ordinariates.
Druck der G. J. Becker'schen Buchdruckerei.

Würzburger Diöcesan-Blatt.

№ 40.

4. October   Achtzehnter Jahrgang.   1872.

E. N. 4854.

An die betreffenden Decanate und Pfarreien der Diöcese Würzburg.

Spendung des heil. Sacraments der
Firmung betr.

Seine Bischöfliche Gnaden haben beschlossen, das heilige Sacrament der Firmung zu spenden:

1. Montag den 21. October l. J. früh 9 Uhr in der Pfarrkirche zu Gemünden für die Pfarreien: Gemünden, Rineck, Langenprozelten, Massenbuch, Obersinn, Burgsinn, Fellen, Gössenheim, Gräfendorf, Hofstetten, Karsbach, Wernfeld, Wolfsmünster.

2. Dienstag den 22. October l. J. früh 9 Uhr in der Pfarrkirche zu Lohr für die Pfarreien: Lohr, Rothenfels, Wiesenfeld, Pflochsbach, Rechtenbach, Rohrbach, Steinbach, Neustadt, Hafenlohr, Rothenbuch, Stadelhofen, Steinfeld, Wiesen, Frammersbach, Wiesthal.

Sollte wegen Benützung der Eisenbahn bezüglich der Firmlinge der einen oder andern Pfarrei ein späteres Eintreffen erfolgen, so wird für diese der ganze Act neu begonnen werden.

Die durch obigen Beschluß betroffenen Decanate und Pfarreien werden beauftragt, das hiernach Erforderliche anzuordnen.

D. Würzburg, 2. October 1872.

Bischöfliches Ordinariat.

Dr. Himmelstein, Vic. Gen.

Hohn, Act.

Amtliche Diöcesan-Nachrichten.

Durch Entschließung v. 13. v. M. wurde Herr Caplan Adam Treubert in Kleinsassen mit Verwaltung der Pfarrei Salz, — durch solche v. 26. v. M. Herr Pfarrvicar Liborius Huhn in Stralsbach mit Verwaltung der Pfarrei Albertshausen, — Herr Pfarrvicar Georg Mann in Röllbach mit Verwaltung der Pfarrei Wenigumstadt, — und Herr Caplan August Weber in Urspringen mit Verwaltung letztgenannter Pfarrei betraut.

Durch Decret v. 23. v. M. wurde Herr Caplan Michael Biegner in Ernstkirchen als Cooperator nach Kürnach, — und Herr Caplan Johann Metz in Oberndorf als Cooperator nach Bergtheim angewiesen.

Die Wahl des Herrn Pfarrers Sebastian Heimberger in Sulzthal zum Decan des Capitels Kissingen wurde unterm 30. v. M. genehmigt. — Die Resignation des Herrn Pfarrers Conrad Klarmann zu Eltingshausen auf die dortige Pfarrei wurde unterm 23. v. M. genehmigt.

In Ausübung des landesherrlichen Patronates wurde das Beneficium Corp. Chr. in Röttingen dem Herrn Diöcesanpriester Ludwig Alois Bickel dortselbst verliehen, nachdem Herr Pfarrer Heinrich Hoffmann in Oberleinach dem Antritte bezeichneten Beneficiums entbunden worden war.

Instituirt wurde am 1. l. M. Herr Dechantpfarrer Johann Joseph Schnorr von Urspringen für die Pfarrei Eisingen, — am 2. l. M. Herr Pfarrvicar Carl Adam Helmeck in Happertshausen für die Pfarrei Weisbach, — und Herr Caplan Maximilian Fischer von Obereuerheim für die Pfarrei Goßmannsdorf, Dec. Stadtlauringen.

Peterspfennig.

August 1872.

Sulzfeld a/M.	13 fl. — kr.	Gemeinfeld	8 fl. — kr.
Würzburg, vom Clerical-Seminar	54 „ 58 „	Oellingen	9 „ — „
		Hopferstadt	1 „ — „
Grafenrheinfeld	11 „ 10 „	Wülfershausen	13 „ 48 „
Kleinrinderfeld	2 „ — „	Oberstreu	4 „ 30 „
Aschaffenburg	7 „ 15 „	Rineck	2 „ — „
Schwarzenau	5 „ — „	Obersinn	— „ 30 „
Burglauer	3 „ — „	Werneck, v. d. Irrenanst.	6 „ — „

Summa: 141 fl. 11 kr.

September 1872.

Unterpleichfeld	36 fl. 43 kr.	Birnfeld	2 fl. 30 kr.
Kirchschönbach	2 „ — „	Ebertshausen	50 „ — „
Albertshausen	3 „ — „	Happertshausen	4 „ 30 „
Aura	1 „ 3 „	Hofheim	35 „ 33 „
Aschach	9 „ — „	Poppenlauer	4 „ 30 „
Ramsthal	4 „ — „	Stadtlauringen	12 „ — „
Wolkshausen	15 „ 15 „	Thundorf	30 „ — „
Reilberg	3 „ — „	Lengfeld	7 „ — „
Rothenbuch	4 „ — „	Merkershausen	7 „ — „
Schmerlenbach	4 „ 15 „	Sulzdorf	7 „ — „
Aidhausen	30 „ 50 „	Bergtheim	15 „ — „
Altenmünster	3 „ — „	Würzburg von einem Ung.	19 „ 36¾ „

Summa: 310 fl. 45¾ kr.

Würzburg, den 2. October 1872.

Kluefpieß, Domprädendat.

DECRETUM CONGREGATIONIS SACRORUM RITUUM.
Societatis Presbyterorum Ss. Sacramenti.

Superior N. Societatis Presbyterorum Sanctissimi Sacramenti a. S. Rituum Congregatione inter cetera humiliter insequentium dubiorum solutionem postulavit, nimirum:

I. In concursu secundarum vesperarum Festi septem Dolorum Beatae Mariae Virginis cum primis vesperis Festi Sancti Ioseph die 18. Martii, an ad Completorium hymnus concludi debeat cum Doxologia Beatae Virginis Mariae?

II. Libri liturgici, ut Breviaria et Missalia, multis in locis reimprimuntur juxta quosdam usus quoad punctationem, verborum orthographiam, et cum observatione, ut aiunt, legum grammatices accuratiorum, et collatione facta cum optimis Sanctorum Patrum editionibus vel etiam Scripturae Sacrae; et insuper Hymni, Capitula et alia huiusmodi de loco ad locum transferuntur, pro utentium, ut asserunt, commoditate: an tuta conscientia isti libri liturgici adhiberi possint, cum non videantur sufficienter conformes Romanarum editionum authenticarum formae?

III. Quando ecclesia dedicanda est, non sub alicuius Beati vocabulo, sed alicuius Mysterii, ut Sanctae Crucis, Sanctissimi Sacramenti, an exprimendum sit nomen huius Mysterii loco nominis Sancti, quod venit recitandum in precibus primi lapidis et benedictionis seu consecrationis huius ecclesiae?

Sacra vero eadem Congregatio, re·mature perpensa, auditaque sententia alterius ex Apostolicarum Caeremoniarum Magistris, rescribendum censuit:

Ad I. *Serventur Rubricae, quae statuunt, quod si in Vesperis fiat commemoratio de Beata Maria Virgine, ad Completorium hymnus concluditur cum „Iesu, tibi sit gloria, qui natus es de Virgine."*

Ad II. *In editione librorum liturgicorum adamussim serventur leges in Constitutionibus et Bullis summorum Pontificum praescriptae.*

Ad III. *In Oratione quae incipit „Domine Deus, qui licet coelo et terra", omisso nomine cujusvis Sancti vel Sanctae dicatur „Beatae Mariae semper Virginis, omniumque Sanctorum intercedentibus meritis etc." Ad Benedictionem primarii lapidis in Oratione „Domine Sancte, Pater omnipotens, aeterne Deus etc." dicatur „in honorem Sanctae Crucis, in honorem Mysterii Sanctissimi Sacramenti."*

Atque ita rescripsit et servari mandavit die 11. Martii 1871.

C. Episc. Ostiens. et Velitern. Card. **Patrizi** S. R. C. Praef.

Ad notitiam!

Jacobus Hilbert, Presbyter dioecesis Herbipolensis, ad celebrandam missam non est admittendus.

Jn Auftrag und Verlag des bischöflichen Ordinariates.
Druck der G. J. Becker'schen Buchdruckerei.

Würzburger Diöcesan-Blatt.

№ 41.

11. October   Achtzehnter Jahrgang.   1872.

Wir

Johannes Valentin,

durch Gottes und des heil. apostolischen Stuhles Gnade Bischof von Würzburg,

entbieten zugleich im Namen der jüngst in Fulda versammelten deutschen Bischöfe unseren geliebten Diöcesanen Gruß und Segen im Herrn.

Es kann Euch, geliebteste Diöcesanen, nicht unbekannt sein, daß nach einem löblichen durch die Zeitverhältnisse begründeten kirchlichen Herkommen in gewissen Zwischenräumen die deutschen Bischöfe sich zu Fulda zu versammeln pflegen, um am Grabe des heiligen Bischofs und Märtyrers Bonifacius, des Apostels der Deutschen, in gemeinsamer Berathung die gemeinsamen Anliegen der Kirche, insbesondere unseres deutschen Vaterlandes zu erwägen und die entsprechenden Beschlüsse zu fassen. Und als Ihr vernommen habt, daß im verflossenen Monat wieder ein solcher Zusammentritt der deutschen Bischöfe in Fulda erfolgte, wer von Euch konnte da im Unklaren sein, über welche besonderen Anliegen der Kirche in unserem Vaterlande diesmal Berathung und entsprechende Beschlußfassung erfolgen werde? Wäre es möglich, daß die dermalige sehr ernste Lage unserer heiligen Kirche im Gebiete des deutschen Reiches, und die noch drohendere Zukunft derselben, durch welche jeder Katholik mit Schmerz und Trauer erfüllt wird, sich nicht im erhöhten Maaße geltend macht bei denjenigen, die sich vollkommen bewußt sind, **vom heiligen Geiste gesetzt zu sein, die Kirche Gottes zu regieren,** so wie auch, daß sie von dieser ihrer Verwaltung und **den ihnen anvertrauten Seelen die strengste Rechenschaft abzulegen haben?**

Ja Geliebteste, über diese ernste und traurige Lage und Bedrängung unserer hl. Kirche und über deren noch drohender sich gestaltende Zukunft haben wir, die in Fulda versammelten Bischöfe des deutschen Reiches, mit einmüthigster Eintracht berathen und Beschlüsse gefaßt im unerschütterlichen Vertrauen auf das Wort des Herrn: „Sie werden Hand an euch legen und euch verfolgen um meines Namens willen; . . . aber ich werde euch Rede und Weisheit verleihen, welcher nicht widersprechen noch widerstehen können alle euere Widersacher." (Luc. 21, 15.), und auf die weitere Verheissung: **„Was ihr immer den Vater in meinem Namen bitten werdet, das wird er euch geben."** (Joh. 16, 23.)

Was wir in dieser unserer Versammlung unter dem Eindrucke der gegenwärtigen sehr ernsten Lage und Bedrohung der heiligsten Interessen unserer heiligen Kirche im deutschen Reiche eingedenk unseres oberhirtlichen Amtes beschlossen haben, das wird euch, wenn ihr vom Gegenwärtigen durch eure Seelsorger Mittheilung erhalten werdet, bereits von anderer Seite durch die Oeffentlichkeit bekannt geworden sein, oder demnächst bekannt werden. Da wir aber in aller Bedrängniß unsere Zuflucht nehmen müssen zum Herrn, der allein die Beschützung und Erhaltung seiner Kirche übernommen, von dem allein auch für dieselbe alle Hülfe zu erwarten ist, so haben gleichzeitig Wir, die am Grabe des heiligen Bonifacius versammelten Bischöfe des deutschen Reiches, beschlossen, für das Anliegen insbesondere der katholischen Kirche in Deutschland, sowie der katholischen Kirche überhaupt gemeinsame Gebete anzuordnen. Demgemäß soll:

1. Anfangend vom Feste Allerheiligen dieses Jahres bis zum Anfange der heiligen Fastenzeit in allen Kirchen mit pfarrlichem Gottesdienste an allen Freitagen oder im Verhinderungsfalle am

darauffolgenden Sonntage eine Nachmittags-Andacht coram Sanctissimo exposito zum göttlichen Herzen Jesu abgehalten werden.

2. Diese öffentlichen Andachten sind am Allerheiligen-Feste von 6 Uhr Morgens anfangend durch ein sechsstündiges Gebet coram Sanctissimo exposito feierlich zu eröffnen.

Indem Wir unserem hochwürdigen Diöcesanclerus anmit aufgeben, dieses Unser gegenwärtiges Hirtenschreiben am Sonntag den 20. l. M. gleichzeitig in unserer Diöcese ihren Pfarrgemeinden von der Kanzel zu verkündigen, ordnen wir in Berücksichtigung der besonderen Verhältnisse unserer Diöcese an, daß die fraglichen Freitags-Andachten nach der im Diöcesan-Gesangbuche enthaltenen Form, die für das künftige Allerheiligen-Fest angeordnete Anbetung des Allerheiligsten nach der Ordnung der ewigen Anbetung abgehalten werde.

Gegeben Würzburg, 10. October 1872.

† **Johannes Valentin.**

E. N. 4960.

Die sogenannte Popp'sche Erbschaft betr.

Nachdem die oberhirtliche Stelle mehrfach in Erfahrung gebracht hat, daß bei dem berüchtigten Popp'schen Erbschafts-Schwindel auch die Religion durch Anwendung abergläubischer Mittel mißbraucht wird, fühlt sich dieselbe verpflichtet, den hochwürdigen Diöcesanclerus zu beauftragen, vorkommenden Falles die Pfarrkinder zur Bewahrung vor geistigem und materiellen Schaden von jeder Betheiligung dringend abzumahnen.

D. Würzburg, 4. October 1872.

Bischöfliches Ordinariat.

Dr. **Himmelstein,** Vic. Gen.

Hohn, Act.

Amtliche Diöcesan-Nachrichten.

~~~~~~

Durch Entschließung vom 2. l. M. wurde dem Herrn Diöcesanpriester Albert Zahn dessen frühere Caplaneistelle in Schweinheim wieder übertragen.

Durch Entschließung v. 4. l. M. wurde dem Herrn Caplan Paul Schlör in Schweinfurt die Localcaplanei Kerbfeld, — dem Herrn Pfarrvicar Georg Thein in Weisbach die Verwesung der Pfarrei Eltingshausen übertragen.

Instituirt wurde am 4. l. M. Herr Diöcesanpriester Lud. Aloys Bickel für das Beneficium in Röttingen.

Seine Bischöfliche Gnaden haben am 27. v. M. zu Königshofen im Grabfelde drei Altäre, — am 9. l. M. in der Schönborns-Capelle dahier eine Anzahl altaria portatilia conjecrirt, — und werden am 20. l. M. die neuerbaute Kirche zu Elfershausen einweihen.

————   —

Obiit ex ven. Frat. S. Chiliani
die 6. Octob. 1872
Rev. Dom. Michael Hebling ex Kist,
Paroch. in Wiesthal, Capituli Lohr,
natus d. 1. Dec. 1818, Presb. initiatus d. 16. Aug. 1845.
Pro cujus anima a singulis D. D. Confratribus
Ss. Missae Sacrificium ex pacto
curandum est.

————   ·   ———

In Auftrag und Verlag des bischöflichen Ordinariates.
Druck der C. J. Becker'schen Buchdruckerei.

Würzburger Diöcesan-Blatt.

№ 42.

| 18. October | Achtzehnter Jahrgang. | 1872. |

E. N. 5056.

Wiederbesetzung der Pfarrei Westheim b.

Durch Beförderung des bisherigen Pfründebesitzers ist die Pfarrei Westheim, Dec. Haßfurt, in Erledigung gekommen.

Bewerbungsgesuche um dieselbe sind an Seine Bischöfliche Gnaden als deren Collator zu stylisiren und binnen 4 Wochen anher vorzulegen.

D. Würzburg, 14. October 1872.

Bischöfliches Ordinariat.

Dr. Himmelstein, Vic. Gen.

Hohn, Act.

E. N. 5057.

Den Turnus bezüglich der Bittgesuche um Paramente aus der Büx-Bitter'schen und freih. von Stauffenberg'schen Stiftung betr.

Der Turnus bezüglich der Bittgesuche um Paramente aus der Büx-Bitter'schen und freih. von Stauffenberg'schen Stiftung trifft pro 1872 auf folgende Decanate:

Alzenau, Aschaffenburg, Dettelbach, Gerolzhofen, Haßfurt, Klingenberg, Röttingen, Rothenfels, Volkach, Würzburg.

Hiezu wird bemerkt:

1. Die Gesuche für arme Pfarr= und Filialkirchen aus diesen Decanaten sind durch den H. Dechant bis Ende November l. J. einzureichen, und ist solchen nebst der Angabe der Summe, welche im Etatsvoranschlage für Anschaffung von Paramenten angesetzt wurde, der summarische Ausweis des Vermögensstandes der Kirchenstiftung bezüglich des rentirenden Vermögens an Kapitalien, Rechten und Realitäten, dann der Ausgaben und des Aktivcassabestandes nach letzter Rechnung in Abschrift beizulegen. Etwaige besondere Lasten sind anzugeben.

2. Um die Verwaltung bei den beschränkten Mitteln der Paramenten=Stiftungen in den Stand zu setzen, Stoffe besserer Qualität zu den Paramenten verwenden zu können, ist es nothwendig, daß die Bittgesuche auf die dringensten Bedürfnisse wirklich armer Kirchen sich beschränken — und von Gegenständen, wie Cingula, Humeralien, Purifikatorien und dergleichen, welche sich durch Privatwohlthätigkeit beschaffen lassen, absehen.

Zugleich wird unter Hinweisung auf Circulare v. 28. Februar 1834 darauf aufmerksam gemacht, daß Ministranten=Kleidungen, Fahnen, Bahrtücher ꝛc. aus genannten Stiftungen nicht gereicht werden.

3. Die bischöflichen Decanate haben die an sie eingelaufenen Gesuche in Beziehung auf Armuth und Bedarf jeder Kirche genau zu prüfen und das Geeignete auf den Gesuchen zu bemerken, auch die etwa fehlenden Nachweise vor Einsendung ergänzen zu lassen.

Bis zum Ende November sind auch die Gesuche um Unterstützung armer Schulkinder aus den vormals reichsritterschaftlichen Ortschaften gleichfalls durch die bischöflichen Decanate und mit deren Gutachten versehen anher vorzulegen.

D. Würzburg, 14. October 1872.

Bischöfliches Ordinariat.

Dr Himmelstein, Vic Gen.

Hohn, Act.

Amtliche Diöcesan-Nachrichten.

Durch Entschließung v. 4. l. M. wurde Herr Caplan Wilhelm Faber in Sulzbach als Cooperator nach Sulzfeld (Dec. Königshofen), — Herr Pfarrvicar Emil Kempf von Roßbrunn als Caplan an die Pfarrei Stift-Haug zu Würzburg, — Herr Diöcesanpriester Johann Adam Müller (vorm. Caplan in Bastheim) als Caplan nach Zeuzleben, — Herr Diöcesanpriester Franz Kuhn (vorm. Caplan in Keilberg) als Caplan nach Volkach, — Herr Caplan Johann Philipp Eck in Schweinheim als Caplan nach Oberschwarzach, — durch Entschließung v. 7. l. M. Herr Cooperator Johann Elbert in Eltingshausen als Caplan nach Steinfeld, — Herr Curprediger Caspar Rothenbucher in Kissingen als Caplan nach Schweinfurt, — Herr Neopresbyter Ferdinand Joseph Weis als Caplan nach Kirchlauter, — Herr Neopresbyter Ludwig Hofmann als Caplan nach Mechenried, — durch Decret v. 11. l. M. Herr Neopresbyter Andreas Abloff als Cooperator nach Aschach angewiesen.

Mittelst Entschließung v. 7. l. M. wurde Herr Cooperator Georg Mark in Rohrbach zum Subregens am b. Knabenseminar zu Würzburg ernannt, — durch solche v. 8. l. M. Herr Caplan Franz Joseph Reinhard zu Wiesthal mit Verwaltung genannter Pfarrei betraut.

Die Wahl des Herrn Pfarrers Georg Amand Mantel in Wolkshausen zum Dechant des Capitels Ochsenfurt erhielt unterm 10. l. M. die oberhirtliche Genehmigung.

Die von der fürstlich Leiningen'schen Standesherrschaft für den Herrn Frühmeßverweser und Studienlehrer Johann Bayer in Amorbach ausgestellte Präsentation für die Pfarrei Heppdiel erhielt unterm 11. l. M. die oberhirtliche Genehmigung.

In Ausübung des landesherrlichen Patronates wurde die Pfarrei Oberelsbach dem Herrn Localcaplan Jacob Faßnacht in Wargolshausen, — die Pfarrei Forst dem Herrn Pfarrer Heinrich Ries in Westheim, — die Pfarrei Wenigumstadt dem Herrn Pfarrer Gottfried Hefner in Marktsteinach verliehen.

Der Herr Subregens Joseph Heßler am Studienseminar zu Aschaffenburg wurde zum Director des Auffees'schen Seminars in Bamberg ernannt.

Durch Entschließung v. 14. l. M. wurde dem Herrn Pfarrvicar Franz Ludwig Brunner in Oberelsbach die Localcaplanei Wargolshausen übertragen.

Der Pfründetausch des Herrn Pfarrers Adam Reinhard in Großlangheim und des Herrn Beneficiaten Jacob Imhof zu Gerolzhofen wurde unterm 4. l. M., — der Pfründetausch des Herrn Pfarrers Joseph Wackenreuber zu Mönchberg und des Herrn Pfarrers Johann Stenger zu Höchberg unterm 14. l. M. genehmigt.

Instituirt wurde am 16. l. M. Herr Pfarrer Heinrich Ries von Westheim für die Pfarrei Forst.

In Nr. 162 des Kreisamtsblattes ist die Pfarrei Urspringen, Dec. Rothenfels, mit 1628 fl. 44¹⁶/₂₀ kr., — in Nr. 166 die Pfarrei Marktsteinach, Dec. Stadtlauringen, mit 716 fl. 24¹⁷/₄₀ kr. Reinertrag unter vierwöchentlicher Bewerbungsfrist ausgeschrieben.

Die fürstlich Leiningen'sche Patronatsherrschaft schreibt in Nr. 153 der Beilagen zum Kreisamtsblatte die II. Lehrerstelle an der Lateinschule Amorbach, verbunden mit Frühmesse, mit 600 fl. Gehalt und freier Wohnung aus.

Der in Pfersdorf verstorbene Pfarrer Valentin Mößlein hat den Betrag von 4513 fl. zur Hälfte dem Bonifacius-Verein, zur Hälfte dem Missions- und Kindheit-Jesu-Verein, — der in Elsenfeld verstorbene Pfarrer Adam Johann Baltenmeyer den Betrag von 1000 fl. der Diöcesan-Emeriten-Anstalt, 379 fl. dem b. Knabenseminar, 200 fl. dem Missions-, 200 fl. dem Kindheit-Jesu-Verein, 100 fl. als Peterspfennig, — der in Röllbach verstorbene Pfarrer Vlt. Leon. Riegel dem b. Knabenseminar 100 fl., — der in Rimpar verstorbene Pfarrer Michael Müller zur Begründung einer Caplanei dortselbst 11000 fl., und ausser anderweitigen Vermächtnissen dem b. Knabenseminar den Rest seines Vermögens mit beiläufig 24000 fl. legirt.

Missionsbriträge für das I. und II. Quartal 1872.

Decanat Alzenau: Hörstein 56 fl., Kahl 20 fl., Mainaschaff 20 fl.	96 fl. — kr.
„ Arnstein: Altbessingen 6 fl., Arnstein 15 fl. 10 kr., Breberstorf 29 fl., Gänheim 22 fl. 3 kr., Greßthal 126 fl. 15 kr., Hausen 10 fl., Schwebenried 34 fl. 15 kr.	242 fl. 43 kr.
„ Aschaffenburg: Aschaffenburg, Pfarrei ad SS. Petrum et Alexandrum 18 fl., ad B. Mariam V. 10 fl., Elsenfeld 3 fl. 24 kr., Großwallstadt 30 fl., Kleinwallstadt 45 fl. 6 kr., Niedernberg 40 fl., Obernau 14 fl., Obernburg 42 fl. 30 kr., Wörth 12 fl.	215 fl. — kr.
„ Dettelbach: Burggrumbach 12 fl. 20 kr., Dettelbach 52 fl. 30 kr., Dipbach 70 fl.	134 fl. 50 kr.

(Fortsetzung folgt.)

In Auftrag und Verlag des bischöflichen Ordinariates.
Druck der C. J. Becker'schen Buchdruckerei.

Würzburger Diöcesan-Blatt.

№ 43.

25. October   Achtzehnter Jahrgang.   1872.

Dubium propositum est, an ob praeceptam adorationem Sanctissimi Sacramenti in die festo Omnium Sanctorum cesset missa solemnis cum concione.

Resolv. Negative.

Amtliche Diöcesan-Nachrichten.

Durch Entschließung v. 18. l. M. wurde Herr Pfarrvicar Carl R. G. Braun in Grafenrheinfeld als Caplan nach Obereuerheim, — Herr Neopresbyter Edmund Weegmann als Cooperator nach Sulzbach angewiesen, — dem beurlaubten Herrn Caplan Peter Müller gestattet, auf seine vorige Caplaneistelle Pfersdorf zurückzukehren.

Seine Bischöfliche Gnaden haben beschlossen, die Pfarrei Albertshausen, Dec. Kissingen, dem Herrn Pfarrer Gregor Balling in Rineck (b. b. 18. l. M.) zu verleihen.

In Nr. 170 des Kreis-Amts-Blattes ist die Pfarrei Wiesthal, Dec. Lohr, mit 1208 fl. 42¹¹/₂₀ kr. Reinertrag und vierwöchentlichem Bewerbungstermin ausgeschrieben.

In Ausübung des landesherrlichen Patronates wurde die Pfarrei Ettleben, Dec. Geldersheim, dem Herrn Pfarrer Carl Joseph Reuß in Steinsfeld verliehen.

Obiit ex ven. Confr. S. Chil.
dio 18. Octob. 1872
Rev. Dom. Joannes B. Bauer ex Hettstadt,
Paroch. in Gerolzhofen, ejusdem Capituli,
natus d. 29. Julii 1822, Presb. initiatus d. 21. Aug. 1847.
Pro cujus anima a singulis D. D. Confratribus
Sacrificium Missae ex pacto
curandum est.

Missionsbeiträge für das I. und II. Quartal 1872.

(Fortsetzung.)

Decanat **Gelbersheim**: Bergrheinfeld 14 fl., Ebenhausen 31 fl. 45 kr., Egenhausen 32 fl. 15 kr., Eltingshausen 4 fl., Eßleben 21 fl. 37 kr., Etileben 12 fl. 51 kr., Gelbersheim 67 fl., Hergolshausen 6 fl. 39 kr., Kronungen 20 fl. 9 kr., Rützberg 8 fl. 15 kr., Maibach 13 fl., Mühlhausen 7 fl. 40 kr., Rieben 22 fl. 15 kr., Schleerieth 41 fl. 34 kr., Stettbach 12 fl. 30 kr., Waigolshausen 30 fl., Werneck 17 fl. 30 kr., Irren-Anstalt 10 fl., Zeuzleben 50 fl. 24 kr.	394 fl. 54 kr.
„ **Gemünden**: Karsbach 6 fl. 12 kr., Wiesenfeld 20 fl. 27 kr.	26 fl. 39 kr.
„ **Gerolzhofen**: Dingolshausen 32 fl. 33 kr., Frankenwinheim 18 fl., Donnersdorf 24 fl., Gerolzhofen 16 fl., Obereuerheim 11 fl. 30 kr., Prölsdorf 2 fl., Oberschwarzach 3 fl., Wetzer 17 fl. 47½ kr.	124 fl. 50½ kr.
„ **Hammelburg**: Diebach 10 fl., Huntsfeld 3 fl. 30 kr., Motten 7 fl., Oberleichtersbach 8 fl. 30 kr., Schondra 2 fl., Thulba 3 fl.	34 fl. — kr.
„ **Haßfurt**: Forst 1 fl. 5 kr., Haßfurt 14 fl. 9 kr., Prappach 5 fl. 30 kr., Unterhohenried 11 fl., Waldsachsen 16 fl.	47 fl. 44 kr.
„ **Heidingsfeld**: Allersheim 20 fl. 24 kr., Eßfeld 27 fl., Legat des Georg Löblein 25 fl., Euerhausen 43 fl., Gaubüttelbrunn 32 fl. 17 kr., Heidingsfeld 3 fl.	150 fl. 41 kr.
„ **Karlstadt**: Himmelstadt 4 fl., Karlstadt 41 fl. 27 kr., Retzbach 37 fl. 18 kr., Retzstadt 35 fl., Thüngersheim 43 fl. 30 kr., Zellingen 16 fl. 21 kr.	177 fl. 36 kr.

Decanat Kissingen: Albertshausen 6 fl. 44 kr., Arnshausen 12 fl. 43 kr., Aschach 2 fl., Aura 21 fl., Elfershausen 3 fl. 42 kr., Kissingen 26 fl. 39 kr., Hausen 6 fl. 54 kr., Ramsthal 6 fl. 24 kr., Stangenroth 4 fl. 6 kr.   90 fl. 12 kr.

„   Kitzingen: Biebelried 18 fl., Eibelstadt 22 fl., Kitzingen 7 fl. 30 kr., Kleinochsenfurt 3 fl., Mantersacker 14 fl., Theilheim 14 fl., Zeubelried 17 fl. 30 kr.   96 fl. — kr.

„   Klingenberg: Erlenbach 11 fl. 30 kr., Großheubach 4 fl. 2 kr., Röllbach 40 fl., Sommerau 25 fl., Stadtprozelten 17 fl. 36 kr.   98 fl. 8 kr.

„   Königshofen: Königshofen 10 fl. 15 kr., Merkershausen 4 fl. 42 kr., Saal 15 fl., Untereßfeld 10 fl.   39 fl. 57 kr.

„   Lengfurt: Böttigheim 51 fl., Erlenbach 8 fl. 29 kr., Holzkirchhausen 21 fl. 6 kr., Hettstatt 7 fl., Marktheidenfeld 27 fl. 51 kr., Waldbrunn 4 fl.   119 fl. 26 kr.

„   Lohr: Keilberg 2 fl. 42 kr., Laufach 9 fl., Lohr 13 fl., Rothenbuch 2 fl., Sailauf 26 fl. 24 kr., Schmerlenbach 9 fl. 30 kr., Weibersbrunn 6 fl. 30 kr.   68 fl. 42 kr.

„   Mellrichstadt: Eußenhausen 4 fl., Hendungen 40 fl., Heustreu 37 fl. 39 kr., Mellrichstadt 7 fl. 12 kr., Nordheim 10 fl., Wechterswinkel 1 fl. 30 kr., Wollbach 11 fl. 34 kr.   111 fl. 55 kr.

„   Neustadt: Burglauer 24 fl., Münnerstadt 1 fl., Neustadt 28 fl. 30 kr., Löhrieth 7 fl., Strahlungen 10 fl. 30 kr., Unterebersbach 15 fl. 7 kr.   85 fl. 7 kr.

„   Ochsenfurt: Acholshausen 30 fl., Bolzhausen 10 fl., Goßmannsdorf 3 fl., Hohestadt 5 fl., Hopferstadt 5 fl., Königshofen 22 fl. 30 kr., Oellingen 39 fl. 12 kr., Rittershausen 28 fl. 14 kr., Sonderhofen 9 fl.   151 fl. 56 kr.

„   Rineck: Rineck 7 fl. 50 kr.   7 fl. 50 kr.

„   Röttingen: Baldersheim 34 fl., Bieberehren 28 fl., Burgerroth 26 fl., Oesfeld 4 fl. 30 kr., Riedenheim 41 fl. Röttingen 40 fl., Stalldorf 10 fl., Strüth 19 fl. 54 kr., Tauberrettersheim 33 fl. 24 kr.   236 fl. 48 kr.

„   Rothenfels: Trennfeld 24 fl., Unterwittbach 3 fl.   27 fl. — kr.

„   Stadtlauringen: Aidhausen 12 fl. 6 kr., Altenmünster 2 fl., Birnfeld 3 fl., Hausen 14 fl., Hofheim 3 fl. 18 kr., Uechtelhausen 11 fl.   45 fl. 24 kr.

„   Stadtschwarzach: Großlangheim 15 fl. 45 kr.,

Kirchschönbach 3 fl. 24 kr., Nöbelsee 8 fl., Schwarzen-
nau 8 fl. 29 kr., Stadtschwarzach 12 fl. 48 kr.,
Dimbach 1 fl. 30 kr. — — — — — — — 49 fl. 56 kr.

" Volkach: Grafenrheinfeld 13 fl. 9 kr., Kolizheim
10 fl. 12 kr., Untereisenheim 12 fl., Volkach 40 fl.,
Wipfeld 11 fl. 55 kr., — — — — — — — 87 fl. 16 kr.

" Würzburg: Lengfeld 16 fl. 30 kr. — — — 16 fl. 30 kr.

Stadt Würzburg: Dompfarrei 129 fl. 30 kr., St. Burcard
15 fl. 12 kr., St. Gertraud 14 fl. 20 kr.,
B. v. J. R. 2 fl. 20 kr., Ungenannter 100 fl.,
B. J. A. D. 2 fl. Ungenannter 25 fl., Zins vom
Missionsfond 4 fl. — — — — — — — — 292 fl. 22 kr.

Würzburg, 30. September 1872.

Lochner, Domkapitular.

Kindheit-Jesu-Verein.

September 1872.

Decanat Heidingsfeld: Allersheim 4 fl. 36 kr., Gützingen
4 fl. 24 kr. — — — — — — — — — — 9 fl. — kr.

" Gelbersheim: Hambach 26 fl. — — — — 26 fl. — kr.

" Kissingen: Arnshausen 1 fl. 30 kr., Aschach 2 fl.,
Aura 30 kr., Sulzthal 25 fl. — — — — — 29 fl. — kr.

" Kitzingen: Sulzfeld a. M. 8 fl. 45 kr. — — 8 fl. 45 kr.

" Lengfurt: Homburg 7 fl. 21 kr., (nicht 30 kr.)
Erlenbach 8 fl. 49 kr., Tiefenthal 5 fl. 1 kr.,
Helmstadt 3 fl. 22 kr, Holzkirchhausen 18 fl. 18 kr. 42 fl. 51 kr.

" Lohr: Frammersbach 13 fl. 11 kr., Habichsthal
1 fl., Keilberg 5 fl. 51 kr., Lohr 16 fl. 24 kr.
Rothenbuch 1 fl.
nach Abzug an holländischen 2½ Guldenstücken baar 36 fl. 56 kr.

" Ochsenfurt: Hopferstatt 6 fl. 12 kr., Oellingen
2 fl. 12 kr., Goßmannsdorf 3 fl. 15 kr. — — 11 fl. 39 kr.

" Rineck: Fellen 6 fl. 15 kr. (nicht 45 kr.) — 6 fl. 15 kr.

" Rothenfels: Rothenfels 10 fl. — — — — — 10 fl. — kr.

(Schluß folgt.)

Im Auftrag und Verlag des bischöflichen Ordinariates.
Druck der C. J. Becker'schen Buchdruckerei.

Würzburger Diöcesan-Blatt.

№ 44.

1. November	Achtzehnter Jahrgang.	1872

E. N. 5260.

> Wiederbesetzung der Pfarrei Steins-
> feld betr.

Durch Beförderung des bisherigen Pfründebesitzers ist die Pfarrei Steinsfeld, Dec. Haßfurt, erledigt.

Bewerbungsgesuche um dieselbe sind an Seine Bischöfliche Gnaden als deren Collator zu richten, und binnen 4 Wochen anher einzureichen.

D. Würzburg, 25. October 1872.

Bischöfliches Ordinariat.

Dr. Himmelstein, Vic. Gen.

Hohn, Act.

E. N. 5261.

> Wiederbesetzung der Pfarrei Gerolz-
> hofen betr.

Durch das Ableben des bisherigen Pfründebesitzers ist die Pfarrei Gerolzhofen, gleichnamigen Decanats, in Erledigung gekommen.

Bewerbungsgesuche um dieselbe sind an Seine Bischöfliche Gnaden als deren Collator zu stylisiren und binnen 4 Wochen anher vorzulegen.

D. Würzburg, 25. October 1872.

Bischöfliches Ordinariat.

Dr. Himmelstein, Vic. Gen.

Hohn, Act.

Amtliche Diöcesan-Nachrichten.

Durch Entschließung v. 25. v. M. wurde Herr Caplan Anton Pinzinger in Gerolzhofen mit Verwaltung der Pfarrei dortselbst, — Herr Pfarrvicar Georg Mann in Wenigumstadt mit Verwaltung der Pfarrei Marktsteinach, — durch Decret v. 28. v. M. Herr Caplan Johann Behr in Westheim mit Verwaltung der genannten Pfarrei betraut, — Herr Diöcesanpriester Carl Nützel als Caplan nach Burgerroth angewiesen, — und dem Herrn Pfarrvicar Friedrich Lochner in Forst der Rücktritt auf die Caplanei dortselbst verstattet.

Instituirt wurde am 23. v. M. Herr Pfarrer Gottfried Hefner von Marktsteinach für die Pfarrei Wenigumstadt, — am 29. v. M. Herr Localcaplan Jacob Faßnacht von Wargolshausen für die Pfarrei Oberelsbach.

Abdruck a. d. Kreisamtsblatt Nr. 171.)

An sämmtliche kathol. und protest. Pfarrämter, dann die kathol. Pfarrcuratien.

Die Führung der Pfarrmatrikel betr.

Im Namen Seiner Majestät des Königs.

Anläßlich einer anher gelangten Anfrage über die Auslegung des Ausschreibens unterfertigter Stelle gleichen Betreffs vom 12. April d. Js. in Nr. 68 des Kreisamtsblattes wird hiemit zu allgemeinen, genauen Darnachachtung darauf aufmerksam gemacht, daß in allen Fällen, wo Israeliten zwar außerhalb ihres Wohnsitzes, jedoch auf ihrem ordentlichen und ständigen Begräbnißplatze beerdigt werden, der Eintrag des Sterbefalls mit selbstständiger Nummer zwar nur in den Sterbematrikel des Pfarramtes des Begräbnißplatzes zu erfolgen habe, daß jedoch gleichzeitig auch der Todesfall in die Matrikel des Pfarramtes des Wohn- und resp. Sterbeortes, hier jedoch nur intra lineas, also ohne Nummer einzutragen sei. Letzteres rechtfertigt sich ebenso durch das Erforderniß der Vollständigkeit der Pfarmatrikel, wie durch die aus Unterlaßung des Eintrages vorausfichtlich häufig fich ergebenden Anstände und Weitläufigkeiten im amtlichen Verkehre, z. B. bei Herstellung der Impf=, der Conscriptions=Listen 2c. 2c.

Hienach find die Todtenschauscheine immer zunächst an das Pfarramt des Wohn=, bezw. Sterbe=Ortes zum Vollzuge des Eintrags intra lineas abzugeben, von wo solche sodann an das Pfarramt des Beerdigungsortes zur Beschäftigung des Eintrages mit eigener Nummer zu befördern find.

Jene Pfarrämter, an deren Sitzen fich zugleich ein Distriktsrabbinat befindet, haben an dasselbe zur Darnachachtung geeignete Mittheilung zu machen.

Würzburg, den 19. October 1872.

Königliche Regierung von Unterfranken und Aschaffenburg,
Kammer des Innern.

(gez.) Graf von Luxburg.

(gez.) Kohlmüller.

Kindheit-Jesu-Verein.

September 1872.

(Schluß.)

Decanat Röttingen: Baldersheim 11 fl. 36 kr., Riedenheim 19 fl., Gelchsheim 23 fl. 50 kr., Tauberrettersheim 3 fl. 49 kr., Oesfeld 2 fl. — — — — — 60 fl. 15 kr.

„ Stadtlauringen: Aidhausen 21 fl. 36 kr., Birnfeld 2 fl. 30 kr., Ebertshausen 30 fl. 30 kr., Goßmanns= dorf 10 fl. 42 kr., Happertshausen 3 fl. 48 kr., Hofheim 4 fl. 30 kr., Stadtlauringen 9 fl., Thun= dorf 3 fl. — — — — — 85 fl. 36 kr.

„ Stadtschwarzach: Großlangheim 4 fl. 30 kr., Stadtschwarzach 8 fl. — — — — — 12 fl. 30 kr.

„ Volkach: Grafenrheinfeld 4 fl. 51 kr., Stammheim 2 fl. 29 kr. — — — — — 7 fl. 20 kr.

Würzburg, den 1. October 1872.

Günder, Domprediger.

DECRETUM CONGREGATIONIS SACRORUM RITUUM.
Papien. seu Feltren.

Canonizationis Beati Bernardini a Feltria, Ordinis Minorum S. Francisci de Observantia.

Praevia Apostolica dispensatione, concessa die 7. Aprilis anni 1870, discutiendi Dubium de Virtutibus Beati Bernardini a Feltria, Sacerdotis Professi Ordinis Minorum Sancti Francisci de Observantia, antequam ex Decretis ad alia procedi valeat in Sacrorum Rituum Congregatione Ordinaria, attamen cum interventu et voto Consultorum, ab Emo et Rmo D. Cardinali Hannibale Capalti, eiusdem Causae Relatore, ad humillimas preces R. Patris Fr. Vincentii a Jennis Sacerdotis Professi Ordinis Minorum Sancti Francisci Reformatorum et Causae Postulatoris, in Ordinariis eiusdem Sacrae Congregationis Comitiis subsignata die ad Vaticanum habitis propositum fuit sequens Dubium, nimirum: *An ita constet de Virtutibus Theologalibus, Fide, Spe, et Caritate in Deum ac Proximum; nec non de Cardinalibus, Prudentia, Iustitia, Fortitudine et Temperantia, earumque adnexis, in gradu heroico, in casu, ut procedi possit ad discussionem quatuor Miraculorum?* Cunctis porro expensis et consideratis quae in eadem Causa deducta fuere, tum Consultores, tum Emi et Rmi Patres Cardinales Sacris tuentis Ritibus praepositi, proposito Dubio rescripserunt: *Affirmative.* Die 30. Ianuarii 1872.

Et facta deinde per me infrascriptum Secretarium Sanctissimo Domino nostro Pio Papae IX. fideli relatione, Sanctitas Sua benigne annuit, et sententiam Sacrae Congregationis ratam habere ac confirmare dignata est. Die 1. Februarii, anno eodem.

C. Episc. Ostiens. et Velitern. Card. **Patrizi** S. R. C. Praef.

Loco † Sigilli.

Dominicus Bartolini S. R. C. Secretarius.

In Auftrag und Verlag des bischöflichen Ordinariates.
Druck der C. J. Becker'schen Buchdruckerei.

Würzburger Diöcesan-Blatt.

№ 45.

8. November   Achtzehnter Jahrgang.   1872.

Amtliche Diöcesan-Nachrichten.

Durch Entschließung v. 31. October l. J. wurde Herr Diöcesanpriester Kilian Konrad als Cooperator nach Rohrbach, — Herr Pfarrvicar Georg Hubert Hospes in Unterleinach in gleicher Eigenschaft nach Steinsfeld, — Herr Caplan Joh. Phil. Eck in Schweinheim (unter Zurücknahme des Decretes v. 4. Oct.) als Caplan nach Keilberg, — Herr Neopresbyter Joseph Anton Schultheis als Caplan nach Oberschwarzach, — Herr Neopresbyter Mich. Bernard König als Caplan nach Westheim, — durch Entschließung v. 4. l. M. Herr Pfarrvicar Georg Mann in Wenigumstadt (unter Zurücknahme des Decretes v. 25. v. M.) als Caplan nach Wipfeld angewiesen, — und dem Herrn Pfarrvicar Bonifaz Hofmann in Ettleben verstattet, auf die dortige Caplansstelle zurückzutreten.

Die Wahl des Herrn Pfarrers Melchior Faulhaber in Goßmannsdorf a. M. zum Definitor des Capitels Ochsenfurt wurde unterm 31. v. M. genehmigt.

Instituirt wurde am 30. v. M. Herr Pfarrer Carl Joseph Reuß von Steinsfeld für die Pfarrei Ettleben, — und Herr Dechantpfarrer Ignaz Barthelmes von Hilders für die Pfarrei Unterleinach.

Obiit ex ven. Confr. S. Chil.
die 2. Nov. 1872
Rev. Dom. Jacobus Günter ex Zellingen,
Paroch. in Lohr, ejusdem Capituli,
Consiliarius Eccles. ab Episcopo denominatus,
natus d. 28. Feb. 1799, Presb. initiatus d. 7. Dec. 1822.
Pro cujus anima a singulis D. D. Confratribus
Sacrificium Missae ex pacto
curandum est.

(Abbruck a. d. Minist.-Blatt f. L.- u. Sch.- A. Nr. 39.)

Königlich Allerhöchste Entschließung,

die Vornahme der kirchl. Proklamationen betr.

Ludwig II.

von Gottes Gnaden König von Bayern, Pfalzgraf bei Rhein, Herzog von Bayern, Franken und in Schwaben etc. etc.

Wir finden Uns bewogen, hinsichtlich der Vornahme der kirchlichen Proklamationen in den Gebietstheilen diesseits des Rheines zu verfügen, was folgt:

I.

Die Vornahme der kirchlichen Proklamation ist durch die vorgängige Ausstellung und Vorlage des nach Art. 33 des Gesetzes vom 16. April 1868 über Heimath, Verehelichung und Aufenthalt vorgeschriebenen Verehelichungszeugnisses nicht bedingt.

Dieselbe kann von den Brautleuten gleichzeitig mit der Bekanntmachung des beabsichtigten Eheabschlusses durch die Gemeindebehörden (Art. 35 des angeführten Gesetzes) unter Vorlage eines einfachen von der Gemeindebehörde auszustellenden Nachweises, daß die Civilproklamation verfügt sei, beantragt werden.

II.

Dem Antrage auf Vornahme der kirchlichen Proklamation ist von den zuständigen Pfarrämtern sofort zu entsprechen.

III.

Die Vornahme der Trauung oder Einsegnung der Ehe durch den Geistlichen darf gemäß der Bestimmungen der Art. 33, 38 Abs. 2 und 39 des Gesetzes vom 16. April 1868 über Heimath, Verehelichung und Aufenthalt, dann des Art. 18 des Gesetzes vom 26. Dezember 1871, den Vollzug der Einführung des Strafgesetzbuches für das teutsche Reich in Bayern betreffend, erst dann erfolgen, wenn das von der zuständigen Behörde ausgestellte Zeugniß vorgelegt worden ist, daß gegen die beabsichtigte Ehe kein gesetzliches Hinderniß bestehe.

Partenkirchen, den 24. Oktober 1872.

(gez.) **Ludwig.**

(gez.) **v. Tutz.**　　　　　　(gez.) **v. Pfeufer.**

Auf Seiner Königlichen Majestät Allerhöchsten Befehl.

der Generalsekretär

Ministerialrath

(gez.) **v. Bezold.**

Beiträge zum bischöflichen Knabenseminar in Würzburg.

September 1872.

574. Unterpleichfeld	36 fl. 43 kr.		590. Aura	10 fl. — kr.
575. Frammersbach	11 „ 46 „		591. Arnshausen	4 „ — „
576. Lohr	1 „ 30 „		592. Ramsthal	12 „ — „
577. Schmerlenbach	7 „ — „		593. Für Chiliansbilder	— „ 45 „
578. Wiesthal resp. Heigenbrücken	5 „ 30 „		594. Fahr	8 „ 12 „
579. Neuhütten	7 „ 18 „		595. Sulzdorf	25 „ — „
580. Hambach	30 „ — „		596. „ „ Kirchenstift.	5 „ — „
581. Bergtheim	15 „ — „		597. Schollbrunn	5 „ — „
582. Aibhausen	12 „ 57 „		598. Röthlein	2 „ 45 „
583. „ „ f. Ch.-Bilder	1 „ — „		599. Erlabrunn	5 „ 18 „
584. Birnfeld	2 „ 30 „		600. Mertershausen	8 „ 15 „
585. Ebertshausen	60 „ 30 „		601. Stadelschwarzach	6 „ — „
586. Stadtlauringen	18 „ — „		602. Allersheim	17 „ 27 „
587. Thundorf	26 „ — „		603. „ „ Kirchenst.	12 „ — „
588. Albertshausen	1 „ 10 „		604. Gützingen	6 „ 33 „
589. Aschach	4 „ — „		605. „ „ Kirchenstiftung	4 „ — „

Summa: 373 fl. 9 kr.

Uebertrag: 9735 fl. 5 kr.

Summa: 10108 fl. 14 kr.

Würzburg, den 30. September 1872.

Dr. **Reininger,** Domcapitular.

Verzeichniß

der

in Gemäßheit der vier und vierzigsten Verloosung zur Heimzahlung
bestimmten 4prozentigen Grundrenten-Ablösungs-Schuldbriefe,
nach der **Nummernfolge** geordnet.

Roth geschriebene Serien- oder Hauptkataster-Nummern.

87	1567	6063	30591	43074	53502	75024	81300	114003	115587
187	1667	6163	30691	43174	53602	75124	81338	114103	115687
287	1767	6263	30791	43274	53702	75224	81400	114203	15787
387	1867	6363	30891	43374	53802	75324	81438	114303	115887
487	1967	6463	30991	43474	53902	75424	81500	114403	115987
587	5090	6563	32054	43574	73077	75524	81538	114503	116002
687	5190	6663	32154	43674	73177	75624	81600	114603	116102
787	5290	6763	32254	43774	73277	75724	81633	114703	116202
887	5390	6863	32354	43874	73377	75824	81700	114803	116302
987	5490	6963	32454	43974	73477	75924	81733	114903	116402
1067	5590	30091	32554	53004	73577	81038	81800	115087	116502
1167	5690	30191	32654	53102	73677	81100	81838	115187	116602
1267	5790	30291	32754	53202	73777	81138	81900	115287	116702
1367	5890	30391	32854	53302	73867	81200	81938	115387	116802
1467	5990	30491	32954	53402	73977	81238	82000	115487	116902

Vorstehende Schuldbriefe treten mit **1. Januar 1873** ausser Verzinsung.

Statt der baaren Heimzahlung kann auf Verlangen der Gläubiger auch die
Umschreibung der verloosten Obligationen in au porteur-Obligationen des
4½ prozentigen Eisenbahn-Anlehens von 1856 stattfinden.

München, den 30. October 1872.

Königl. Bayer. Staatsschuldentilgungs-Commission.

(gez.) Freiherr von Lobkowitz.

(gez). Diebel.

In Auftrag und Verlag des bischöflichen Ordinariates.
Druck der E. J. Beder'schen Buchdruckerei.

Würzburger Diöcesan-Blatt.

№ 46.

15. November   Achtzehnter Jahrgang.   1872.

E. N. 5523.

An die bischöflichen Decanate und Pfarreien der Diöcese Würzburg.

Erbauung einer katholischen Kirche in
Giesing betr.

Zur Aufbringung der Mittel für eine zu Giesing (München) zu erbauende neue katholische Kirche ist eine Prämien-Verloosung in's Leben gerufen und von höchster Stelle genehmigt worden.

Da die erforderlichen Baumittel auf andere Weise nicht zu beschaffen sind, und das Bedürfniß für Herstellung dieser Kirche anerkannt ein dringendes ist, so tragen wir kein Bedenken, der Bitte des Herrn geistl. Rathes und Pfarrers Koch zu Giesing (München) entsprechend, die Betheiligung an der in Rede stehenden Prämien-Verloosung und resp. Verbreitung der Loose dem hochwürdigen Diöcesanclerus anzuempfehlen unter dem Beifügen, daß genannter Herr geistl. Rath den einzelnen bischöflichen Decanaten eine Anzahl von Loosen zum Umsatze unmittelbar übersenden wird.

D. Würzburg, 11. November 1872.

Bischöfliches Ordinariat.

Dr. Himmelstein, Vic. Gen.

Hohn, Act.

E. N. 5442.

In omnibus et singulis nostrae Dioecesis locis, ubi Sanctus Nicolaus Confessor et Pontifex, cujus festum anno currente incidit in feriam sextam, tanquam titulus seu patronus propriae ecclesiae sive parochialis sive filialis colitur, tenore praesentium dispensatur ista feria sexta, die 6. Decembris tam pro incolis quam eorum hospitibus super praecepto abstinendi ab esu carnium; de qua dispensatione cuidam loco parochiali sic facta participare quoque possunt filialistae, nisi proprium et ab illo parochialis templi diversum ecclesiae suae titulum seu patronum festive celebrent.

Herbipoli, die 8. Novembris 1872.

Vicariatus Generalis.

Dr. Himmelstein.

Kluespies.

————————

E. N. 5522.

Paramentenvertheilung betr.

Von der aus der freih. von Stauffenberg'schen Stiftung für das Jahr 1871 den armen Kirchen der Diöcese Würzburg bewilligten Paramenten liegen zur Abgabe bereit:

Für Kirchen des Decanates Hammelburg:

1. Diebach 1 grünes Meßgewand.
2. Pfaffenhausen 1 Pluviale.
3. Obererthal 1 Albe.
4. Untererthal 1 grünes Meßgewand.
5. Altglashütten 1 Velum.

Für Kirchen des Decanates Ochsenfurt:

6. Hoheftadt 1 grünes Meßgewand.
7. Dellingen 1 Chorrock.
8. Ofthausen 1 weisses sonnt. Meßgewand.

9. Tückelhausen 1 schwarzes Meßgewand.

Für Kirchen des Decanates Stadtschwarzach:

10. Kirchschönbach 1 weisses sonnt. Meßgewand.

11. Untersambach 1 rothes Meßgewand.

12. Geesdorf 1 Albe und 1 missale defunct.

13. Rüdern 1 Albe und 1 missale defunct.

14. Mainsondheim 1 schwarzes Meßgewand.

15. Albertshofen 1 Rauchfaß mit Schiffchen.

16. Reupelsdorf 1 Albe.

17. Röbelsee 1 grünes Meßgewand und 1 Rauchfaß mit Schiffchen.

18. Stadtschwarzach 1 Pluviale.

19. Dimbach 1 blaues Meßgewand.

20. Atzhausen 1 missale defunct.

Die betreffenden Pfarrämter haben vorbezeichnete, bereits benedicirte Paramente gegen eine mit dem Pfarrsiegel versehene Empfangsbescheinigung unter Beilegung eines Tuches zur Emballage bei der Verwaltung der erwähnten Stiftung (Herrn Domkapitular Kraus, Martinsgasse II. Distr. Nr. 5) sofort abholen zu lassen.

D. Würzburg, 11. November 1872.

Bischöfliches Ordinariat.

Dr. **Himmelstein**, Vic. Gen.

Hohn, Act.

Bayerische Hypotheken= und Wechselbank.

Bei der am 2. November h. Jahres vorgenommenen **sechszehnten** Verloosung der I., II., III., IV., V., VI., VII. und VIII. Serie (Jahrgänge 1864, 1865, 1866, 1867, 1868, 1869, 1870 und 1871) unserer Pfandbriefe wurden nachfolgende Nummern zur Heimzahlung gezogen:

Lit. A. zu fl. 1000. per Stück die Num.:

68	168	268	368	468	568	668	768	868	968
1012	1112	1212	1312	1412	1512	1612	1712	1812	1912
2076	2176	2276	2376	2476	2576	2676	2776	2876	2976
3025	3125	3225	3325	3425	3525	3625	3725	3825	3925
6058	6158	6258	6358	6458	6558	6658	6785	6858	6958
7040	7140	7240	7340	7440	7540	7640	7740	7840	7940

8098	8198	8298	8398	8498	8598	8698	8798	8898	8998
9063	9163	9263	9363	9463	9563	9663	9763	9863	9963
11044	11144	11244	11344	11444	11544	11644	11744	11844	11944
13003	13103	13203	13303	13403	13503	13603	13703	13803	13903
16074	16174	16274	16374	16474	16574	16674	16774	16874	16974
17022	17122	17222	17322	17422	17522	17622	17722	17822	17922
19080	19180	19280	19380	19480	19580	19680	19780	19880	19980
21096	21196	21296	21396	21496	21596	21696	21796	21896	21996

Lit. B zu fl. 500 per Stück die Num.:

69	169	269	369	469	569	669	769	869	969
3021	3121	3221	3321	3421	3521	3621	3721	3821	3921
4012	4112	4212	4312	4412	4512	4612	4712	4812	4912
5081	5181	5281	5381	5481	5581	5681	5781	5881	5981
6099	6199	6299	6399	6499	6599	6699	6799	6899	6999
8025	8125	8225	8325	8425	8525	8625	8725	8825	8925
9053	9153	9253	9353	9453	9553	9653	9753	9853	9953
11056	11156	11256	11356	11456	11556	11656	11756	11856	11956
13059	13159	13259	13359	13459	13559	13659	13759	13859	13959
15027	15127	15227	15327	15427	15527	15627	15727	15827	15927
16087	16187	16286	16386	16183	16586	16646	16786	16886	16986
17022	17122	17222	17322	17422	17522	17622	17722	17822	17922
18087	18187	18287	18387	18487	18587	18687	18787	18887	18987
19087	19187	19287	19387	19487	19587	19687	19787	19887	19987
20044	20144	20244	20344	20444	20544	20644	20744	20844	20944
22021	22121	22221	22321	22421	22521	22621	22721	22821	22921
23002	23102	23202	23302	23402	23502	23602	23702	23851	23951
25056	25156	25256	25356	25456	25556	25656	25756	25856	25956
27004	27104	27204	27304	27401	27504	27604	27704	27804	27904
29051	29151	29251	29351	29451	29551	29651	29751	29851	29951
32018	32118	32218	32318	32418	32518	32618	32718	32818	32918
33005	33105	33205	33305	33405	33505	33605	33705	33805	33905
34020	34120	34220	34320	34420	34520	34620	34720	34820	34920
36014	36114	36214	36314	36414	36514	36614	36714	36814	36914
37007	37107	37207	37307	37407	37507	37607	37707	37807	37907
39052	39152	39252	39352	39452	39552	39652	39752	39852	39952
40010	40110	40210	40310	40410	40510	40610	40710	40810	40910
44045	44145	44245	44345	44445	44545	44645	44745	44845	44945
46067	46167	46267	46367	46467	46567	46667	46767	46867	46997
47038	47138	47238	47338	47438	47538	47638	47738	47838	47938
49036	49136	49236	49336	49436	49536	49636	49736	49836	49936
50045	50145	50245	50345	50445	50545	50645	50745	50845	50945

(Schluß folgt.)

Würzburger Diöcesan-Blatt.

№ 47.

22. November   Achtzehnter Jahrgang.   1872.

E. N. 5674.

An den hochwürdigen Clerus der Diöcese Würzburg.

Aufstellung eines bischöflichen General-
Vicars betr.

Nachdem der hochwürdige Herr Dompropst Dr. F. X. Himmelstein seine Function als General-Vicar am 16. l. M. in die Hände
Seiner Bischöflichen Gnaden niedergelegt hat, so haben Hochdieselben,
der hochwürdigste Herr Bischof Johannes Valentin, den hochwürdigen Herrn Domkapitular Ludwig Lochner zu Ihrem General-
Vicar in spiritualibus ernannt, was wir hiemit laut erhaltenen
bischöflichen Auftrages zur öffentlichen Kenntniß bringen.

D. Würzburg, 18. November 1872.

Bischöfliches Ordinariat.

v. n.

Dr. Reißmann, Dom. Dec.

Hohn, Act.

E. N. 5672.

An sämmtliche Pfarreien der Diöcese Würzburg.

Kirchencollecte für den Ausbau der kath.
Kirche in Zweibrücken betr.

Nachdem durch höchste Entschießung v. 15. October l. J. —
Ministerialblatt für Kirchen- und Schul-Angelegenheiten Nr. 36. S.
406. — die Vornahme einer Sammlung für den Ausbau der katholischen

Kirche in Zweibrücken in sämmtlichen katholischen Kirchen des König-
reiches allerhöchst gestattet worden ist: so werden die hochwürdigen
Herrn Pfarrer beauftragt, diese Sammlung von der Kanzel ungesäumt
zu verkünden und zu bewerkstelligen, das Ergebniß aber unter Beilage
eines detailirten Verzeichnisses den betreffenden kgl. Verwaltungsbehörden zu übermitteln.

Die oberhirtliche Stelle macht hierbei die hochwürdigen Herren
Pfarrer besonders aufmerksam, wie es im höchsten Grade wünschens-
werth erscheine, daß diese Collecte so ergiebig, wie nur immer möglich,
ausfalle, und will nur auf den einen Mißstand hinweisen, daß die
mittellose, 3300 Seelen zählende katholische Gemeinde genöthigt ist, ihren
Gottesdienst in einem früherhin zur Aburtheilung von Verbrechen
bestimmten Schwurgerichtssaale, der zuletzt als Turnlocal diente,
abzuhalten, — eine Räumlichkeit, die eben so enge und unzureichend,
als für den höheren Zweck, dem sie eben dient, ungeeignet sich erweist.

D. Würzburg, 18. November 1872.

Bischöfliches Ordinariat.

Lochner, Vic. Gen.

Hohn, Act.

E. N. 5673.

An sämmtliche Pfarreien der Stadt Würzburg.

Die Jahresfeier des Schutzheiligen der
christlichen Missionen betr.

Am Dienstag d. 3. Dec. l. J. früh 8 Uhr wird in der Domkirche
das Fest des h. Franz Xaver, des Patrons der christlichen Missionen,
mit Predigt und Hochamt feierlich begangen, zu welcher Feier die
sämmtlichen Mitglieder des Missionsvereines hiesiger Stadt eingeladen
werden mit der Bemerkung, daß alle, welche nach würdiger Beicht
und Communion für Ausbreitung unserer h. Kirche beten, einen
vollkommenen Ablaß gewinnen.

Vorstehender Erlaß ist in allen Pfarrkirchen hiesiger Stadt bekannt zu geben.

D. Würzburg, 18. November 1872.

Bischöfliches Ordinariat.

Lochner, Vic. Gen.

Hohn, Act.

Amtliche Diöcesan-Nachrichten.

Durch Entschließung v. 4. l. M. wurde Herr Pfarrer Anton Schumm zu Aufenau mit Verwaltung der Pfarrei Marktsteinach, — durch solche v. 8. l. M. Herr Studienlehrer Johann L. Bayer in Amorbach mit Verwaltung der ihm zugedachten Pfarrei Heppdiel betraut, — Herr Caplan Christian Joseph Reuß zu Haßfurt als Cooperator dortselbst aufgestellt, — Herr Neopresbyter Gottwin Eugen Haas als Caplan nach Haßfurt angewiesen.

Dem Herrn Pfarrvikar Pius Wiesner in Heppdiel wurde der Rücktritt auf die Caplanei dortselbst verstattet.

Die Stelle eines Religionslehrers am Gymnasium und an der Lateinschule zu Würzburg wurde dem Herrn Cooperator Johann Leop. Höhl bei der Pfarrei Stift-Haug dahier unter Verleihung des Titels und Ranges eines Gymnasial-Professors übertragen.

Bayerische Hypotheken- und Wechselbank.

Bei der am 2. November h. Js. vorgenommenen **sechszehnten** Verloosung der I., II., III., IV., V., VI., VII. und VIII. Serie (Jahrgänge 1864, 1865, 1866, 1867, 1868, 1869, 1870 und 1871) unserer Pfandbriefe wurden nachfolgende Nummern zur Heimzahlung gezogen:

(Schluß.)

Lit. C. zu fl. 100 per Stück die Num.:

2074	2174	2274	2374	2474	2574	2674	2774	2874	2974
4053	4153	4253	4353	4453	4553	4653	4752	4853	4953
5009	5109	5209	5309	5409	5509	5609	5709	5809	5909
6085	6185	6285	6385	6485	6585	6685	6785	6885	6985
7027	7127	7227	7327	7427	7527	7627	7727	7827	7927
8069	8169	8269	8369	8469	8569	8669	8769	8869	8969
9006	9106	9206	9306	9406	9506	9606	9706	9806	9906
10058	10158	10258	10358	10458	10558	10658	10758	10858	10958
12045	12145	12245	12345	12445	12545	12645	12745	12845	12945
14037	14137	14237	14337	14437	14537	14637	14737.	14837	14937
16053	16153	16253	16353	16453	16553	16653	16753	16853	16953
17006	17106	17206	17306	17406	17506	17606	17706	17806	17906
19081	19181	19281	19381	19481	19581	19681	19781	19881	19981
22055	22155	22255	22355	22455	22555	22655	22755	22855	22955
23087	23187	23287	23387	23487	23587	23687	23787	23887	23987
24032	24132	24232	24332	24432	24532	24632	24732	24832	24932
25076	25176	25276	25376	25476	25576	25676	25776	25876	25976
26048	26148	26248	26348	26448	26548	26648	26748	26848	26948
27096	27196	27296	27396	27496	27596	27696	27796	27896	27996
28030	28130	28230	28330	28430	28530	28630	28730	28830	28930

30063	30163	30263	30363	30463	30563	30663	30763	30863	30963
32012	32112	32212	32312	32412	32512	32612	32712	32812	32912
34084	34184	34284	34384	34481	34584	34684	34784	34884	34984
37047	37147	37247	37347	37447	37547	37647	37747	37847	37947
38018	38118	38218	38318	38418	38518	38618	38718	38818	38918
45049	45149	45249	45349	45449	45549	45649	45749	45849	45949
46058	46158	46258	46358	46458	46558	46658	46758	46858	46958
49068	49168	49268	49368	49468	49568	49668	49768	49868	49968
50034	50134	50234	50334	50434	50534	50634	50734	50834	50934
51085	51185	51285	51385	51485	51585	51685	51785	51885	51985
53076	53176	53276	53376	53476	53576	53676	53776	53876	53976
55072	55172	55272	55372	55472	55572	55672	55772	55872	55972
56045	56145	56245	56345	56445	56545	56645	56745	56845	56945
57060	57160	57260	57360	57460	57560	57660	57760	57860	58960
59100	59200	59300	59400	59500	59600	59700	59800	59900	60000
61021	61121	61221	61321	61421	61521	61621	61721	61821	61921
62085	62185	62285	62385	62485	62585	62685	62785	62885	62985
65043	65143	65243	65343	65443	65543	65643	65743	65843	65943
66059	66159	66259	66359	66459	66559	66659	66759	66859	66959
71087	71187	71287	71387	71487	71587	71687	71787	71887	71987
73008	73108	73208	73308	73408	73508	73608	73708	73808	62908

Lit.-D zu fl. 50 per Stück die Num.:

59	159	259	359	459	559	659	759	859	959
2014	2114	2214	2314	2414	2514	2614	2714	2814	2914
3087	3187	3287	3387	3487	3587	3687	3787	3887	3987
5076	5176	5276	5376	5476	5576	5676	5776	5876	5976
6035	6135	6235	6335	6435	6535	6635	6735	6835	6935
7063	7163	7263	7363	7463	7563	7663	7763	7863	7963
8071	8171	8271	8371	8471	8571	8671	8771	8871	8971
9098	9198	9298	9398	9498	9598	9698	9798	9898	9998
10050	10150	10250	10350	10450	10550	10650	10750	10850	10950
11045	11145	11245	11345	11445	11545	11645	11745	11845	11945
12030	12130	12230	12330	12430	12530	12630	12730	12830	12930
13090	13190	13290	13390	13490	13590	13690	13790	13890	13990
14033	14133	14233	14333	14433	14533	14633	14733	14833	14933
19003	19103	19203	19303	19103	19503	19603	19703	19803	19903
20010	20110	20210	20310	20410	20510	20610	20710	20810	20910
23006	23106	23206	23306	23406	23506	23606	23706	23806	23906
24080	24180	24280	24380	24480	24580	23680	24780	24880	22498
25095	25195	25295	25395	25495	25595	25695	25795	25895	59950

Die Bank-Administration.

Im Auftrag und Verlag des bischöflichen Ordinariates.
Druck der C. J. Becker'schen Buchdruckerei.

Würzburger Diöcesan-Blatt.

№ 48.

29. November   Achtzehnter Jahrgang.   1872.

E. N. 5730.

An sämmtliche Pfarreien der Diöcese Würzburg.

Anfertigung der Geburtslisten für das
Militär-Ersatz-Geschäft betr.

Im Nachfolgenden wird der unterm 16. October l. J. ergangene allerhöchste Erlaß zur Kenntnißnahme und genauen Darnachachtung mitgetheilt.

D. Würzburg, 22. November 1872.

Bischöfliches Ordinariat.

Lochner, Vic. Gen.

Hohn, Act.

(Abdruck.)

An die sämmtlichen Oberbehörden des Königreichs.

Staatsministerium des Innern für Kirchen- und Schulangelegenheiten.

Von der in bezeichnetem Betreffe vom k. Staatsministerium des Innern in Gemeinschaft mit dem k. Kriegsministerium an die Ersatzbehörden des Königreichs ergangenen und in Nummer 1 des Amtsblattes des k. Staatsministeriums des Innern veröffentlichten Entschließung vom 25. September l. Js. Nr. 12410 folgt nachstehend ein Abdruck zur Kenntnißnahme und mit dem Auftrage, hienach die mit der Führung der Geburtsregister betrauten kirchlichen Behörden behufs der rechtzeitigen Anfertigung der Geburtslisten geeignet anzuweisen.

München, den 16. October 1872.

Auf Seiner Königlichen Majestät Allerhöchsten Befehl.

(gez.) **Dr. v. Lutz.**

Die Anfertigung der Geburtslisten für das Militär-Ersatz-
Geschäft betr.

Durch den Minister
der General-Sekretär
Ministerialrath
(gez.) von Bezold.

(Abdruck Nr. 12410.)

Staatsministerium des Innern und Kriegsministerium.

Im Hinblick auf die Bestimmungen der §§ 55 und 56 der Militär-Ersatz-Instruction für das Königreich Bayern erscheint es zunächst geboten, mit der Anfertigung der Geburtslisten, welche das erstemal vier Altersklassen zu umfassen haben und welche die Grundlage für die Aufstellung der Stammrollen bilden, alsbald zu beginnen.

Es werden deßhalb nachstehend die allegirten §§ 55 und 56 der Militär-Ersatz-Instruction nebst Ziffer 5 der Ausführungs-Bestimmungen zur Nachachtung besonders bekannt gegeben und wird hiezu weiter bemerkt:

1) Für jede politische Gemeinde ist eine besondere Geburtsliste (bzw. Fehlurkunde) anzufertigen.

2) Da nach Ziffer 5 der Ausführungs-Bestimmungen bei der erstmaligen Anfertigung der Geburtslisten besondere Listen für die 17-, 18- und 19jährige Altersklasse, dann für die zwischen dem 1. Juli 1852 und 31. Dezember 1853 gebornen Wehr- und Militärpflichtigen anzulegen sind, so haben die mit deren Anfertigung beauftragten Organe bis zum 15. Januar 1873 für jede politische Gemeinde vier gesonderte Listen, und zwar:

a. für die zwischen dem 1. Juli 1852 bis 31. Dezember 1853 Geborenen,
b. für die im Jahre 1854 Geborenen,
c.   "   "   1855   "
d.   "   "   1856   "

herzustellen und dieselben an die mit Aufstellung der Stammrollen beauftragten Behörden zu übergeben.

Die in den künftigen Jahren herzustellenden Geburtslisten haben sodann nur je eine (die 17jährige) Altersklasse zu umfassen.

3) Die Formulare zu den Geburtslisten (Schema 9) sind von den Distrikts-verwaltungsbehörden zu beschaffen, den mit der Anfertigung der Geburtslisten beauftragten Organen zuzusenden und die Ausgaben hiefür nach Maßgabe der Ministerial Entschließung vom 25 l. M. Nr. 12261 Lit. A. Ziff. II zu ver-rechnen.

Hienach ist ungesäumt das Weitere einzuleiten.

München, den 25. September 1872.

Auf Seiner Königlichen Majestät Allerhöchsten Befehl.

(gez.) **v. Pfeufer.**

(gez.) **Fortenbach.**
Generalmajor.

An sämmtliche Ersatzbe-
hörden des Königreichs.

Die Anfertigung der Geburtslisten für das Militär-Ersatz-
Geschäft betr.

Durch den Minister
der General-Sekretär,
an dessen Statt
Oberregierungsrath
(gez.) Riedel.

Abdruck ad Nr. 12410.)

§ 55.
Geburtslisten.

1) Zum 15. Januar jeden Jahres haben die Geistlichen, sowie die mit Führung von Geburtsregistern beauftragten Behörden, auf Grund der von ihnen geführten amtlichen Register die Geburtslisten nach dem Schema 9 an die mit Führung der Stammrollen beauftragten Behörden einzureichen.

2) In die Geburtslisten sind alle diejenigen in der betreffenden Gemeinde, beziehungsweise dem betreffenden Sprengel, geborenen Personen männlichen Ge-schlechts — auch die bereits Verstorbenen — nach dem Datum der Geburt ein-zutragen, welche in dem begonnenen Kalenderjahre das 17. Lebensjahr vollenden, mithin beispielweise in die am 15. Januar 1874 einzureichende Geburtsliste aller im Kalenderjahre 1857 geborenen Personen männlichen Geschlechts.

3) In die dazu bestimmte Colonne der fraglichen Liste sind auch die bis zum Tage der Einreichung derselben vorgekommenen Sterbefälle der darin be-nannten Personen einzutragen, soweit dieß auf Grund der von den ad 1 ge-nannten Behörden geführten amtlichen Sterberegister geschehen kann.

Außerdem sind gleichzeitig am Schlusse der Liste unter Abtheilung B. die seit Einreichung der letzten Geburtsliste vorgekommenen Sterbefälle derjenigen Personen anzugeben, welche in einer der Geburtslisten der vorhergehenden 7 Jahrgänge aufgeführt stehen.

4) Wo es, namentlich in größeren Städten, die örtlichen Verhältnisse er-

heischen, können die höheren Ersatzbehörden von den ad 3 gedachten Verpflichtungen entbinden. Auch bleibt die nähere Ausführung der vorstehend ad 1 — 3 enthaltenen Bestimmungen, soweit es erforderlich erscheinen sollte, der Regelung der höheren Ersatzbehörden vorbehalten.

5) Die nach § 1 von der Wehrpflicht ausgenommenen Personen sind weder in die Geburtslisten, noch in eine der übrigen auf das Ersatzwesen Bezug habenden Listen einzutragen.

6) Die mit Führung der Stammrollen beauftragten Behörden haben die Geburtslisten sorgfältig aufzubewahren und bei Zeiten Erkundigungen über den Aufenthalt oder den Verbleib der in denselben aufgeführten Personen anzustellen, besonders aber zu ermitteln, ob die nicht mehr im Orte anwesenden verstorben, mit Consens ausgewandert oder anderwärts ortsangehörig sind. Das Ergebniß dieser Ermittlungen, sowie das Bekanntwerden von Umständen, welche auf das künftige Militärverhälniß der in den Geburtslisten verzeichneten oder anderer im Orte domizilirenden jungen Leute im Alter vom 17. bis 20. Lebensjahre von Einfluß sein könnten, ist in den Listen zu vermerken.

7) Wo die in Vorstehendem angeordneten Geburtslisten aus den Civilstands-registern (Geburtsregistern) zu extrahiren sein würden und den mit Führung der letzteren beauftragten Behörden auch die Führung der Stammrollen obliegt, bedarf es der Aufstellung besonderer Geburtslisten nicht, vielmehr sind die Stammrollen sogleich aus den Civilstandsregistern zu extrahiren. (§ 58. 1.)

In diesem Falle sind die den Behörden zugehenden Nachrichten über junge Leute von 17. bis zum 20. Lebensjahre (cf. ad 6 vorstehend) auf andere Weise zu notiren und bei Aufstellung der Stammrolle zu benützen.

(Schluß folgt.)

Im Auftrag und Verlag des bischöflichen Ordinariates.
Druck der C. J. Becker'schen Buchdruckerei.

Würzburger Diöcesan-Blatt.

№ 49.

6. December	Achtzehnter Jahrgang.	1872.

E. N. 5874.

Einladung

zum Abonnement auf das Würzburger Diöcesan-Blatt, Jahrgang 1873.

Das Würzburger Diöcesanblatt wird in der bisherigen Weise auch für das Jahr 1873 in Auftrag und Verlag des bischöflichen Ordinariates erscheinen. Das Abonnement auf dasselbe hat lediglich bei den einschlägigen kgl. Postexpeditionen, — für hiesige Stadt auf der Canzlei des b. Ordinariates — zu geschehen.

Der bisherige Abonnementspreis für den ganzen Jahrgang wird hiemit in Folge der allgemeinen Steigerung aller Werthverhältnisse auf **zwei Gulden** (2 fl) erhöht, und sind Bestellungen rechtzeitig zu machen, etwaige Reclamationen aber bei der einschlägigen k. Postexpedition, — nur Seitens der Abonnenten hiesiger Stadt bei der b. Ordinariatscanzlei — vorzubringen.

D. Würzburg, 2. December 1872.

Bischöfliches Ordinariat.

Lochner, Vic. Gen.

Hohn, Act.

E. N. 5875.

Den Würzburger Diöcesan-
Schematismus pro 1873 betr.

Wir sehen uns in Folge der Steigerung der Druckkosten um 60% des seit einer Reihe von Jahren festgesetzten Betrages in die unangenehme Nothwendigkeit versetzt, den Preis des Diöcesan-Schematismus auf fünf und vierzig Kreuzer (45 kr.) für das Exemplar zu erhöhen, was wir hiemit zur allgemeinen Kenntniß bringen unter dem Beisatze, daß wir die bereits erfolgten Bestellungen pro 1873 in so lange als fest und gültig betrachten als nicht eine Widerrufung erfolgt, und daß wir der Completirung der bereits eingesandten Subscriptionsbeträge bis zur Höhe des oben festgesetzten Preises entgegensehen.

D. Würzburg, 2. December 1872.

Bischöfliches Ordinariat.

Lochner, Vic. Gen.

Hohn, Act.

Amtliche Diöcesan-Nachrichten.

Die Stelle eines Beneficiumsverwesers und Studienlehrers an der Lateinschule zu Amorbach wurde dem Herrn Spitalcaplan Andreas Hain dahier Seitens der fürstl. Leiningen'schen Standesherrschaft übertragen.

In Ausübung des landesherrlichen Patronates wurde die Pfarrei Oberbessenbach, Dec. Lohr, dem Herrn Localcaplan Michael Weber in Altglashütten, — die Pfarrei Oberthulba dem Herrn Pfarrer Mich. Joseph Antenbrand in Faulbach, — die Stelle eines Hausgeistlichen am Zellengefängniß in Nürnberg mit dem Titel eines Pfarrers dem Herrn Pfarrvicar Joseph Meid in Hopferstadt übertragen.

Durch Entschließung v. 16. v. M. wurde Herr Caplan Dominicus Herzog in Wermerichshausen als Spitalcaplan nach Würzburg, — durch solche v. 29. v. M. Herr Caplan Friedrich Lochner in Forst als Pfarrvicar nach Hopferstadt angewiesen.

Instituirt wurde am 27. v. M. Herr Beneficiumsverweser und Studienlehrer Johann Bayer zu Amorbach auf die Pfarrei Heppdiel, — am 3. d. M. Herr Pfarrer Johann Stenger zu Höchberg für die Pfarrei Mönchberg.

Die Wahl des Herrn Pfarrers Val. Rudolph Mendel in Frammersbach
zum Procurator des Decanates Lohr erhielt am 29. v. M. die oberhirtliche
Genehmigung.

In Nr. 186 des Kreis-Amts-Blattes ist die Pfarrei Lohr, gleichnamigen
Decanats, mit 1850 fl. 4½ kr. — und in Nr. 188 die Pfarrei Rineck, gleichnamigen Decanats, mit 1019 fl. 49⁷/₁₀ kr. Reinertrag unter Festsetzung vierwöchentlichen Bewerbungstermines ausgeschrieben.

Vom 14. bis 22. l. M. wird in Veitshöchheim eine Volksmission
durch Weltpriester der Diöcese Würzburg abgehalten werden.

———

(Abdruck Nr. 12410.)
Die Anfertigung der Geburts-
listen für das Militär-Ersatz-
Geschäft betr.

(Schluß.)

§ 56.

Supplemente zu den Geburts-Listen.

Diejenigen Gemeinde-Behörden, welche nach § 8 des Gesetzes vom 1. Juni
1870 über die Erwerbung und den Verlust der Bundes- und Staatsangehörig-
keit in Bezug auf die Aufnahme neuanziehender Personen vernommen wurden,
haben deren im Auslande geborne Kinder männlichen Geschlechts, sobald diese
mit ihren Eltern in den Staatsverband eines deutschen Bundesstaates aufgenommen werden, bezw. mit ihren im Staatsverbande eines Bundesstaates stehenden Eltern vom Auslande zuziehen, den Civilvorsitzenden der Bezirks-Ersatz-
Commissionen anzugeben. Letztere haben über diese Kinder, wie dies bei den im
Inlande gebornen Kindern Seitens der Geistlichen rc. rc. geschieht, zu dem Zwecke
fortlaufende Listen zu führen, damit der Ort, in welchem der Eingewanderte rc.
(bei der Einwanderung rc.) aufgenommen worden ist, rücksichtlich der Controle
über die Erfüllung der Militärpflicht die Stelle des Geburtsortes der im Inlande
Gebornen vertreten kann. Aus diesen Listen der im Auslande gebornen Kinder
männlichen Geschlechts sind Auszüge — Supplemente zu den Geburtslisten —
analog den im § 55 enthaltenen Vorschriften an die mit Führung der Stammrollen
beauftragten Behörden derjenigen Gemeinde mitzutheilen, in welche der im Auslande Geborne seinerzeit eingewandert oder aufgenommen worden ist.

Ziff. 5
der Ausführungs-Bestimmungen.

Zum 15. Januar 1873 haben die mit der Einreichung der Geburtslisten
beauftragten Organe nicht blos die im § 55 der Ersatz-Instruction vorgeschriebene

Geburtsliste für die 17jährige Altersklasse, sondern gleichzeitig auch besondere Listen für die 18= und 19jährige Altersklasse, dann eine weitere Geburtsliste für die zwischen dem 1. Juli 1852 und 31. Dezember 1853 gebornen Wehr= und beziehungsweise Militärpflichtigen nach dem vorgeschriebenen Schema und unter Beobachtung der übrigen Bestimmungen des § 55 l. c. anzulegen und einzureichen.

(Abdruck a. d. Kreisamtsblatt Nr. 189.)

Den Tischtitelgenuß der auffer Verwend=
ung stehenden kath. Geistlichen betr.

Im Namen Seiner Majestät des Königs.

Alle jene katholischen Geistlichen, welche um den Fortgenuß des landesherr=
lichen Tischtitels pro 1873 zu bitten veranlaßt sind, werden aufgefordert, ihre
mit den erforderlichen Zeugnissen versehenen Gesuche

längstens bis zum letzten Dezember 1872

bei der unterfertigten k. Stelle einzureichen.

Würzburg, den 24. November 1872.

Königliche Regierung von Unterfranken und Aschaffenburg,
Kammer des Innern.

(gez.) Graf von Luxburg.

(gez.) Rohlmüller.

Würzburger Diöcesan-Blatt.

№ 50.

13. December   Achtzehnter Jahrgang.   1872.

Amtliche Diöcesan-Nachrichten.

Durch Entschließung v. 2. l. M. wurde Herr Pfarrvicar Liborius Huhn in Albertshausen in derselben Eigenschaft nach Rineck angewiesen.

Instituirt wurde am 5. l. M. Herr Pfarrer Joseph Wackenreuder in Mönchberg für die Pfarrei Höchberg, — am 10. l. M. Herr Localcaplan Michael Weber in Altglashütten für die Pfarrei Oberbessenbach, — am 11 l. M. Herr Pfarrer Gregor Balling in Rineck für die Pfarrei Albertshausen.

Die Wahl des Herrn Pfarrers Gg. Adam Barthelme in Rothenfels zum Decan des Capitels Rothenfels erhielt unterm 9. l. M. die oberhirtliche Genehmigung.

In Nr. 191 des Kreis-A.-Bl. ist die Pfarrei Faulbach, Dec. Klingenberg, mit 835 fl. 39^{17}/$_{20}$ kr. Reinertrag unter Festsetzung vierwöchentlicher Bewerbungsfrist ausgeschrieben.

Paramentenverein.

In der Sitzung v. 3. Dec. l. J. wurden folgende Paramente an arme Kirchen vertheilt:

1. Nach Eschbach, Diöcese Speier, 1 schwarzes Meßgewand.
2. Nach Oberdürrbach 1 weißes Meßgewand und 1 Ciborium-Velum.

3. Nach **Winterhausen**, Pf. Aura, 2 Altartücher gegen theilweise Vergütung.

4. Nach **Garstadt**, 1 Priesterkragen und 2 Scharlachkrägen, 2 Ministrantenchorröckchen und 2 Ministrantentalare gegen theilweise Vergütung.

5. Nach **Reckendorf**, Pfr. Baunach, 1 weisses Meßgewand.

6. Nach **Weilbach** für die Filiale Weckbach 1 Pluviale gegen theilweise Vergütung.

7. Nach **Zapfendorf**, Prov. Sachsen, 2 Chorfähnchen.

8. Nach **Reussendorf**, Pfr. Oberbach, 1 Chorrock mit Priesterkragen.

9. Nach **Oberbach** 1 weisses Meßgewand gegen theilweise Vergütung.

10. Nach **Homburg** eine Festalbe mit Humerale und Cingulum gegen theilweise Vergütung.

11. Nach **Oberelsbach** und **Sondernau**, je 1 Ciboriumvelum.

12. Nach **Buttlar**, Sachsen-Weimar, 1 Pluviale gegen theilweise Vergütung.

13. Nach **Oberflabungen** Stoff zu einer weissen Fahne.

14. Nach **Stalldorf**, 1 schwarzes Meßgewand gegen theilweise Vergütung.

15. Nach **Steinach** 1 weisses Meßgewand und eine Beichtstola.

16. Nach **Rothenfels** 1 weisses Meßgewand.

17. Den Franziscanerinnen in **Unterdürrbach** 1 rothes Meßgewand und 1 Albe.

18. Nach **Krombach** ein Bahrtuch gegen theilweise Vergütung.

19 In eine Mission nach **Amerika** 2 Standarten, 1 Humerale und verschiedenes Weißzeug.

Die Paramente liegen zum Abholen bereit im Vereinslocale, Domer Schulgasse Nr. 1 bei Frl. M. Bollé. Zugleich erlaubt man sich, die titl. HH. Mitglieder an Einsendung der Vereinsbeiträge zu erinnern.

Der Ausschuß des Paramentenvereins.

Maria Bollé.

Bayerische Militär- und Eisenbahn-Anlehen à 5pCt. b. J. 1870.

4. Verl. vom 21. Nov., zahlbar sofort oder in Umtausch gegen 4½ Eisenbahn-Obl. von 1856.

Alle Oblig. à fl. 1000, 500, 100, deren Catasternummer auf eine der nachstehenden Zahlen endet.

1) Militär-Anl. Cataster-Endnummer 03 05 06 09 10 16 17 18 19 20 21 22 24 26 27 31 38 41 42 43 46 49 53 55 56 58 59 60 64 65 66 70 73 77 82 85 93 94 99 00, also z. B. bei Endnummer 03 Nr. 3 103 203 303 403 503 603 703 803 903 u. s. w.; bei End-Nr. 00 Nr. 100 200 300 400 500 600 700 800 900 1000 1100 1200 u. s. w.

2) Eisenbahn-Anl. Cataster-Endnummer 01 04 08 09 14 22 24 26 29 31 32 34 36 37 40 44 45 46 47 48 52 57 58 60 65 67 69 72 75 77 78 79 85 86 88 90 92 93 94 96, also z. B. Endnummer 01 die Nummer 1101 201 301 401 u. s. w.

Die 5 % Zinsen aus den verloosten Capitalien werden bis Ende desjenigen Monats, in welchem die baare Rückzahlung oder die Wiederanlage erfolgt, in keinem Falle aber länger als bis 31. Jan. 1873 vergütet. Der Zinsengenuß von den neuen 4½ % Obligationen dagegen beginnt mit dem Tage, an welchem die verloosten Obligationen zur Umwechslung übergeben werden.

Peterspfennige.
Oktober 1872.

Oellingen	4 fl. 30 kr.		Darstadt	11 fl. 20 kr.
Würzburg Pfarrei zu Haug	46 „ 15 „		Zellingen	2 „ 39 „
Windheim, Pfarrei Steinach	5 „ 30 „		Retzstadt	4 „ — „
Frankenwinheim	2 „ 42 „		Retzbach	4 „ 30 „
Kürnach	8 „ — „		Karlstadt	11 „ 29 „
Pfarrweisach	4 „ 30 „		Untereisenheim	5 „ — „
Gereuth	2 „ — „		Eßfeld	55 „ — „
Rolitzheim	2 „ 36 „		Kleinrinderfeld	8 „ 56 „
Hausen bei Fährbrück	12 „ — „		Rist	4 „ 24 „
Wolfsmünster	9 „ 28 „		Eichelsee	2 „ 49 „
Aschaffenburg Pfarrei zu S. Agatha	75 „ — „		Euerfeld	3 „ 24 „
			Thüngersheim	8 „ 45 „

Burglauer mit Reichenbach	8 fl. — kr.	Mühesheim	6 fl. 30 kr.
Lützberg	5 „ 40 „	Haßfurt	31 „ 42 „
Gänheim	15 „ 45 „	Waldsachsen	6 „ 8 „
Binsfeld	5 „ 30 „	Huntsfeld	4 „ — „
Brebersdorf	11 „ — „	Mechenhart	— „ 30 „
Büchold	6 „ 40 „		

Summa: 396 fl. 12 kr.

Würzburg, den 2. November 1872.

Kluespies, Domprädendat.

Bekanntmachung.

Die Emission neuer Coupons zu den 4procentigen und 4¹⁄₂procentigen Eisenbahn-
Obligationen vom Jahre 1854 und 1856 betr.

Die nach Ziffer IV der Bekanntmachung vom 24 November 1871 (Regierungsblatt vom Jahre 1871 Nr. 79 S. 1841) gestattete Vermittlung der
Abgabe der neuen Zinscouponsbogen:

„Zu den 4procentigen und 4¹⁄₂procentigen k. bayer. Eisenbahn-Obligatio en
vom Jahre 1854 au porteur und auf Namen, dann zu den b.i der vormaligen k. Spezialkasse Bamberg incatastrirten, auf den Inhaber (au porteur)
ausgefertigten Obligationen des 4¹⁄₂procentigen Eisenbahn-Anlehens vom Jahre
1856 mit

den Cataster-Nummern 1—7186 à 1000 fl.

„   1—8751 à 500 fl.

„   1—20849 à 100 fl.

sowie zu den sämmtlichen auf Namen lautenden Obligationen letzterer
Schuldgattung" —

durch die k. Rentämter wird mit dem 30. November l. Js. geschlossen.

Es können daher die neuen Couponbogen zu den bezeichneten Obligationen
vom 1. December 1872 an nur mehr bei der k. Eisenbahnbau-Dotations-
Hauptkassa in München unmittelbar, oder durch die Vermittlung der k. Staats-
Schuldentilgungs-Specialkassen Augsburg, Nürnberg und Würzburg erhalten
werden.

München, den 30. October 1872.

Königl. Bayer. Staatsschuldentilgungs-Commission.

(gez.) Freiherr von Lobkowitz.

(gez). Diebel.

Im Auftrag und Verlag des bischöflichen Ordinariates.
Druck der C. J. Becker'schen Buchdruckerei.

Würzburger Diöcesan-Blatt.

№ 51.

| 20. December | Achtzehnter Jahrgang. | 1872. |

Amtliche Diöcesan-Nachrichten.

Durch Entschließung v. 6. l. M. wurde Herr Caplan Philipp Emil Ullrich in Schleerieth als Cooperator an die Pfarrei Stift-Haug dahier angewiesen.

Seine Bischöfliche Gnaden haben unterm 16. l. M. beschlossen, die Pfarrei Gerolzhofen, gleichnamigen Decanates, dem Herrn Pfarrer Andreas Huller in Brückenau, — und die Pfarrei Westheim, Dec. Haßfurt, dem dortigen Herrn Pfarrvicar Johann Behr zu verleihen.

In Ausübung des landesherrlichen Patronates wurde die Pfarrei Rimpar, Dec. Dettelbach, dem Herrn Pfarrer Caspar Ringelmann in Euerdorf, — und die Pfarrei Hopferstadt, Dec. Ochsenfurt, dem Herrn Dechantpfarrer Adam Schmitt zu Mellrichstadt übertragen.

Unterm 12. l. M. wurde der ernannte Domcapitular Melchior Hohn nach eingetroffener päpstlicher Institutionsbulle d. d. 14. Nov. 1872 von Seinen Bischöflichen Gnaden in das VIII. Canonicat inmittirt und unterm 13. desf. durch den hochw. Herrn Dompropst installirt.

Am 18. l. M. wurde Herr Pfarrer Michael Jof. Ankenbrand in Faulbach für die Pfarrei Oberthulba instituirt.

216

(Abbruck a. b. Kreisamtsblatt Nr. 143.)

Königreich Bayern.

Staatsministerium der Justiz, dann des Innern beider Abtheilungen.

Bei den Berathungen über das Gesetz vom 23. Feb. 1872, die Abänderung einiger Bestimmungen des Gesetzes über Heimath, Verehelichung und Aufenthalt vom 16. April 1868 betr., wurde in der Sitzung der Kammer der Abgeordneten vom 29. Dezember 1871 konstatirt, daß unter dem Ausdrucke „Ausländer" im Sinne jenes Gesetzes nur Unterthanen eines nicht zum deutschen Reiche gehörenden Staates zu verstehen seien.

Demgemäß finden die Vorschriften in Art. 39 des Gesetzes über Heimath, Verehelichung und Aufenthalt vom 16. April 1868 auf die Angehörigen eines deutschen Bundesstaates keine Anwendung.

Es erscheint jedoch im Interesse eines geordneten Gesetzvollzuges, sowie mit Rücksicht auf Art. 18 des Gesetzes vom 26. Dezember 1871, den Vollzug der Einführung des Strafgesetzbuches für das deutsche Reich in Bayern betr., nothwendig, daß in jedem Falle, in welchem nicht ein bayerischer Reichsangehöriger eine Ehe in Bayern schließen will, entsprechend festgestellt wird, ob derselbe das deutsche Indigenat besitzt und nicht durch seine Militärpflicht an der Verehelichung gehindert ist.

Zu dieser Feststellung sind nach den allgemeinen Competenz-Verhältnissen zunächst die Distriktsverwaltungsbehörden berufen.

Hienach wird verfügt, daß die Trauung eines nicht bayerischen Reichsangehörigen in Bayern erst dann vorzunehmen sei, wenn der betreffende Mann bei der Distriktsverwaltungsbehörde des Ortes, an welchem die Eheschließung erfolgen soll, den Besitz des deutschen Indigenats, sowie das Nichtobwalten militärischer Hindernisse nachgewiesen und eine schriftliche Bestätigung jener Behörde darüber, daß dieß geschehen, beigebracht hat.

Die Distriktsverwaltungsbehörden sind verbunden, Gesuche um Prüfung des fraglichen Nachweises auf die einfachste und rascheste Art zu erledigen und werden insbesondere, was die militärdienstlichen Hindernisse betrifft, auf § 15 Abs. II des auch in Bayern als Reichsgesetz geltenden Gesetzes des vormaligen norddeutschen Bundes, betreffend die Verpflichtung zum Kriegsdienste vom 9. November 1867, hingewiesen.

München, den 17. August 1872.

Auf Seiner Königlichen Majestät Allerhöchsten Befehl.

(gez.) **v. Pfeufer.**　　　　　　(gez.) **Dr. Fäustle.**

Den Vollzug des Art. 39 des Gesetzes
über Heimath, Verehelichung und Aufenthalt v. 16. April 1868 betr.

Beiträge zum bischöflichen Knabenseminar in Würzburg.

October 1872.

1. Pf. Hilpertshausen	7 fl. — fr.	29. Untereisenheim	7 fl. — fr.
2. Mühlbad	12 „ — „	30. Neustadt a/M.	8 „ 42 „
3. Sachsenheim	12 „ 30 „	31. Stadelhofen	1 „ 12 „
4. Würzburg, Pfarrei zu Haug	120 „ 15 „	32. Urspringen	3 „ — „
5. Haßfurt	30 „ 57 „	33. Birkenfeld	2 „ 43 „
6. Gütheim	3 „ 27 „	34. Großlangheim	15 „ — „
7. Ottendorf	2 „ 42 „	35. „ „ Kirchst.	10 „ — „
8. Schonungen	80 „ — „	36. Stammheim	3 „ — „
9. Zeil	6 „ 51 „	37. Hundsfeld	5 „ — „
10. Maibach	40 „ — „	38. Lengfeld	7 „ — „
11. „ „ Kirchenst.	10 „ — „	39. Hausen b. Fährbrück	12 „ — „
12 Retzstadt	15 „ — „	40. Rützberg	8 „ 59 „
13. Retzbach	7 „ — „	41. Thüngersheim	7 „ — „
14. Karlstadt	6 „ 33 „	42. Theilheim, Filiale	5 „ 36 „
15. Arnstein	3 „ 54 „	43. Dingolshausen	6 „ — „
16. Binsfeld	1 „ 24 „	44. Frankenwinheim	2 „ 36 „
17. Brebersdorf	20 „ — „	45. Grettstadt	13 „ 39 „
18. Büchold	5 „ 30 „	46. Prölsdorf	4 „ 15 „
19. Bühler	5 „ 44½ „	47. Schallfeld	4 „ 30 „
20. Burghausen	40 „ — „	48. Weyer	20 „ — „
21. Schwebenried	6 „ — „	49. Eibelstadt	25 „ — „
22. „ „ Kirchst.	5 „ — „	50. Thulba	14 „ 24 „
23. Stetten	7 „ — „	51. Unterleinach	5 „ — „
24. „ Kirchenstift.	1 „ — „	52 Kirchschönbach	2 „ — „
25 Kitzingen	9 „ — „	53. Rimbach	3 „ 30 „
26. Windheim, Filiale d.Pf. Steinach	6 „ — „	54. Kürnach	4 „ — „
27. Sulzbach	50 „ — „	55. Obereßfeld	8 „ — „
28. Oberleinach	11 „ — „	56. Burgsinn	10 „ — „
		57. Geiselbach	8 „ 30 „

Summa: 754 fl. 2½ fr.

Würzburg, den 31. October 1872.

Dr. Reininger, Domcapitular.

Kindheit-Jesu-Verein.

October 1872.

Decanat **Arnstein:** Binsfeld 18 fl. 31 kr., Bucholb 1 fl., Bühler 2 fl. 30 kr., Burghausen 8 fl., Heßlar 3 fl. 30 kr., Stetten 5 fl., Schwebenried 2 fl., Ungenannt 2 fl., Hausen 8 fl. 57 kr., Günheim 13 fl.	64 fl. 28 kr.
„ **Aschaffenburg:** Sulzbach 45 fl.	45 fl. — kr.
„ **Dettelbach:** Kürnach mit Mühlhausen 8 fl. 54 kr.	8 fl. 54 kr.
„ **Ebern:** Gereuth 1 fl. 12 kr., Pfarrweisach 5 fl. 10 kr.	6 fl. 22 kr.
„ **Gerolzhofen:** Prölsdorf 3 fl. 40 kr., Schallfeld 7 fl. 21 kr.	11 fl. 1 kr.
„ **Hammelburg:** Hundsfeld 3 fl. 37 kr.	3 fl. 37 kr.
„ **Haßfurt:** Sand 12 fl., Haßfurt 45 fl. 3 kr. Schonungen mit Mainberg 1 fl. 45 kr., Waldsachsen 7 fl. 12 kr., Zeil 6 fl. 50 kr., Krum 3 fl. 54 kr.	76 fl. 44 kr.
„ **Heidingsfeld:** Allersheim 9 fl., Eßfeld 5 fl. 36 kr. Gaubüttelbrunn 6 fl. 21 kr., Ingolstadt 6 fl. 30 kr.	27 fl. 27 kr.
„ **Karlstadt:** Zellingen 1 fl., Retzstadt 8 fl., Retzbach 7 fl. 30 kr., Karlstadt 10 fl. 9 kr. baar	26 fl. 39 kr.
„ **Kitzingen:** Kitzingen 32 fl. 5½ kr.	32 fl. 5½ kr.
„ **Klingenberg:** Röllfeld 16 fl., Großheubach 5 fl., Faulbach 10 fl.	31 fl. — kr.
„ **Lengfurt:** Oberleinach 8 fl.	8 fl. — kr.
„ **Ochsenfurt:** Oellingen 2 fl. 21 kr., Wolkshausen 10 fl. 18 kr.	12 fl. 39 kr.
„ **Rothenfels:** Urspringen 23 fl. 54 kr.	23 fl. 54 kr.
„ **Stadtschwarzach:** Kirchschönbach 5 fl.	5 fl. — kr.
„ **Volkach:** Wipfeld mit Theilheim 5 fl. 33 kr., Stammheim 3 fl. 48 kr.	9 fl. 21 kr.
„ **Würzburg:** Lengfeld 3 fl. 27 kr.	3 fl. 27 kr.
Stadt **Würzburg:** F. Institut	2 fl. 53 kr.
	Summa: 398 fl. 31 kr.

Würzburg, den 23. November 1872.

Günter, Domprediger.

In Auftrag und Verlag des bischöflichen Ordinariates.
Druck der C. J. Becker'schen Buchdruckerei.

Würzburger Diöcesan-Blatt.

№ 52.

27. December   Achtzehnter Jahrgang.   1872.

E. N. 6161.

Wiederbesetzung der Pfarrei Mellrichstadt betr.

Durch Beförderung des seitherigen Pfründebesitzers ist die Pfarrei Mellrichstadt, gleichnamigen Decanats, in Erledigung gekommen.

Bewerbungsgesuche um dieselbe sind an Seine Bischöfliche Gnaden als deren Collator zu richten, und binnen 4 Wochen anher einzureichen.

D. Würzburg, 23. December 1872.

Bischöfliches Ordinariat.

Lochner, Vic. Gen.

Hiller.

E. N. 6165.

Wiederbesetzung der Pfarrei Eltingshausen betr.

Durch Resignation des seitherigen Pfründebesitzers ist die Pfarrei Eltingshausen, Decanats Geldersheim, in Erledigung gekommen.

Bewerber um dieselbe haben ihre an Seine Bischöfliche Gnaden als deren Collator zu richtenden Bittgesuche binnen 4 Wochen anher einzureichen.

D. Würzburg, 23. December 1872.

Bischöfliches Ordinariat.

Lochner, Vic. Gen.

Hiller.

E. N. 6166.

Wiederbesetzung der Pfarrei Bergrheinfeld betr.

Durch Beförderung des seitherigen Pfründebesitzers ist die Pfarrei
Bergrheinfeld, Decanats Geldersheim, in Erledigung gekommen.

Bewerbungsgesuche um dieselbe sind an Seine Bischöfliche
Gnaden als deren Collator zu richten und binnen 4 Wochen anher
einzureichen.

D. Würzburg, 23. Dezember 1872

Bischöfliches Ordinariat

Lochner, Vic. Gen.

Hiller.

Pfründe-Vermögen.

Laut Bekanntmachung der königl. bayer. Staats-Schulden-Tilgungs-
Commission ddo. München den 14. Dez. 1872 ist in Folge allerhöchster
Anordnung der noch nicht verloofte Rest der

5procentigen Anlehen vom Jahre 1870,

und zwar:

1) vom 5procentigen Militär-Anlehen die Obligationen mit den
Endnummern:

04. 11. 15. 25. 30. 50. 52. 61. 62. 68. 74. 75. 84.
89. 95. 97.

2) vom 5procentigen Eisenbahn-Anlehen die Obligationen mit
den Endnummern:

03. 07. 10. 12. 13. 15. 17. 23. 33. 35. 41. 43. 73.
74. 76. 81. 98. 100 oder 00.

gekündigt und es kann nach der Wahl der Gläubiger entweder die baare
Rückzahlung oder die Wiederanlage der gekündigten Kapitalien bei dem
4½procentigen Eisenbahnanlehen vom Jahre 1856 bis auf weiteres stattfinden.

Mit dem 31. Januar 1873 hört die Verzinsung der gekündigten
Kapitalien auf.

Der Zinsengenuß von den neuen 4½procentigen Obligationen dagegen
beginnt mit dem Tage, an welchem die gekündigten Obligationen zur Umwechsel-
ung übergeben werden.

In Auftrag und Verlag des bischöflichen Ordinariates.
Druck der C. J. Becker'schen Buchdruckerei.

Würzburger Diöcesanblatt, Jahrgang 1872.

Inhalt.

~~~

I. Oberhirtliche Erlasse.